サステナブル金融が動く

三菱UFJリサーチ＆
コンサルティング
フェロー 吉高まり Yoshitaka Mari

一般社団法人 金融財政事情研究会

はじめに

　世界は、カーボンニュートラル経済へ移行しようとしている。カーボンニュートラルとは、温室効果ガス（Greenhouse Gas：GHGs）の排出量と吸収量を均衡させ、GHGsの排出を全体としてゼロにすることである。化石燃料によって飛躍的に伸びた産業革命以降の経済は、大きく変換を迫られているのだ。この変化に対応すべく、カーボンニュートラルに関する書籍は、「環境本」というカテゴリーではなく、「経済事情本」として分類され、そこには必ず金融の動きが描かれる。それは、まるで黒船が到来したかのごとく、突然に来たと感じられる読者も多いだろう。なぜなら、環境規制は事業会社を中心に対策が講じられてきており、金融機関が直接的に規制対象になることは少なかったためである。そのため金融機関は、事業会社等への投融資の際に間接的にリスク管理の視点でしか環境への対応を意識してこなかった。

　筆者は、金融業界に長年籍を置き、気候変動ファイナンスに20年以上携わってきたが、ここまで金融機関が気候変動問題に対して関与しなければならなくなることを予見していたわけではない。しかし、この変化は突然到来したのではない。むしろ、金融と環境ビジネスの双方の動向を俯瞰すると、必然であると感じている。

　私が米国投資銀行ブラウン・ブラザーズ・ハリマン（米国最古かつ最大手のプライベート・バンク）のニューヨーク本社勤務となった1992年は、日本企業が摩天楼を買収したなどのニュースが飛び交う、バブル景気の真っただ中だった。その年の秋の米国大統領選挙で、民主党のビル・クリントン氏が現職の共和党のジョージ・H・W・ブッシュ大統領を下して当選し、『不都合な真実』での著者で知られるアル・ゴア氏が副大統領に就いた。そして、国連環境開発会議（United Nations Conference on Environment and Development：UNCED、別名、地球サミット）がブラジルのリオデジャネイロで開催

されたのもこの年の6月であった。この会議で、いま、盛んにいわれるSDGs（Sustainable Development Goals、持続可能な開発目標）の源泉である「持続可能な開発」という言葉が広く認知された。そのとき、「**気候変動に関する国際連合枠組条約（国連気候変動枠組条約）**」（United Nations Framework Convention on Climate Change：UNFCCC）が採択されたのである。

　ニューヨークに勤務中、ワシントンでの国際通貨基金（International Money Fund：IMF）総会のイベントに参加し世界銀行が環境方針に基づいた投融資をすることは認識していたものの、Emission Trading（排出権取引）に関する記事をFinancial Timesで見たときは衝撃的であった。米国では、1990年の米国大気浄化法の改正で、二酸化硫黄排出量の排出権取引プログラムが導入された。私は、学生時代から人口問題、南北問題に関心があり、特に、森林破壊をはじめとする途上国の環境問題に触れる機会は多い方であったと思う。そして、それらの破壊に企業活動が起因していることも十分認識していた。しかし、ビジネスで環境問題を解決するという発想とそれが米国の市場で実際に起こっていることを知ったとき、「これからは、これだ」と思った。企業活動が環境を破壊するのではなく、環境と共生する経済社会が成り立つ手法がすでに動いていたのである。それも、その仕組みは、自分が携わる金融ビジネスそのものだと知ったとき、私の環境金融のジャーニーの始まりだった。

　2015年、パリ協定が採択されたとき、私は、環境金融、とりわけ金融機関に属しながら気候変動ビジネスに関わった経験と研究を、慶應義塾大学大学院政策・メディア研究科で論文にまとめようと考え、始動した。本著は、2020年に学位を取得した博士論文「気候変動問題の解決に向けた金融機関の役割に関する研究」をもとに、博士論文をご指導いただいた東京大学客員教授、同大先端科学技術研究センター研究顧問である小林光氏との共著『GREEN BUSINESS　環境をよくして稼ぐ。その発想とスキル。慶應義塾大学 熱血講義「環境ビジネスデザイン論」再現版』（木楽舎）、東京大学教養学部全学自由ゼミナール「Road to 2050」の内容や、これまで書き溜め発表した論文、昨今急速に進むサステナブルファイナンスに関するテキスト

「サステナブルファイナンスがよくわかる講座」（金融財政事情研究会）のエッセンス、今後注目の動向などを加筆し、編纂しなおしたものである。

2006年に当時の国際連合事務総長であるコフィー・アナン氏が国連責任投資原則（Principles for Responsible Investment：PRI）を提唱し、2015年にSDGsが採択され、環境問題、社会問題、そして、経済問題の融合による社会構築の必要性が認識されている。この潮流を受け、今般、環境金融（Environmental Finance）は、社会問題までも含み、**サステナブルファイナンス**と称される。そこで、本著では、**サステナブルな社会への移行において、金融機関が担う役割の重要性や発展の可能性**を明らかにしようと試みた。注目したのは、**気候変動問題への解決に向けて、金融機関が顕著に実施するようになった様々な行動の経年的な変容と、その行動変容の動機**である。

排出権取引は、1997年の第3回気候変動枠組条約締約国会議（Conference of Parties 3：COP3）において採択された京都議定書の京都メカニズムにより、世界的規模となった。京都メカニズムは、GHGs排出削減の限界費用の高い附属書Ⅰ国*に対して経済的に柔軟な削減手段を付与するものであり、GHGs排出削減に対する民間企業の関わりを高めた。カーボンクレジット取引の需要側（買い手）の参加者の経年的動向を観察すると、低炭素事業（排出されるCO_2などのGHGsの量を削減する事業）への金融機関の参加がどのように進展していったかが明らかになった。京都議定書第1約束期間（2008〜2012年）の終了後、第2約束期間（2013〜2020年）が開始されたが、カーボンクレジット市場は将来の政策の不透明感により低迷した。一方、2013年以降、気候変動への対処に企業が参画するうえでの新たな資金源として、グリーンボンド市場が急速に活気づいている。

しかしながら、CO_2を多量に排出しない民間金融機関が、長期的に見るとリスクの高いカーボンクレジット市場へ参加した動機は何か。また、余分な取引コストがかかるうえに、通常の債券と比較してプレミアムのつかないと

---

* 西側先進国（OECD加盟諸国）の大半および旧ソ連・東欧諸国の一部を指す。気候変動枠組条約で、温室効果ガスの排出量の削減や各種報告の義務を負う。

いわれたグリーンボンド市場において、民間金融機関は、発行体として、あるいは、投資家として急速に市場への参加度合いを強めているのはなぜか。

　本著では、これらのカーボンクレジット市場およびグリーンボンド市場における民間金融機関の行動について、経済学上の合理的行動として克服されていかなければならない要因を明らかにすることを試みた。そうすることにより、急速に変化する、気候変動問題に対応しなければならない金融機関が進むべき今後の方向性と、金融機関とともに歩むべき道を展望する。

　2023年9月

吉 高 　 ま り

【著者略歴】

吉高　まり

三菱UFJリサーチ＆コンサルティング株式会社
フェロー（サステナビリティ）

米国ミシガン大学環境・サステナビリティ大学院科学修士、慶應義塾大学大学院
政策・メディア研究科博士（学術）。
IT企業、米国投資銀行などで勤務。排出権取引ビジネス立ち上げのため、2000
年に現在の三菱UFJモルガン・スタンレー証券に入社。国内外で環境金融コンサ
ルティング業務に長年従事。現在は、政府、自治体、事業会社の経営層など多様
なセクターに向けサステナブル経営やファイナンスに関してアドバイスなどを提
供。三菱UFJ銀行、三菱UFJモルガン・スタンレー証券兼務。
2009年より慶應義塾大学大学院政策・メディア研究科非常勤講師（担当：環境
ビジネスデザイン論）。2022年より東京大学教養学部客員教授。中央環境審議会
地球環境部会、金融庁「サステナブルファイナンス有識者会議」、農林水産省
「食料・農業・農村政策審議会」、経済産業省「SX銘柄評価委員会」等の各種審
議会等委員にも従事。一般社団法人バーチュデザイン代表理事。

［著書］
『GREEN BUSINESS 環境をよくして稼ぐ。その発想とスキル。慶應義塾大学 熱
血講義「環境ビジネスデザイン論」再現版』木楽舎、2021年12月（共著）
『サステナブルファイナンス最前線』金融財政事情研究会、2023年8月（部分執
筆）
『カーボンプライシングのフロンティア　カーボンニュートラル社会のための制
度と技術』日本評論社、2022年3月（部分執筆）

凡　例

カーボンプライシング	炭素価格設定
キャップ・アンド・トレード （Cap & Trade）	取引の参加主体にGHGs（温室効果ガス）排出枠の上限（キャップ）を設定し、排出枠を割り当てられた参加者間の排出枠自体の取引（売買）を認める手法
グリーニアム （greenium）	グリーンボンドのプレミアム
グリーンボンド	グリーン事業に資金使途を限定した債券
パリ協定	2020年以降のGHGs排出削減等のための国際枠組み。京都議定書の後継となるもの
AAU （Assigned Amount Unit）	京都議定書で先進国に割り当てられるGHGs排出枠（初期割当量）
CBI （Climate Bonds Initiative）	英国に拠点を置く国際NGO。気候債券イニシアティブ
CCA （Climate Change Agreement）	気候変動協定
CDM （Clean Development Mechanism）	クリーン開発メカニズム
CER （Certified Emission Reduction）	クリーン開発メカニズム（CDM）で発行されるクレジット
COP （Conference of the Parties）	国連気候変動枠組条約締約国会議
COP 3	国連気候変動枠組条約第3回締約国会議（1997年、京都）
CSR （Corporate Social Responsibility）	企業の社会的責任
DOE （Designated Operational Entity）	指定運営機関

ERU (Emission Reduction Unit)	共同実施（JI）で発行されるクレジット
ESG (Environment・Social・ Governance)	環境・社会・ガバナンス
ET (Emission Trading)	排出権取引／排出量取引
EU ETS (EU Emissions Trading System)	欧州連合域内排出量取引制度
EUA (Emission Union Allowance)	EU域内におけるGHGs排出枠
FIT (Feed in Tariff)	固定価格買取制度
GBP (Green Bond Principles)	グリーンボンド原則
GHGs (Greenhouse Gases)	温室効果ガス
IMF (International Monetary Fund)	国際通貨基金
ISSB (International Sustainability Standards Board)	国際サステナビリティ基準審議会
JI (Joint Implementation)	共同実施
PCF (Prototype Carbon Fund)	世界銀行の炭素基金
PDD (Project Design Document)	プロジェクト設計書
RPS (Renewable Portfolio Standard)	再生可能エネルギーポートフォリオ基準
SPO (Second Party Opinion)	外部評価

TCFD   気候関連財務情報開示タスクフォース
(Task Force on Climate-
related Financial
Disclosures)
UK ETS   英国排出量取引制度
(UK Emissions Trading
Scheme)
UNFCCC   国連気候変動枠組条約
(United Nations Framework
Convention on Climate
Change)

Contents

Chapter 3 カーボンプライシング

Chapter 4 カーボンクレジット・オフセット

Chapter 5 グリーンボンド（ESG債）と金融機関

Chapter 6　**金融機関が気候変動問題になぜ動いたのか**

Chapter 7 金融機関は気候変動問題にどう動くべきか

Chapter 1

気候変動問題と
企業を取り巻く環境変化

　気候変動問題への対策において、民間セクターを取り巻く環境が急速に変化している。そして、これらの変化に伴い、民間金融機関の気候変動に対する取組みにも大きな変化が生じている。なぜ、その変化が起きたのか？　本Chapterでは、まず、金融機関を含む民間企業を取り巻く、国際的な気候変動政策の発展と経済動向の関連性を指摘し、気候変動問題解決に民間金融機関への期待が高まっていった背景を理解する。

Section
1

気候変動問題と国際交渉

　そもそも気候変動のメカニズムとは、太陽から届く赤外線が、地球から発する二酸化炭素（CO_2）などの適度な化学物質に吸収されることにより、地球は適度な気温に保たれているが、その濃度が濃くなり適度な気温にならなくなることをいう。つまり、適温が保たれなければ、気候変動が引き起こされるということだ（図表1-1参照）。

　「**地球温暖化」のリスクが、科学者の研究により一般に認知され始めたのは1980年代からである。**化石燃料の燃焼などにより、空気中のCO_2[1]の濃度は、産業革命以前275ppmだったものが、1988年には350ppmに増加し、当時において、過去13万年で最高のレベルに達した。当時の科学者の気候変動

■図表1-1　温暖化のメカニズム

太陽からのエネルギーで地上が温まる

↓

地上から放射される熱をGHGsが吸収・再放射して大気が温まる

↓

GHGsの濃度が上がると

↓

温室効果がこれまでより強くなり、地上の温度が上昇する

↓

これが地球温暖化

（出所）　環境省ホームページより作成

1　6種の温室効果ガス（二酸化炭素（CO_2）、メタン（CH_4）、亜酸化窒素（N_2O＝一酸化二窒素）、ハイドロフルオロカーボン類（HFCs）、パーフルオロカーボン類（PFCs）、六フッ化硫黄（SF_6））の1種。

モデルの予測では、このまま同レベルでの排出が2030年まで続くとすると、地球の平均上昇温度は、摂氏1.5度から4.5度になると指摘された。この化石燃料燃焼の予測では、1950年代と比較して世界の人口は2倍に増え、最悪のシナリオでは2050年までに140億人に達するといわれていた（現在では100億人を超えるのは2100年近くといわれる）。また、1950年代から比較して、世界のエネルギー消費量は4.5倍に伸びていたのも一因である。そして、2030年まであと10年を切ったいま、**確実に気温は上がっている**（図表1-2参照）。

1970年にスイスで設立されたローマクラブ[2]が1972年に発表した「成長の限界」というレポートは、科学的シミュレーションに基づき、途上国の人口増大、天然資源の枯渇、環境汚染、軍事拡大等による100年後に訪れる成長の限界を予測し、人類の危機に対する回避の道を探る提言をした。しかし、そこでは気候変動の危機は大きく取り上げられていない。筆者が最も影響を受けた書籍等のなかに、この「成長の限界」と、1981年に発行された糸川英夫・未来捜査局の未来小説『ケースD─見えない洪水』（角川書店）がある。後者は、「地球は21世紀を迎えられるか？」という命題を石油、食糧、核などの問題をフィクションとして描いているが、そこにも気候変動はない。

あれから諸条件に気候変動が加わり、ローマクラブのレポートで予測した2070年を待つことなく、人類の危機が近づいたことで、**気候危機**といわれる。

では、いったい、いつ頃から気候変動の事象が諸条件に加わるようになったのか。

世界初の気候変動に関する国際会議は、オーストリアのフィラハで1985年に開かれた。そして、「**気候変動に関する政府間パネル**（Intergovernmental Panel on Climate Change：IPCC）」が気候変動に関し、科学的、技術的、社会経済学的な見地から評価を行う組織として、1988年に世界気象機関（World Meteorological Organization：WMO）と国連環境計画（UN Environment Programme：UNEP）により設立された。

2　イタリアのオリベッティ社の当時副会長であったアウレリオ・ペッチェイ氏が世界的課題解決に向け創設した研究機関。

■図表1－2　世界の気温変化の近年の昇温（1850〜1900年を基準とする）

① 世界平均気温（10年平均）の変化
　　復元値（1〜2000年）および観測値（1850〜2020年）

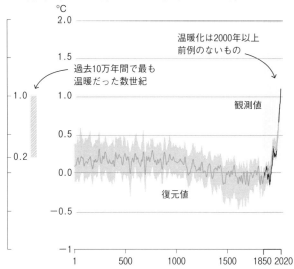

② 世界平均気温（年平均）の変化
　　観測値並びに人為・自然起源両方の要因を考慮した推定値および自然起源の要因のみを考慮した推定値（いずれも1850〜2020年）

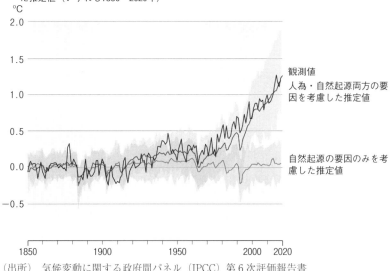

（出所）　気候変動に関する政府間パネル（IPCC）第6次評価報告書

1992年にブラジル・リオデジャネイロで開催された**地球サミット**（環境と開発に関する国連会議）において155カ国が「気候変動に関する国際連合枠組条約」（UNFCCC）に署名し、1994年に同条約が発効した（197カ国・機関が締結）。その条約のもと、1995年から**国連気候変動枠組条約締約国会議（Conference of the Parties：COP）**において、法的拘束力の高い実効性のある議定書の制定を目指した外交交渉が開始され、1997年の国連気候変動枠組条約第3回締約国会議（COP 3）において**京都議定書**が採択された。

UNFCCCは、気候変動は先進国のこれまでの活動に起因するとする途上国の主張を尊重する立場に立っている。亀山・高村（2011：p.45）は、「**先進国主要責任論**」と呼んでいるが、具体的には、気候変動が地球的規模の性格を有する[3]ことから、締約国間に共通の責任はあるものの、その重さには差異があるとし、各国の能力並びに社会的経済的状況に応じ、協力と対応を行うという原則を掲げた。このような原則のもと、先進国は、各国の事情等を踏まえつつ、GHGs排出量を1990年代末までに1990年のレベルまで回帰させることを目指すことになったのである。

京都議定書は、「先進国の排出削減目標を拘束力の強いものとすべく、交渉」（亀山・高村、2011：p.31）され、先進国に対してGHGs排出量の抑制・削減を義務付けるもので、国もしくは地域（EU）に対して中期的な数値目標の達成に法的責任を持たせた。そして、その運用開始を2008年からと定め、2012年までの第1約束期間における先進国（附属書I国）の排出削減目標を設定した。

その後、2010年のCOP16（メキシコで開催）において、2020年以降に新たな排出削減目標を設定する**カンクン合意**が採択された。削減目標を持たない中国をはじめとする途上国での排出量が急増したため（図表1－3および図表1－4参照）、2011年のCOP17（南アフリカで開催）の**ダーバン合意**において、全締約国に対して法的拘束力のある協定を2015年のCOP21において決定することが採択されたのである（外務省、2011）。

3 　大気汚染物質であるSO_x（硫黄酸化物）およびNO_x（窒素酸化物）のように地域的な影響を与えるガスとは違い、GHGsは地球全体に影響を及ぼす。

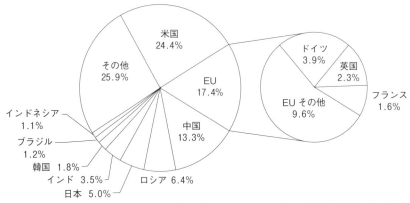

■図表1-3 京都議定書採択時の各国のCO₂排出量シェア（1997年）

（出所）　International Energy Agency（IEA）"CO₂ Emissions from Fuel Combustion Highlights 2016" をもとに筆者作成

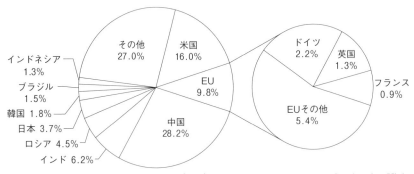

■図表1-4 パリ協定採択直前の各国のCO₂排出量シェア（2014年）

（出所）　International Energy Agency（IEA）"CO₂ Emissions from Fuel Combustion Highlights 2016" をもとに筆者作成

　COP21（2015年にフランスで開催）では、先進国のみならず全締約国が地球温暖化対策の義務を負うことを約束する**パリ協定**が採択された。パリ協定は、2020年以降の気候変動問題に関する、国際的な枠組みであり、京都議定書の後継となるものである。パリ協定の国際条約としての発効には、55カ国・地域以上、かつ世界のGHGs排出量の55％以上を占める国・地域の批准

（加入を意味し、以下、慣例に従い「批准」という）が必要であった[4]。パリ協定の発効要件は、2016年9月3日に多排出国である米国と中国が批准し、10月4日EU議会で批准が承認されたことにより満たされ、2016年11月4日に早期の発効となった（外務省、2017a）。

　パリ協定の交渉では、経済発展の差異による新興国と後発開発途上国との間で意見が違い、さらに、先進国も含め、各国には環境重視派と国内産業を軸とした経済重視派との国内対立がある、という複雑な構造を見せた（図表1－5参照）。途上国の立場は、経済的に大きく発展を遂げ、先進国並みに環境に配慮する政策を持つ新興国グループ（韓国、メキシコ等）、排出量が急激に増加しつつも、経済的にさらに発展を遂げるために排出量削減目標を課されることを拒むグループ（中国、インド、ブラジル等）、経済的にある程度発展はしているが気候変動によって被害を受けており、先進国に対して支援要求などの主張をするグループ（中南米諸国等）、海面上昇などの影響を受け

■図表1－5　パリ協定における交渉グループの多極化

グループの特徴	途上国	先進国
環境十全性重視		EU
環境十全性および国内産業重視	韓国、メキシコ	カナダ、オーストラリア、日本
多排出国および国内産業重視、京都議定書において削減目標なし	中国、インド、ブラジル	米国
締約国間に共通の責任はあるもののその重さには差異があると主張、先進国の歴史的責任重視	ベネズエラ、コロンビア、ニカラグアなどの中南米諸国、インドネシア、マレーシア、フィリピンなどのアジア諸国	
後発開発途上国	島嶼国、アフリカ諸国	

（出所）　小西（2016：p.64）をもとに筆者作成

4　UNFCCC（United Nations Framework Convention on Climate Change）. "2015 FCCC/CP/2015/L.9/Rev.1 ADOPTION OF THE PARIS AGREEMENT Article 21" https://unfccc.int/resource/docs/2015/cop21/eng/l09r01.pdf

やすく貧困に苦しむ後発開発途上国などの脆弱国グループ（島嶼国、アフリカ諸国等）などに細分化された。また、先進国側も、環境十全派と、環境十全性を重要としながらも経済的持続可能性を重視するグループに分かれた。

　2016年に発効したパリ協定において、UNFCCCの締約国は、世界全体の平均気温の上昇を工業化以前よりも2℃高い水準を十分に下回るレベルに抑えること、並びに工業化以前より1.5℃高い水準までのものに制限するための努力を継続すること（パリ協定第2条1(a)）とした。また、GHGsについて低排出型であり、かつ気候に対して強靱である発展に向けた方針に資金の流れを適合させることを約束した（パリ協定第2条1(c)）。なお、低排出型活動は**緩和活動**、強靱化は**適応活動**と呼ばれている。緩和活動には、化石燃料消費の削減、再生可能エネルギー発電、エネルギー効率化などがあり、適応活動には、気温上昇に伴う、沿岸防護のための堤防、防波堤の構築、水利用の高効率化、土壌の栄養素の改善、伝染病の予防などが挙げられる。

　なお、京都議定書と違い、パリ協定では、排出量削減目標の策定義務化や進捗の調査などの一部は法的拘束力があるものの、罰則規定はない。しかし、全ての国が**GHGs排出削減目標を「国が決定する貢献（Nationally Determined Contribution：NDC）」として5年ごとに国連に提出・更新する義務が**ある（パリ協定第4条2およびCOP21決定1パラ23、24）。

　COP26（2021年に英国グラスゴーで開催）では、各国の目標の引上げが最大の焦点となった。そこで、EUは2030年までに55％以上を削減するとして、2020年に国連に新しいNDCを提出した。そして、EUに引き続き、英国が2030年の目標を53％から68％に引き上げ、日本、米国、カナダは2021年4月に開催されたバイデン大統領主催の気候サミットにおいて、2030年の目標を発表した（図表1−6参照）。特に、インド、中国に続き、タイ、インドネシア、ベトナムの途上国が目標を引き上げたことは大きな成果であった。

　また、COP26では、積み残しの議題であったパリ協定第6条が決着した。パリ協定第6条では、GHGs排出に係る緩和の成果の国際移転を目的とする市場および非市場の取組み（パリ協定第6条4(b)、8(b)）、すなわち、排出量取引などが認められている。パリ協定第6条の詳細については後述する。

■図表 1 － 6　各国の2030年目標と2050年ネットゼロ表明

国・地域	2030年目標	2050年ネットゼロ
EU	△55%以上（1990年比）	表明済み
英国	△68%以上（1990年比）	表明済み
米国	△50%～△52%（2005年比）	表明済み
カナダ	△40%～△45%（2005年比）	表明済み
ロシア	1990年排出量の70%（△30%）	2060年ネットゼロ
日本	△46%（2013年度比）	表明済み
中国	CO_2排出量のピークを2030年より前にする GDP当たりCO_2排出量を△65%以上（2005年比）	CO_2排出を2060年までにネットゼロ
インド	GDP当たり排出量を△45%（2005年比）	2070年ネットゼロ
タイ	△30%（BAU比）（無条件） △40%（BAU比）（条件付）	表明済み
インドネシア	△31.89%（BAU比）（無条件） △43.2%（BAU比）（条件付）	2060年ネットゼロ
ベトナム	△15.8%（BAU比）（無条件） △45.3%（BAU比）（条件付）	表明済み

（出所）　外務省ホームページ（https://www.mofa.go.jp/mofaj/ic/ch/page1w_000121.html）より作成（タイとベトナムについてはUNFCCCのNDC登録簿で公開されている情報を参照）（2022年10月時点）

Section 2 企業を取り巻く気候変動問題の環境変化

　各国は、気候変動問題に取り組むに当たり、GHGs排出量を把握する必要がある。気候変動に関する政府間パネル（IPCC）でも参照される茅恒等式（かやこうとうしき）によれば、各国のCO_2排出量は、次のとおり、(a)エネルギー消費当たりのCO_2排出量、(b)経済活動のエネルギー効率、(c)人口1人当たりの経済水準、(d)人口の掛け算で表される（経済産業省資源エネルギー庁、2019）。

$$CO_2排出量 = \underbrace{\frac{CO_2排出量}{エネルギー消費量}}_{\substack{エネルギー消費\\当たりのCO_2排出量}}^{(a)} \times \underbrace{\frac{エネルギー消費量}{GDP}}_{\substack{経済活動の\\エネルギー効率}}^{(b)} \times \underbrace{\frac{GDP}{人口}}_{\substack{人口1人当たり\\の経済水準}}^{(c)} \times 人口^{(d)}$$

　したがって、各国の気候変動政策は、投入エネルギーから経済上の成果を生じるまでの経路に介入することとなり、経済政策、エネルギー政策の変化に直結し、さらに、経済およびエネルギー市場の状況変化は企業活動に直接影響することになる。

　1995年のUNFCCC発足からパリ協定が採択された2015年に至るまでの各国の経済状況の変化を見ると、名目GDPが右肩上がりなのは米国、中国などであることがわかる（図表1−7参照）。

　前掲の図表1−3と図表1−4を比較してみると、中国の排出量シェアは2倍以上に増加しているが、図表1−8で示すように、京都議定書が発効した2005年からGDP当たりの排出量は減少しており、エネルギー効率が向上していることがわかる。エネルギー効率が向上せず、エネルギー需要が増加した場合、CO_2対策としては、産業のエネルギー消費自体を抑制せざるをえなくなるが、このことは極めて困難である。

　国単位のエネルギー効率は、エネルギー消費1単位当たりのGDPで表す

■図表1-7　1990〜2021年の各国の名目GDPの推移

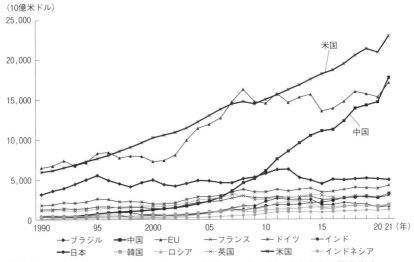

（出所）　World Bank "World Development Indicators" のデータをもとに筆者作成

■図表1-8　1990〜2019年の各国のGDP当たりのCO$_2$排出量の推移

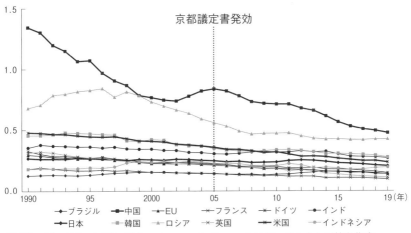

（出所）　World Bank "World Development Indicators" のデータをもとに筆者作成

ことができ、世界銀行のデータによれば、最も顕著に効率向上しているのは中国である（図表1－9参照）。各国のエネルギー効率向上の要因は様々である。中国は、金属、化学などのエネルギー多消費産業のシェアが高く、国内のエネルギー価格が低く抑えられていた。そうしたなかで、中国政府は、電力不足、石油輸入の拡大などの問題を軽減し、大気汚染という環境問題を解決すべく、天然ガス、再生可能エネルギー容量の拡大を図っている（経済産業省、2015b）。また米国は、2006年にシェールガスの技術が確立したことによるシェールガス革命が起こり、同時に、政府においては、クリーンエネルギー政策を提唱し、新たな産業を構築する方針を打ち出した（経済産業省、2015a）。このように、国によっては、気候変動対策より、むしろエネルギー経済を中心とした政策の結果としてGHGs排出量の削減が進む場合がある。

2005年の京都議定書発効時と2015年のパリ協定採択時では、全体としての原油価格は同水準（図表1－10参照）であるが、その間、原油価格は高騰した。原油価格の高騰が、企業や家庭のエネルギー消費行動を変え、エネルギー政策に影響を与え、エネルギー効率が向上したとも考えられる。

■図表1－9　1990〜2014年の各国のエネルギー効率の推移

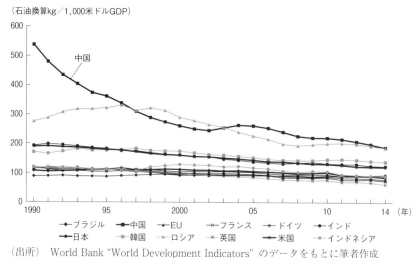

（出所）　World Bank "World Development Indicators" のデータをもとに筆者作成

■図表 1 −10　原油価格の推移

（USドル／バレル）

（出所）　International Monetary Fund（IMF）"IMF Primary Commodity Price" のデータ
　　　　をもとに筆者作成

　2001年から2015年の各国の財政収支の推移を見ると、2008年のリーマン
ショック、2009年のギリシャ債務危機の影響により、それ以前に比べ日本、
欧州の財政収支は悪化している（図表 1 −11参照）。気候変動交渉では、一般
に先進国と途上国の責任の差異、途上国への支援資金の確保、気候変動によ
る損失補填の交渉が難航するといわれる。沖村（2016：p.83）は、気候変動
の被害を被っているとする国からの経済的支援要求に応えつつ、全締約国を
どのように巻き込むかを、パリ協定の交渉の争点の 1 つとして挙げている。
　その解決策として、パリ協定第 9 条では、先進国が年間1,000億ドルの気
候資金の拠出を2025年まで続け、さらにその先も1,000億ドルを下限とした
拠出を行うことが約束されている。しかしながら、政府の財政事情は悪化し
ているため公的資金のみでの拠出には限界があり、民間セクターには自身の
排出削減を進めるだけではなく、途上国向けの資金拠出も期待されていると
いえよう。
　これまで見たとおり、先進国と途上国との間で、経済状況やエネルギー消
費状況の差が縮まっている。換言すれば、途上国などにおいても、先進国と

■図表 1−11　2001〜2015年の各国の財政収支の推移

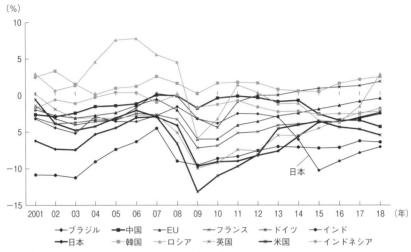

（出所）　International Monetary Fund（IMF）"World Economic Outlook Database"
（April 2022 edition）をもとに筆者作成

　共通する資金需要が生まれる可能性がある。このため、先進国では、気候変
動問題を対処するうえで、民間金融機関が広く世界で何らかの役割を果たす
ことができないかとの関心が高まったのである。
　2021年、IPCCは第6次評価報告書において、設定した5つの排出シナリ
オでの世界平均気温予測において、2050年にネットゼロになるシナリオ
（SSP1-1.9）でも2100年には約1.4度上昇し、同シナリオ以外の4つのシナリ
オでは2021年から2040年の間に1.5度上昇する可能性が高いとした（図表1
−12参照）。そして、明確に人間の活動が大気、海洋および陸域を温暖化さ
せてきたことには疑う余地がないとし、1850年から2019年での人間活動によ
るCO_2排出量は約2.4兆トンCO_2であり、67％以上の確率で、あと4,000億ト
ンCO_2しか排出できないと衝撃の発表をした。
　また、同年のノーベル物理学賞は「地球温暖化を確実に予測する気候モデ
ルの開発」により真鍋淑郎氏が受賞した。気候変動は、いまや、気候危機と
呼ばれるようになり、世界的に待ったなしの課題となってきたのである。

■図表 1 −12 1850〜1990年を基準とした世界平均気温の変化

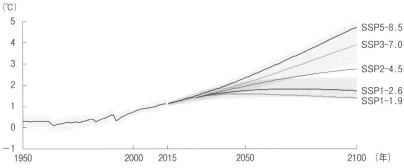

（注） SSP5-8.5：CO_2排出が非常に多い。
SSP3-7.0：CO_2排出が多い。
SSP2-4.5：CO_2排出が中程度。
SSP1-2.6：CO_2排出が少ない。
SSP1-1.9：CO_2排出が非常に少ない。
（出所） IPCC, 2021：Climate Change 2021：The Physical Science Basis. Contribution of Working Group I to the Sixth Assessment Report of the Intergovernmental Panel on Climate Change

Chapter 2.

金融機関と企業を取り巻く
気候変動政策の動向

　気候変動問題は、いまや、自然資源（食料、水など）の枯渇、人権、難民問題など安全保障にまで関わる問題と密接に関係しているが、気候変動問題を環境問題としてしか捉えていない人がほとんどであろう。そこで、本Chapterでは、環境金融に焦点を当てたうえで、気候変動に関する金融機関の役割について考察する。

　金融機関が気候変動対策へ資金を融通、あるいは投じようとする際の困難を特定し、その困難を低減する方策に関し、気候変動問題解決の政策オプションと対比しつつ、概観する。

金融機関と環境金融

いうまでもなく、金融とは、資金の融通、貸し借りである。お金の貸し借りとは、現在と将来の資金の交換、つまり、資金余剰者である貸し手から、資金不足である借り手が、将来において返済する資金を前もって手に入れることである。お金を貸すことを**資金運用**、お金を借りることを**資金調達**という。そこには将来の返済を約束する取引が成立しており、その約束を記載したものが借用証書であり証券である。

内田（2016：pp.28-29）は、この証券という金融資産、または金融負債を取り扱うのが金融機関であり、証券には、大きく、負債型と株式型の2種類があると整理する。銀行に預ける銀行預金、銀行が企業に貸し出す銀行貸出、企業、国、自治体が発行する債券などが、**負債（デット）型証券**[1]となる。一方、負債型でないのが、企業が発行する**株式（エクイティ）型証券**である。負債型の場合は、予め定めた金額が定めた期日で返済されるが、株式型は、株式という証券を通して、貸し手と借り手が直接資金を融通し合い、企業に利益が出たときに株式購入者に配当が支払われる。なお、証券に投資している投資家間には、利払いや元本返済に優先順位をつける優先劣後関係がある。内田（2016：p.95）は、負債型の債権者に対する利払いおよび元本返済は優先され、株式型の配当の権利は劣後されるため保証されないが、代わりに経営への参加というメリットを持つとしている。

また、金融取引は、**直接金融**と**間接金融**の2つに分類することができる。西川（1995：p.182）によれば、直接金融と間接金融の違いは、資産変換機能の有無によって区別され、預金機能を持たない証券業などの金融機関を直接金融と呼ぶ。

1　ここでは、定義上、負債（デット）型証券に、銀行貸出を含む。

直接金融とは、企業が市場で社債や株式を発行して、貸し手（資金余剰者
＝資金運用者）がこれらの証券を購買することにより、直接、主体者間で資
金の貸し借りを行うことをいう。西川（1995：p.198）は、企業が、工場や機
械設備など長期にわたって使われる機材を購入するために、多額の資金を必
要として、社債および株式を発行する、このような長期の金融市場を資本市
場と呼び、この市場において、企業は金融機関と関係を持つとしている。

　一方、内田（2016：p.159）によれば、銀行が貸し手である家計に預金など
の形で発行する間接証券（いわゆる預金証書）と、借り手である企業が発行
する株式、社債などの本源的証券があり、この間接証券の発行と、貸出や本
源的証券の保有を通じてなされる資金の融通が間接金融であるとする。すな
わち、預金を中心とした資産を扱うのが間接金融であり、株式、債務証券、
投資信託など、預金を介在させることなく市場を通じて直接、資金の貸し借
りを行うのが直接金融である。なお、図表２－１に示す日米欧の家計の金融
資産の構成比比較に見るとおり、日本は欧米に比べ、圧倒的に間接金融との
関係が高い。日本の家計の金融資産は2005兆円に及ぶが、その大半が現預金

■図表２－１　日米欧の家計の金融資産の構成比比較（2022年３月末時点）

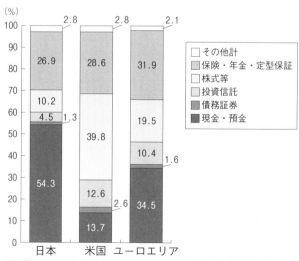

（出所）　日本銀行調査統計局「資金循環の日米欧比較」（2022年８月31日）をもとに筆者作成

であり、資本市場に資金が流入していない。

　金融機関は、元来、金利差や手数料のとれないビジネス、取引費用が余分にかかるビジネスに関心が低い。リスクの大きい事業は、取引コストがかかるために敬遠され、あるいはリスク制御の目的で制約が課せられる。これらの要因から、金融機関は、過去に経験の少ない事業に関与することには慎重にならざるをえない。ここでは、金融機関における環境問題の位置付けについて、基本的な視点を整理しつつ考察する。

　環境金融という用語の定義については種々ありうるが、ここでは、Labatt and White（2002：p.2）にならい、金融機関が、環境問題の改善に役割を担うべく、企業として独自に自らの発意や視点で金融活動行動を行い利益の追求をすることと定義する。藤井（2013：p.14）は、「環境金融は、環境を金融的に評価するだけでは不十分である。環境リスクを低減し、環境ビジネスを成長産業として育成するには、環境金融的評価に基づいて、金融機関が必要な資金を市場に供給することが必要であり、そのためには環境金融関連市場が、金融機関にとって新たな収益源として魅力的でなければならない」としている。これは、Labatt and White（2002）と同趣旨の見方ではあるが、このような定義にかなうような環境金融が、当初より自覚的に目指されていたわけではなかったことを振り返ってみたい。

　そもそも、金融機関が正面から環境に向き合わなくてはならなくなったのはいつのことか？　米国で金融機関が環境問題に直面したのは、土壌汚染事件をきっかけに1980年に成立した**スーパーファンド法**がその１つであろう。筆者が学んだ米国ミシガン大学院環境・サステナビリティ大学院のビジネスマネジメント法の授業では本法律を深掘りした。1978年に米国のニューヨーク州で起こったラブキャナル事件を契機にできたのが本法律である。ラブキャナル運河に化学合成会社が農薬・除草剤などの廃棄物を投棄し（当時の法律では合法行為）、その後運河は埋められ、土地は小学校や住宅建設目的でほぼ無料に近い形で売却された。約30年を経て投棄された化学物質などが漏れ出し、地域住民に健康被害が報告された。本法律は、汚染浄化費用を供給するファンドを政府が設立し、汚染を起こした潜在的責任当事者（投融資を

した金融機関を含む）に対して、浄化費用を支払ったファンドが費用を遡及的に請求する仕組みを設けるものである。藤井（2013：p.57）によれば、これを機に、金融機関は潜在的責任当事者として、貸し手責任が問われるケースが顕在化したとしている。

その後、担保不動産の汚染浄化負担など、金融機関にとって環境リスクが無視できなくなった。そのため、1988年に策定された**BIS規制（バーゼルⅠ）**は2004年に改訂され、**新BIS規制（バーゼルⅡ）**において、担保とした土地に係るリスク評価を行うこと、すなわち、資産除去債務を明示することを求める規定等が設けられた。藤井（2013：p.66）は、これにより、金融機関は企業に対して担保の汚染情報の開示を求めるようになり、投融資の評価基準に加えるようになったと指摘する。

このように、金融機関は、環境問題が金融にとっての大きなリスクになることを知ったのである。当時の金融機関は環境知識に乏しかったため、本事案は大きな試練であったことはいうまでもない。

 1 環境問題と負債型証券（間接金融）ビジネス

1992年に国連環境計画において**金融イニシアティブ**（United Nations Environment Programme Finance Initiative：UNEP FI）が立ち上がり、「環境と持続可能な発展に関する銀行声明」が発表され、銀行イニシアティブが設立された。これは、1990年代後半、途上国で開発するプロジェクトへの投融資に関して、環境および社会上の問題があるとして非政府組織（以下「NGO」という）からの抗議活動が激しくなったことを背景にするものであった。その大きな契機になったのが、1993年に着工を開始した中国長江の中流域の三峡ダム建設への世界銀行による融資であった。同ダム建設工事は、多大な環境破壊と自然災害を誘発する可能性に加え140万人以上の住民移住を伴うため、国際的NGOの批判対象になり、1994年に世界銀行は融資を撤退したが、その後も工事は継続された。2003年1月27日、イタリアのコレベッキオに世界から100以上の環境NGOが結集し、金融機関に対し社会的責任、説明責

任、透明性、ガバナンスなどを含むサステナビリティに関するコミットメントを求める「コレベッキオ宣言」を表明した。

　これらのプレッシャーに伴い、金融機関は、プロジェクトへ融資する際、**環境インパクトアセスメント**（Environmental Impact Assessment：EIA）を求められるようになり、**企業の社会的責任**（Corporate Social Responsibility：CSR）を踏まえた企業経営に目覚めるようになった。2003年には、国際環境NGOの要請を受け、米国シティグループや英国バークレイズなどのグローバル金融機関は、自主的な環境配慮ガイドラインとして**赤道（エクエーター）原則**（Equator Principles）を公表した。間接金融（銀行の融資）の活動には、企業に対して融資するコーポレートファイナンスと、個別の事業に対して融資をするプロジェクトファイナンスとがある。途上国での開発プロジェクトはプロジェクトファイナンスの形がとられることが多く、赤道原則はプロジェクトファイナンスを対象とするガイドラインである。なお、国連環境計画金融イニシアティブ（UNEP FI）は、その後、投資家、保険、不動産など様々な金融機関のイニシアティブが統合され、金融セクターの業務とサービス全般に対して環境へ配慮するよう、かつ、民間部門の投資を環境に配慮した技術とサービスへ促すことを目指すべく発展を続けている。

　藤井（2013：pp.109-110）は、金融機関は、事業主体とは異なり、資金を供給するという異なる役割を持つとする。そこで、NGOは、途上国での大規模開発事業に対して、事業主体だけでなく、資金供給主体である金融機関に対して、環境リスク低減の役割を求めるようになった。

　一方、コーポレートファイナンスは、企業への融資（貸出）業務であり、その貸出の評価基準は、該当事業の収益計画を含めた企業の信用力である。つまり、ある企業が、新たに環境事業をするために、資金を求めてきた場合であったとしても、その環境事業自体ではなく、融資対象の企業のリスク評価が基本となる。しかし、企業のリスクを評価する場合でも、貸付の実行においては、対象事業を含む企業の環境リスクを評価する。そのうえで、環境格付けなどにより金利を優遇することなどを行ったとしても、それは、企業の将来のリスクとトレードオフされる金利の範囲内でなされる。すなわち、

金融機関は、通常の業務に加えて、融資対象の環境リスクを制御するため、環境問題に対して評価や審査をすることを必要経費（取引費用）として計上していくことが避けて通れない。また、その取引費用を計上するために、「環境リスクの価値の価格化」（藤井、2013：p.82）が必要である。つまり、通常、企業における資金調達コストには、負債コスト（金利等）、株主資本コスト（配当率）などがあるが、環境金融では、これらのコスト決定に、環境リスクの定量的評価を加えることになる。

　ところで、このことは環境リスク評価が企業のコストに影響を与えることを意味するが、金融機関にとって、これらの環境リスクの評価を、会計上の費用に正確に反映させることは容易ではない。

　銀行などは投融資の際、独自に定量的、定性的に事業や企業を評価し、その評価により貸出金利を変え、必要に応じて、担保の徴求、保証の付与などの条件を複雑化させる。これは元利金の返済まで契約を滞りなく終了させ、金利収入を確定させるためのリスクマネジメントである。これらのリスクマネジメントにおいて、環境リスクの評価は1990年代においてはもちろん、今日においても、なお、十分に確立されているものではない。しかしながら、CO_2排出量などの算定が可能であり、かつ、企業のアセットに対して定量的に財務的インパクトを評価ができるリスクファクターが構築されつつある。**インパクト投資**におけるインパクト評価項目や、**サステナビリティ・リンク・ローン**のSPTs（サステナビリティ・パフォーマンス・ターゲット）などはポジティブファクターに当たるが、裏を返せばリスクファクターといい換えることも可能であろう。

 ## 2　環境問題と株式型（エクイティ）証券（直接金融）ビジネス

　1990年代に欧州で広がった、**社会的責任投資**（Socially Responsible Investment：SRI）を、谷本（2007：p.5）は、企業活動を財務面のみならず、社会・環境面からも評価し、投融資先を決定していく方法と定義する。この投資手法は、経済的リターンだけではなく、環境および社会的リターンも重視す

る。主に、環境や社会配慮の意識の高い個人投資家などが、金融市場を通して企業に影響を与える。水口（2013：pp.36-37）によれば、SRIは1920年代、米国においてキリスト教教会の教会資金の運用に際して、聖書の教義に反する、たばこやギャンブルなどの中毒性のあるもの、一部の兵器産業への投資を禁じたのが始まりであるとする。また、河口（2015：pp.196-197）は、1960年代から1970年代にかけてベトナム戦争などにおける人権問題、公害問題に対応する企業の評価など、社会問題、環境問題を考慮し、その評価によっては投資を引き揚げる等、**ネガティブスクリーニングをするSRIの手法**が生まれたとしている。

　藤井（2006：pp.201-202）は、1990年代になり、世界的なCSRの意識の高まりから、SRI型金融商品市場が拡大したと指摘する。筆者が1990年代にニューヨークの投資銀行に勤務していた頃、年金受給者向け投資セミナーで社会投資ファンドの紹介がされていたので、参加者になぜこのような投資に関心があるのかと尋ねたところ、「投資で損することもあるが、その際社会的問題を起こした企業への投資で損するより意義を感じる」と回答されていたことを記憶している。

　1998年、米国労働省が**SRIを従業員退職所得保障法（通称ERISA法：Em-ployee Retirement Income Security Act）**下の、適格年金プランのメニューへの組込みを認めた。また、英国では、2000年の年金法改正で、各年金基金は、その投資方針において社会面や環境、倫理的側面を考慮しているかどうかの開示を義務付けられたため、年金基金のSRI投資が加速した。

　日本では、1999年から2000年にかけて、初の環境投資信託である日興エコファンドが販売された。**環境ファンド（投資信託）**は、環境への貢献自体で利益を生む企業に投資することを目指すものである。しかし、筆者個人もファンド組成に関与したが、現実は、企業自体に成長力と信用力があり、かつ環境にも配慮しつつ通常の事業を行う企業を評価するものとなっている場合が多かった。投資家は、株式型投資をする際、企業の格付けなどの情報により企業の信用力・成長力等を総合的に判断するのが一般的である。したがって、このような評価手法では、真に環境ビジネスにキャピタルフローを

つくることにはならない。また、企業の格付けを環境問題に応用した環境格付けはあるが、藤井（2013：pp.89-90）は、定性的な要因が少なくないため、環境評価のクライテリアの巧拙が問われ、格付け機関、格付けの手法によって評価に差がつくと指摘する。

そのため、環境格付けは、ネガティブスクリーニングの機能（リスクマネジメント）としては有効であっても、環境に関連するなどの情報が企業の価値としての株価にポジティブに影響したかの判断は、なお難しいのが現状である。

3 環境ベンチャー企業に対するファイナンス

環境事業に関わる企業は、公害問題に対処する技術やサービス提供の実績を有する大手企業ばかりではない。環境問題を解決する新技術やサービスを開発し事業を始める、中小企業やベンチャー（スタートアップ）企業もある。これらに対しての環境金融の手法として、**環境ベンチャーキャピタルファンド**が存在する。上場企業以外の株式会社に投資するプライベート・エクイティ・ファンド（リスクをとってベンチャー企業の株式に投資をするベンチャーファンド）で、投資先を環境問題解決に絞るものである。

これらの投資回収手法、すなわち、出口戦略は、投資先企業の株式上場、もしくはM&Aによる企業売却が通常である。たとえば、ビル・ゲイツ氏らの著名投資家等が、バイオ燃料、CO_2の回収・貯蔵（Carbon dioxide Capture and Storage：CCS）技術、風力タービン等のクライメートテックと呼ばれる、クリーンエネルギー技術の事業化に積極的に投資するために、米国で50億ドルを出資し、グループ（Breakthrough Energy Coalition）を形成した。この一部にはBreakthrough Energy Venturesがあり、変革的なクリーンエネルギーイノベーションがより迅速に市場に投入されるようベンチャー企業に投資するファンドを組成している。

ベンチャー企業は、信用力が低く、銀行からの融資が受けにくいため、これらのベンチャーキャピタルファンドから出資金を調達するか、政府支援の

新創業融資や補助金・助成金、さらにはクラウドファンディングなどを活用することになる。これらの資金源で、環境に特化したビジネスの事業価値を評価しようとする試みは始まってはいるが、まだ多くはない。Breakthrough Energy Venturesのように、クリーンエネルギービジネス関連で始まった、環境スタートアップを支援する仕組みに端を発し、**ESG**（環境（Environment）・社会（Social）・ガバナンス（Governance））**投資**の発展とともに、多種多様なグリーンベンチャーキャピタルが出現し始めている。

　なお本著では、GHGs排出削減技術開発といったことではなく、実際の削減対策の実行局面に対する金融機関の役割に焦点を合わせたため、ベンチャーキャピタルの役割については含めていない[2]。

2　グリーンベンチャー企業とファイナンスについては、『GREEN BUSINESS　環境をよくして稼ぐ。その発想とスキル。慶應義塾大学 熱血講義「環境ビジネスデザイン論」再現版』（木楽舎）で詳述したので、参考にされたい。

金融機関と気候変動問題

　金融機関において、気候変動問題はリスクであるとしたのが**気候関連財務情報開示タスクフォース**（Task Force on Climate-related Financial Disclosures：TCFD）である。TCFDについてはChapter 7 で詳述するが、金融機関に対して、気候変動に関連して財務的なインパクトに関する情報開示を進めるフレームワークである。

　ここでは、まず金融機関とりわけ、負債型証券を取り扱う金融機関における通常の金融取引のリスクの考え方を整理する。そのうえで、金融機関が気候変動対応事業に関与する際の困難を浮き彫りにするために、気候変動問題の関連性について経年的に概観し、さらに、金融機関の低炭素事業への関与手法について整理をする。

1　金融取引費用とリスク

　金融の取引は、収入を得るタイミングに制約されることなく、消費（支出）することを可能にする「**異時点間消費（支出）の最適化**」（内田、2016：p.49）の機能を有する。内田（2016：pp.54-55）は、この機能により、さらに貸された資金が投資され、生産活動に用いられれば、資金の有効活用によってより多くの収益が得られ、経済成長に寄与するとする。しかし、そこには様々な障害があり、その障害が、取引を行うための取引費用である。

　また、内田（2016：pp.56-60）は、一般的なモノやサービスの取引費用以外に、金融取引においては２つの固有のリスクに要因のある費用があるとする。１つ目は、異時点間の取引であるため時間がかかり、将来の不確実性があるため、返済が十分行われない返済リスクである。２つ目は、必要なとき

に資金がない資金不足リスクである。金融機関はこれらのリスクに対処する必要があり、金融取引には、通常の取引より大きい取引費用が発生する。

　取引の将来の不確実性においては、資金の借り手の返済能力の問題があるが、これを普通の貸し手は見分けることができない。なぜなら、貸し手には借り手の情報が十分把握できないという問題があり、これを**情報の非対称性**が存在すると表現する。なお、内田（2016：pp.72-74）は、情報の非対称性には、貸し借りの契約を結ぶ前に借り手に返済能力があるかわからない問題と、契約後に借り手の返す努力が減るというモラルハザードの問題があるとする。

　貸し手が積極的に市場に参加し、経済が成長するためには、取引費用の要因である返済リスクと資金不足リスクが軽減されなければならない。

 ## 2　取引費用の軽減方法

　金融取引における固有の取引費用である返済リスクと資金不足リスクを軽減する手法には様々なものがある。貸し手が急に資金が必要になったときに、資金が使えないと困る（**流動性リスク**）が、保有する証券を売却し、即座に資金化することができれば資金不足を解消することができる（**証券の流動化**）。

　また、返済リスクに応じて、取引契約の条件を調整しておく方法がある。内田（2016：p.92）は、金利がつく証券・貸出において、返済が難しいと考えられる借入に対しては、高い金利が要求され、リスクの大きな証券は高い収益率が要求されるとし、証券の返済リスクの大きさに応じて追加的に求められる収益率や金利を**リスクプレミアム**と呼んでいる。返済確率を高めるための方法としては、貸し手側が、借り手に関する返済可能性の情報をしっかり把握することが重要であり、また、十分情報が把握できる相手を選別し資金を貸すことが返済確率を高めることになる。借り手の情報を得るために、貸し手は、借り手の返済能力を事前に審査したり、事後にモニタリングしたりする。貸し手は、借り手の信用調査を行い、情報の非対称性を軽減し取引

費用を低減する。

　内田（2016：p.101）は、証券のなかでも、負債型証券では、返済を確実にするため、担保や保証が設定され、借り手が返済義務（債務）を履行しない債務不履行（デフォルト）が起こった場合、貸し手は権利を行使することにより返済を受けた場合と同じ状況にすることができるとする。また、内田（2016：pp.111-113）によれば、担保や保証（保険等も含む）は、借り手のモラルハザードの抑止になるとともに、貸し手は、担保を設定する際、契約の内容を工夫し、借り手が努力するように仕向けるための条件を提示しながら、借り手に関する情報を引き出すことができるとしている。

　たとえば、借り手がプロジェクトに投資するために資金を必要とする場合、事業が成功すれば収益を得られ、失敗すればゼロとなる。その資金の賃借契約で、事業が成功した際の返済額（r）と、返済できない場合に差し押さえる資産の額（K）を設定する。貸し手は、事業の成功率の高い借り手が返済可能な条件、また、契約を提示しない、とても選ばないような条件なども含め、rとKの様々な組合せを提示する。すると、事業成功率の高い借り手は、事業の期待利潤が正となるような契約を受け入れるが、事業成功率の低い借り手は契約を受け入れないなどの選択をするのである。

　このような条件をつけた契約を、情報を持つ借り手に選択させることにより、貸し手は、借り手との間の情報の非対称性によるリスクを軽減していくことができる。

　また、内田（2016：pp.118-121）によると、その他の返済リスクを軽減する方法には、借り手の分散化があるとする。貸し手は借り手を小分けにして貸すことにより、全体の返済リスクを軽減し、取引費用を小さくできる。投資信託などがその例であり、不特定多数の投資家から資金を集め、様々な証券に投資をする。このような仕組みをファンドによる**運用**と呼び、年金の保険料を運用する年金基金もその一種となる。多額の資産運用を行うプロ集団を**機関投資家**といい、投資信託の運用会社、年金の保険料を運用する保険会社、資産家を顧客に持つ資産運用会社などがある。

3 金融機関の機能と利潤

　日本において、資金の貸し手の最大の主体は、銀行に預金をする家計部門であり、借り手は企業と政府である。資金の貸し借りを活性化するためには、貸し手が、これまで説明した、取引費用を軽減する手段を持たなければならないが、一般家計には困難である。そこで、金融取引の取引費用を軽減する専門家である金融機関の存在意義が出てくる。内田（2016：p.142）は、金融機関を、人に代わって貸す**金融仲介機関**と、金融仲介機能を分担する金融機関とに分けて説明している。金融仲介機関は主に銀行であり、金融仲介機能を分担する金融機関は、投資信託会社、資産運用会社などを指す。

　川波・上川（2016：pp.122-123）は、金融仲介機関の機能として、(a)**資産変換機能**、(b)**信用創造機能**、(c)**情報生産機能**の３種の機能を挙げている。

　１つ目の資産変換機能とは、資金余剰主体から資金不足主体への所得の移転である。所得移転を個々の主体間で行うのは容易ではなく、時間を超えて資源配分をする金融取引があることによってなされることが効率面で優れる。

　２つ目は信用創造機能である。貯蓄された資金は、払い戻しにすぐに応じられる範囲（要求払い預金）で顧客に貸付をすることができる。この要求払い預金は預金通貨と呼ばれ、預金通貨を繰り返し創造することにより、銀行は手持ちの現金準備の何倍もの貸出を行うことが可能となる。

　３つ目の情報生産機能とは、資金需要者に関する情報を収集、分析、評価する機能である。

　西川（1995：p.175）は、金融機関のうち、銀行は、条件付請求権（預金証書）を発行し、経済主体間でリスクを再配分する機能を持つとする。たとえば、内田（2016：p.161）は、家計などの貸し手は銀行に対して少額で貸し出し（単位の変換）、銀行は、少額のため返済リスクは小さく（返済リスクの変換）、返済期間も短くてすむ。その一方で、企業などの借り手は多額の資金を長期にわたって借りる（満期の変換）ことができるようになるとしている。

内田（2016：p.161）は、資産変換機能を通じて金融取引の取引費用を削減する機能を、**金融の仲介機能**と呼び、金融機関が取引費用を削減する方法として、(a)専門化の利益、(b)規模の経済性、(c)範囲の経済性（製品・サービスの種類を増やすほど、個別に生産した場合より費用が下がり収益性が向上する）の３つを挙げている。

　(a)専門化の利益とは、専門知識を持つ金融機関にとって、借り手として有望な取引相手を見つける費用および取引費用の軽減策を自ら実施することができることに伴うものである。(b)規模の経済性は、多くの貸し借りをまとめることにより費用を抑えることができるというもので、(c)範囲の経済性は、様々な付随する金融サービスを提供することによって、個別に行うことに比べ、全体費用を下げることができることである。

　西川（1995：p.239）によれば、資金余剰主体は、資金不足主体へ資金を融通する代償として、資金元本の一定割合（利子率）を利子として受け取るのが通常であり、銀行の主な利益は、受け取り金利から支払い金利と営業などの経費（貸し手と借り手との間の取引にかかる費用）を差し引いたものであるとしている。つまり、貸し手である家計に払う金利（預金金利）よりも、借り手である政府や企業への金利（貸出金利）の方が高くなければ収益を上げることはできない。

　金融機関の利潤追求は、専門的知識を活用して取引費用を下げて、金利差を拡大し手数料を最大化することにより成り立つ。換言すれば、本Chapterの冒頭に述べたように、金融機関は、金利差や手数料のとれないビジネス、取引費用が余分にかかるビジネスには関心が低くなるともいえよう。

　なお、金融機関のうち、証券取引所や証券会社のように金融市場をつくる金融機関は、実際に資金を保有して融通するのではなく、手数料をとって証券売買取引を成立させる機能を持つ。

4　リスクの再配分機能

　一般に、どのような投資プロジェクトでも利益は確定されるものではな

い。リスクは、プロジェクトの関係者で分担される。出資者は出資分のリスクをとり、借入金提供者は、債務不履行による貸倒れリスク（**デフォルトリスク**）、ないしは**信用リスク**をとる。このように金融取引の当事者間で様々なリスクが再配分される。これらのリスクの再配分には専門性が必要とされるが、多くの経済主体はそのような能力を持ち合わせていない。西川（1995：pp.179-180）は、様々な取引費用の軽減手法を駆使する専門性に対して支払う費用が取引費用となり、多くの経済主体から資金を集め一括運用することによる取引費用の低減を、金融機関の存在理由として挙げている。

　間接金融機関が再配分するリスクとは、「支出予定の不確定性、あるいは不意に支出の必要性が生じる」（西川、1995：p.182）ことにつながるリスクである。銀行がこのリスクを減少させるための手法として、内田（2016：p.163）は、金利、収益率によるリスクプレミアムの調整、優先劣後関係の決定および担保の設定、先物取引、先渡取引、オプション取引などの金融派生取引（デリバティブ）の行使などを挙げている。

　西川（1995：pp.185-186）は、資産を持たない企業の実施する投資プロジェクトへの融資に関して、金融機関は、借り手に関し、その事業の将来の有望性、企業の事業遂行能力などについて、既存のデータのみで簡単に判断できるものではないため、審査活動を通して確認するとしている。その際、金融取引からの利益をより大きなものにするため、多くの付帯条項をつけて複雑な契約によりリスクを減らし期待する利益の確保を図る。したがって、金融機関は、金融取引の純利益を損なわないよう取引費用を低減しなくてはならない。こうしたことから、リスクがわからない、もしくはリスクの大きい事業は取引コストがかかるため、敬遠されることになる。

 5　金融機関の制約

　前述のとおり、家計などの少額の預金者は、通常十分な情報や専門知識を持ち合わせない（情報の非対称性）ため、金融機関の経営の健全性を評価するには困難がある。銀行が経営破綻すれば、預金者との信任関係が崩壊す

る。現状では、金融機関は、預金者から受け入れた資金をほとんど貸出や証券投資に運用し、ごく一部を預金の払い戻し用に支払い準備金として保有している。したがって、取り付け騒ぎなどが起これば、支払い不能に追い込まれる金融機関が増加し、金融システムに支障が生じることになる。

　西川（1995：p.287）は、このような金融機関の経営破綻（デフォルト）リスクに、大きく2つの要因があるとしており、1つ目は保有資産のリスク、2つ目に自己資本比率の値を挙げている。保有資産リスクが同じでも自己資本比率の高い機関はデフォルトを起こしにくい。

　金融機関における利益の最大化行動が行き過ぎればモラルハザードが起こるため、**国際決済銀行**（Bank for International Settlements：BIS）は、**自己資本比率規制**において自己資本基準システムを取り入れている。この規制は、BISが置かれているスイスのバーゼルをとって**バーゼル合意**、または**BIS規制**ともいわれる。BIS規制は、段階的なリスク・ウェイトを設けており、実際の資産額に、これらのウェイトを乗じた加重合計がリスク・アセットと呼

■図表2－2　金融機関が直面するリスク

① 信用リスク（債務不履行、貸倒れリスク）	約束どおり返済されない	
② 市場リスク	証券価格の変動	
	②－1　価格リスク（キャピタルゲイン）	
	②－2　金利リスク（インカムゲイン）	
	②－3　為替リスク（為替変動リターン）	
③ 資金不足リスク、流動性リスク	資金不足	
	③－1　調達流動性リスク	
	③－2　市場流動性リスク	
④ オペレーショナルリスク	システム障害、不正	
⑤ 法務・規制リスク	法規制の変更	
⑥ ビジネスリスク	ビジネスへの需要の変化	
⑦ 戦略リスク	経営判断の失敗	
⑧ 風評リスク	悪評	

（出所）　内田（2016：p.168）をもとに筆者作成

ばれる。BIS規制は「このリスク・アセットの額に対して一定の割合以上の
自己資本を保有するよう金融機関に義務付ける」（西川、1995：p.291）という
ものである。

　この規制の背景には、金融機関は、図表2−2に示す様々なリスクを制御
しリターンを最大化することを目指すものの、「リスクをゼロにすることを
目指すものではない」（内田、2016：p.168）という事実がある。したがって、
金融機関は、一定の制約のもとで利潤の最大化を図るため、その関与する業
務範囲を自ずと限定的なものにせざるをえないのである。

6　金融機関が影響を受ける経済および気候変動関連の動向

　近年、金融システムが最も影響を受けた世界のできごとは、2007年のサブ
プライムローンの破綻に端を発し、2010年まで及んだ金融危機である。金融
システムの機能に障害を生じさせ、2009年以降に実体経済（GDP：国内総生
産）にまで影響を与えた。金融当局は、巨大化した金融機関に対して、これ
までの管理体制では十分管理できず、実体経済に及ぼす悪影響に対して歯止
めが利かないと判断し、2009年に**金融安定理事会**（Financial Stability Board：
FSB）を発足させた。2010年には、米国連邦準備制度理事会のベン・バーナ
ンキ議長が大きすぎて潰せない（Too Big To Fail）企業が不意に清算に追い
込まれた場合、金融システムや経済のほかの部分が深刻な悪影響を受けてし
まうことを指摘した。そのため、政府が経済全体への影響を低減すべく、こ
れらの企業の破綻を回避することはある程度容認された。しかし、このよう
な状態を招くことへの問題が大いに認識される一方、銀行の規模ではなく規
制が不十分であることが指摘されるなど、大いに議論された。

　戸井（2013）は、この金融危機を契機に、金融当局は、個々の金融機関の
健全性を維持するミクロ・プルーデンス政策から、バーゼル規制を強化する
などの**マクロ・プルーデンス政策の重要性**を強調するようになったとする。
なお、マクロ・プルーデンスとは、預金者や投資家を保護するために個々の
金融機関の破綻を防止するというより、むしろ、実体経済において大きな損

失を伴う金融危機のリスクを制限する政策とBorio（2011）は定義している。

　マクロ・プルーデンス分野での進捗をいくつか見ていこう。バーゼル銀行監督委員会が2010年９月に公表したバーゼルⅢは、国際的に業務を展開している銀行の自己資本の質と量を見直すものである。このバーゼルⅢは、金融機関のリスクを反映させたバーゼルⅡ（2006年）に次ぐ新たな規制強化策として、2013年から段階的に実施された。

　米国では、2010年７月に**ドッド＝フランク・ウォール街改革・消費者保護法（通称ドッド＝フランク法）**が成立し、金融安定監督評議会（Financial Stability Oversight Council：FSOC）が設置され、金融システムのリスクを特定し対処することとなった。戸井（2013）は、その特定には、金融機関に対して、リスク・ベースの自己資本規制、流動性規制、全体的リスク管理規制、破綻処理計画、信用エクスポージャー報告など、厳格なプルーデンス基準を課したとしている。なお、米国では、**従業員退職所得保障法（ERISA法）**に対して、2015年、新たに、資産を運用する際の受託者責任に関し、受益者の利益最大化と同時に、社会・経済への利益創出も目指すガイダンスが通達された。

　欧州においては、欧州システミック・リスク理事会（European Systemic Risk Board：ESRB）が2010年に設置され、「EU全体に影響する金融システムのリスク分析と長期的に解決すべき構造的問題への対応に焦点を当てている」（白井、2016：p.251）。戸井（2013）によれば、EUでは、マクロ・プルーデンスツールとして、ストレス・テスト（対象に大きなストレスがかかる状況を想定し、安全性や耐久性などを維持できるかどうかを調べる手法）などが実施されているとする。

　英国は、機関投資家に対して、2010年にコーポレートガバナンスの向上を目的とした機関投資家の行動規範である**スチュワードシップ・コード**を策定した。また、同政府は、2013年にイングランド銀行（Bank of England）下に金融安定政策委員会（Financial Policy Committee：FPC）を設立した。戸井（2013）によると、同委員会は、**システミック・リスク**（ある所で発生した決済不能が次々と広がって、世のなかに混乱を及ぼす可能性のこと）を除去・軽減す

■図表2−3　世界と気候変動交渉および気候変動関連市場の動き

	2001年	02	03	04	05	06	07	08	09	10	11	12	13
世界の環境・金融関連の動き	・米国同時多発テロ　・アルゼンチン通貨・債務危機	・SARSコロナウイルス感染症第1例目報告	・赤道原則　・ヨーロッパ熱波　・米国主導の有志連合軍によるイラク侵攻（イ	・インドネシア・スマトラ島沖地震　・バーゼルII最終合意	・ハリケーンカトリーナ発生	・バーゼルII適用開始　・国連責任投資原則（PRI）発足	・サブプライム住宅ローン危機	・リーマン・ブラザーズ破綻、株価暴落（リーマンショック）	・金融安定理事会（FSB）発足　・ギリシャ債務危機	・欧州債務危機　・ドッド＝フランク法成立　・英国スチュワードシップ・コード公表　・バーゼルIII枠組文書公表（バーゼル2・5）	・東北地方太平洋沖地震　・イラク戦争終結	・ハリケーンサンディ発生	バーゼルIII段階的に適用開始
気候変動交渉の動き	米国京都議定書離脱				京都議定書発効		次期枠組みについて交渉開始（COP13）	京都議定書第1約束期間開始	次期枠組みについて合意不成立（COP15）	途上国を含め世界各国がボトムアップの排出削減目標を持つことを合意（カンクン合意／COP16）	次期枠組みについてCOP21までに決めることを合意（ダーバン合意／COP17）	京都議定書第1約束期間終了	京都議定書第2約束期間開始
気候変動関連市場の動き					・EU ETS第1フェーズ開始　・国連カーボンクレジット登録開始		欧州投資銀行Climate Awareness Bond発行	・EU ETS第2フェーズ開始　・国連カーボンクレジット取引開始　世界銀行が史上初のグリーンボンド発行		気候債券イニシアティブ（CBI）発足、気候債券基準（CBS）策定		国連カーボンクレジット登録低迷	・EU ETS第3フェーズ開始　・中国2省5市で出量取引の試行事業を開始（～2014年6月）　・スウェーデンの不動産会社が史上初のグリーン社債発行

（気候変動関連市場の動きの行中央に「カーボンクレジット市場」の範囲を示す上矢印、および「グリーンボンド」を示す破線矢印）

（注）　上矢印：本著書が対象とするカーボンクレジット市場、破線矢印：グリーンボンド
（出所）　若奈（2019：pp.398-399）をもとに筆者作成

36

14	15	16	17	18	19	20	21	22	23
・日本版スチュワードシップ・コード公表 ・クリミア危機	・日本、コーポレートガバナンス・コード施行 ・持続可能な開発目標（SDGs）採択 ・米国、ERISA法のESGに関する新ガイダンス公表 ・FSBが気候関連財務情報開示タスクフォース（TCFD）設置	・米国大統領選挙、トランプ氏当選	・TCFD提言公表 ・バーゼルⅢ最終文書公表	・日本、コーポレートガバナンス・コード改訂	・新型コロナウイルス感染症第1例目発覚 ・欧州グリーンディール発表 ・国連責任銀行原則（PRB）発足	・英、EU離脱（ブレグジット） ・EUタクソノミー規則施行 ・日本、カーボンニュートラル宣言 ・米国大統領選挙、バイデン氏当選	・バイデン米国大統領が気候サミットを主催 ・日本、コーポレートガバナンス・コード再改訂 ・プライム市場におけるTCFDの開示の義務化（2022年〜） ・国際サステナビリティ基準審議会（ISSB）発足	・ロシアによるウクライナ軍事侵攻 ・米国、インフレ抑制法成立	・EU、企業サステナビリティ報告指令（CSRD）発効 ・日本、GX実現に向けた基本方針閣議決定 ・ISSB最初のIFRSサステナビリティ開示基準公表
	・パリ協定採択（COP21）	・パリ協定発効		・米国、パリ協定からの離脱を国連に通告		・パリ協定開始 ・京都議定書第2約束期間終了	・米国、パリ協定復帰 ・パリ協定のルールブック完成（グラスゴー気候合意／COP26）	・シャルム・エル・シェイク実施計画採択（COP27）	
・中国、全国レベルのETS（排出権取引制度）関係法令公表	・グリーンボンド原則策定 ・日本政策投資銀行が日本初のグリーンボンドを発行 ・金融向け炭素会計パートナーシップ（PCAF）発足 ・年金積立金管理運用独立行政法人（GPIF）がPRI署名 ・韓国、国内排出量取引制度の運用を開始			・ポーランドが史上初のグリーンボンド国債を発行	・東京都が日本の自治体初のグリーンボンドを発行 ・気候変動リスクに係る金融当局ネットワーク（NGFS）発足		・EU ETS第4フェーズ開始 ・中国、全国ETSを電力産業対象に開始 ・グラスゴー金融同盟（GFANZ）発足	・東京証券取引所、市場区分を再編	

グリーンボンド市場

市場

るための措置を実施することにより、金融システムの安定性に事実上の責任を負うものであるとする。

このように世界的金融危機以降、金融機関に対する当局による引き締めが進む一方、Chapter 1 - 2で概観した環境変化を背景に、2008年以前から、排出権市場を活用した、民間セクターによる資金の投入が始まるようになった。なお、ドッド＝フランク法は、紛争鉱物の使用に関する規制などで知られるが、炭素市場に関しても言及されている。

低炭素経済への移行に資金を供給するため、「各国は**カーボンプライシング**（炭素価格設定）の導入、さらにグリーンボンドの組合せ」（Heine et al. Mazzucato, Braga, Flaherty, Gevorkyan, Hayde and Radpour, 2019：p.12）を活用し始めた。

Heine et al.（2019）は、グリーンボンド、特にClimate Bond（気候変動課題に資金使途を限定した気候債券）とカーボンプライシングを組み合わせて導入したときに、よりよいパフォーマンスを発揮するかどうかについて、モデル分析をしている。その結論として、グリーンボンドは再生可能エネルギー事業をスケールアップする資金として大きな役割を果たすと期待できる手段であるが、カーボンプライシングとミックスすることが、特に重要であるとしている。ただしこの分析は、政策手段として、炭素税、排出量取引制度[3]のもとでの、グリーンボンドの果たす役割を見たものであり、民間金融機関の行動変容を促すといった視点を持ったものではない。図表2 - 3は、金融機関または金融システムに影響を与える世界のできごとと、気候変動交渉および本著で対象としている気候変動関連市場（カーボンクレジット、グリーンボンド）の動きを対比したものであるので参考にしていただきたい。

3　排出量取引制度とは、CO_2をはじめとするGHGsの排出量を削減するための手法で、主に企業間における排出量の過不足を取引する仕組み。排出量取引は排出権取引とも呼ばれる。本著では、排出量取引、排出権取引の両方の用語を使用しているが、差異はない。

7 金融機関の低炭素型エネルギー事業への関与手法

2000年に、英国で、**カーボン・ディスクロージャー・プロジェクト**（Carbon Disclosure Project：CDP）が開始された。CDPは、機関投資家のイニシアティブから生まれたグループであって、GHGs排出削減対策に関し、企業に質問し、その返答を公表することを目的としたNGOである（2013年より略称であった「CDP」を正式名称としている）。谷本（2007：p.135）によれば、CDPは、企業の情報開示の視点から、気候変動リスクを、物理的リスク、規制上のリスク、競争上のリスク、評判リスクに細分化して示し、他方、ビジネス機会を再生可能エネルギーなどのクリーンエネルギー市場と排出権市場の拡大などに限定したとしている。

気候変動問題に対して、金融機関が本業として関わることができるのは、基本的にはまず、クリーンエネルギー、再生可能エネルギー発電ビジネスなど低炭素型のエネルギー事業である。なぜなら、発電事業は売電収入という将来キャッシュフローを生むビジネス機会になるからである。

金融機関の発電ビジネスへの関わり方は、資金運用の対象によって異なる。まず、直接金融においては、金融機関がクリーンエネルギー、再生可能エネルギー事業を主体とする企業の株式を購入することが考えられる。ただし、再生可能エネルギーなどの低炭素事業のみで活動をする株式会社は限られている。そのため、企業が業務の一部において低炭素事業をしている場合には、低炭素事業も含めた企業自体に関して、その成長力と信用力を評価し判断して投資することになる。一方、間接金融においては、**プロジェクトファイナンス**の場合、融資先の事業が特定されており、その特定した事業・プロジェクトを独立した事業体とすることから、資金使途を特定の活動にのみ限定することが可能である。

図表2−4は、低炭素事業のタイプごとの収入源または効果とプロジェクトリスクの高さ、主なファイナンス手法についてまとめたものである。プロジェクト型による発電事業は、事業の規模にもよるが、元来リスクが高いた

■図表2－4　低炭素事業とファイナンス手法の関係

事業タイプ		収入源または効果	プロジェクトリスク	初期投資（利益に対して）	主なファイナンス手法
プロジェクト型	ガス火力	売電	高〜中	高	プロジェクトファイナンス
	水力	売電	高〜中	高	プロジェクトファイナンス
	太陽光・風力・地熱	売電	高	高	プロジェクトファイナンス
	スマートグリッド（送配電）	託送料	高〜中	高	プロジェクトファイナンス
設備投資型	鉄鋼	効率向上	中	高	コーポレートファイナンス
	セメント	効率向上	中	高	コーポレートファイナンス
省エネ型	建物省エネ	効率向上	低	高	ESCO、リース
	低炭素車両導入	効率向上	低	高	リース、割賦

め、企業はバランスシートの外で特別目的会社などを設立してリスクを低減する。他方、設備投資型、省エネルギー型事業は、新規設備導入によって生産効率を向上させ、かねて支払っていたエネルギーコストを削減する目的で企業自身が設備投資として行うケースが多い。

　プロジェクトファイナンスは、プロジェクトの信頼性とリスクを測る専門的かつ高度な金融技術が必要とされるため、金融機関にとって取引コストは高くなるが、その分、取引手数料などは高く、収益率も高い。一方、コーポレートファイナンスは、企業の信用力に依拠し、個別の設備投資等による低炭素事業のリスクをとるのは企業である。この場合、金融機関は、主に企業の返済能力を審査することによって実施できるため、取引コストを低く抑えることができる。なお、図表2－4にあるESCOとはエネルギーサービスカンパニーのことで、顧客の光熱水費等の経費削減となる投資を自ら行い、削

■図表 2 − 5 　プロジェクトファイナンスにおける主なリスク

	リスク・検討項目	リスク分析のポイント
1	カントリーリスク	戦争、テロ、収用、対外送金規制、法制変更、許認可取得等
2	収入リスク	長期的に安定したキャッシュフローを確保できるか
2 −(1)	マーケットリスク	市場リスク
2 −(2)	契約リスク	支払能力
3	完工リスク	予算内、期日内の完工能力
4	オペレーションリスク	安定操業遂行の可否
5	為替変動リスク	為替の変動が、プロジェクトのキャッシュフローに与える影響
6	技術リスク	安定操業遂行の可否
7	スポンサーリスク	事業遂行能力、プロジェクトに対するコミット
8	環境リスク	環境への影響
9	不可抗力リスク	自然災害
10	途上国リスク（カントリーリスクに含まれない慣習等）	国民がサービスの対価としてお金を払う文化があるか

減実績から対価を得るビジネスで、リース会社などが行う事業である。

　プロジェクトファイナンスとコーポレートファイナンスとの大きな違いは、プロジェクトファイナンスは、プロジェクト固有の多様なリスクを評価する専門的知識が要求される点にある。たとえば、再生可能エネルギー発電事業などの場合、図表 2 − 5 の 6 番目の項目にある技術リスクを測ることは、当該技術に知見の乏しい金融機関にとって容易ではない。したがって、金融機関が当該事業に取り組むには、外部の専門家を活用しながらも、相当のインセンティブと経営判断が必須となる。

金融機関が気候変動問題に
取り組むに際して直面する困難

　これまで、現状の環境金融の限界、金融機関が気候変動問題に対する事業に取り組む際のリスク評価の問題について考察してきた。Kaminker and Stewart（2012：p.37）は、既存の伝統的プロジェクトと気候変動に関わるプロジェクトとの間でのリスク面の異同をまとめている。金融機関は、前掲の図表２－５に示した通常のプロジェクトファイナンスにおけるリスクの評価に加え、CSR目的ではなく、ビジネスとして気候変動事業へのファイナンスに取り組む際の固有のプロジェクトリスク（図表２－６参照）に対して評価をしなくてはならない。特に、金融機関が考慮しなければならない気候変動に関連するリスクは、前述した担保物件の土壌汚染などの現状評価と異なり、将来のリスクを評価することを意味し、金融機関にとっては大きな課題となる。

　Kaminker and Stewart（2012：pp.36-41）は、特に次の３点が、機関投資家などの金融機関にとって気候変動に対するビジネスとしての取組みを妨げる要因となっているとする。

(a)　カーボンプライシングと化石燃料への補助金の弊害

　機関投資家などの金融機関によるクリーンエネルギー投資が進まない最大の原因は、政策が、公害を起こすような既存の技術やエネルギー源の社会的費用を無視して、往々にして、本来よりも安価な価格設定をし続け、市場の失敗を拡大させていることである。

　通常、機関投資家は環境によいというだけでは投資はできず、収益が必要である。したがって、政策により、クリーンエネルギー投資に対して、既存の化石燃料投資と比較して価格的に競争力のある、リスク調整後の収益率を上げられるようにする必要がある。明解なカーボンプライシングがあること

■図表2－6　気候変動に関連する事業の主なリスク

		伝統的プロジェクトリスク	気候変動に関連するリスク
政治、政策、法制度リスク	政治リスク	インフラ計画に関する長期にわたる政治的コミットメント／政策の確実性の欠如	長期的な低炭素開発戦略の欠如、グリーンテクノロジーおよび／またはそれらのインプットに関する貿易障壁（関税および非関税障壁）、環境規制の欠如、固定価格買取などのグリーン投資に対する支援の安定性に対する政治的コミットメント、政策の確実性の欠如
	規制リスク	インフレに伴う手数料を引き上げるための関税規制の遅延、インフラストラクチャプロジェクトの調達プロセスに伴う高い入札コスト（管理コスト）、政府の様々なレベルでの市場の断絶	炭素価格の不安定性、投資家にとってより他の投資より魅力的なものにする化石燃料補助金の存在
	法制度、所有権リスク	将来の訴訟、計画の不同意、リース期限	
	政策、社会リスク	圧力グループからの反対、腐敗	炭素回収固定や風力など、特定の低炭素事業に対する抗議
	通貨リスク	インフラストラクチャの長期投資	気候の脅威と緩和のための長期投資期間
営業、技術リスク	技術リスク	技術的な障害やパフォーマンス低下	低炭素投資での新しい技術（リスクのレベルは、技術の成熟度と技術プロバイダーの実績に依存）
	建設リスク	プロジェクトの完了の遅延、下請け業者または利害関係者の様々な契約関係	新しい気候緩和・適応技術の専門知識と実績の欠如
	操業リスク	開始後の操業とプロジェクトの廃止に対する経営陣の能力	新しい気候緩和・適応技術の専門知識と実績の欠如
	環境リスク	環境ハザード、気候リスク、気候の変化	気候変動の不確実性に関連するリスク
市場リスク	ビジネスリスク	競合他社との競争、消費者の好みと需要の変化	技術の進歩、新しい低炭素技術に精通していない
	評判リスク	企業の評判のダメージによる収益の損失や株主価値の破壊につながる可能性	風況、潮流、炭素回収固定プロジェクトなどの一部の新技術が、地元の利害関係者の抵抗に直面する可能性

（注）　炭素回収固定：排出されたCO_2を分離・回収して地中深くに圧入し、固定化・貯留する技術（CO_2回収・貯留（CCS））。
（出所）　Kaminker and Stewart（2012：p.37）をもとに筆者作成

により、金融機関は、競合する既存の化石燃料事業に対して十分競争力があればリスクとリターンを評価できる。一方、政府が、再生可能エネルギーに対する支援よりも、化石燃料への補助金を多くすれば、金融機関に対して間違ったシグナルが送られてしまい、金融機関は行動を変えない。

ⓑ 予測不能な政策で起こるリスク

世界共通の炭素価格が実装されることが気候変動に対応するために最良の方法だと指摘する経済学者は多い。しかし、多くの再生可能エネルギー事業は、化石燃料事業に比べて採算性に劣ることから、この点を克服すべく、まず、再生可能エネルギーへの補助金などの支援政策が求められることが多い。そのため、適切なカーボンプライシング政策の導入が逆に困難になることも考えられる。なぜなら、金融機関は、補助金を含めた採算性を予測し、長期投資に踏み切る。そのため、補助金政策とカーボンプライシングがバンドリングされず、突然の補助金の打ち切りなどがあることは事業のリスクとなる。エネルギー事業は、長期にわたるインフラ事業であるため、政府は単に目先のエネルギー政策に注力して再生可能エネルギーに対する支援政策を行うのではなく、長期的に予想可能なエネルギー政策を講じることが重要なのである。

いずれにしても、気候変動に関連する事業において、政策変更のリスクは、金融機関にとって最も注意しなければならないリスクの1つである。世界経済の動向、国内政局などに起因する、再生可能エネルギー事業の支援策の急な打ち切りは、事業に大きな影響を与える。このようなリスクに備え、金融機関は現地国政府等の保証やサポートの設定状況の確認、公的金融機関によるリスク保証や保険の付保を求めるなど、新たな取引コストを払わなければならない。

ⓒ 新技術に対する評価

基本的に、クリーンエネルギー事業は既存のプロジェクトと比較してリスクが高く、特に技術面においては、長年の実績データと経験のある技術に比べ、予測できないリスクが存在する。これまでクリーンエネルギー事業の関与経験が少ない金融機関にとって、事業リスク評価は既存のエネルギー事業

に比べ、取引コストを押し上げることになる。機関投資家、銀行などは、ハイリスク、ハイリターンを追求するベンチャーキャピタルと異なり、長期で安定的な収入源を求める。したがって、技術に関しても、実証済みの成熟したものを望むため、実証の少ない新技術を回避する傾向にある。

　気候変動対策に関わる事業には、Kaminker and Stewart（2012）が指摘するように、これまでの経験とデータで予見できない多数のリスクが存在する。そのため、金融機関は、リスクを低減するためのコストを支払っても、なお十分な利益が確約されなければ、低炭素事業に取り組むことができない状況に置かれている。金融機関が直面するこうした困難への突破策が考えられなければ、民間金融機関による気候変動対策への資金供給は進まない。そこで、気候変動課題解決のために民間金融機関を動かすことを重視した政策論が求められる。

　世界銀行のチーフ・エコノミストであった英国のニコラス・スターン博士による「気候変動の経済学」の分析レポート（Stern、2007）は、このままでいけば、気候変動による将来の損失負担は、毎年、世界のGDPの少なくとも５％、最大20％にも及ぶと指摘した。2010年の世界のGDP合計は推計66兆ドルであり[4]、その５％とすれば年間3.3兆ドル、日本円にして総額363兆円（１ドル＝110円）となる。2007年の金融危機の際、国際通貨基金（International Monetary Fund：IMF）の試算では、サブプライム住宅ローン問題による世界の金融機関の損失は9,450億ドル（約96兆円）にのぼる[5]。すなわち、何も気候変動対策を講じなければ、世界はリーマンショックの何倍もの経済的打撃を被り、金融市場も当然ながら多大な影響を受けることになると考えられる。

　前記の分析レポートが発表された後、インドネシアのバリ島で開催されたCOP13では、全ての国が参加する次期枠組みの議論がなされ、気候資金に対して焦点が当てられた。それ以来、気候資金の導入に中心的役割を果たし

4　World Bank（https://data.worldbank.org/indicator/NY.GDP.MKTP.KD）
5　IMF Global Financial Stability Report: Containing Systemic Risks and Restoring Financial Soundness（2008年４月）（https://www.imf.org/external/pubs/ft/gfsr/2008/01/）

ているのは、世界銀行グループとIMFであり、2012年に途上国向けに270億ドルの気候資金を拠出した。このように気候変動対策に対して、国際開発金融機関などの公的金融機関が気候資金を拠出している。しかしながら、Bowman（2014）によれば、民間金融機関の活動が気候変動に対して、どのような影響があるかなどの学術的な議論はあまりなされていなかった。

1 気候変動対策と民間金融機関との関係性

Wood and Richardson（2006）は、企業の環境パフォーマンスの向上を促進する手段として、金融機関を改革し、活用する必要があるとする。しかし、前のChapter 2 – 2で見たとおり、気候変動問題に対して民間金融機関が行動するには、多くのリスクが存在し、経済合理性に基づいて対応するのは容易ではない。

投資家や環境NGOの連合体である米国**Ceres（Coalition for Environmentally Responsible Economies：環境に責任を持つ経済のための連合）**は、2008年に、世界の大手40行の気候変動に対するコーポレートガバナンスとビジネス戦略について分析したレポート（Cogan, 2008）を刊行している。Ceresは、1989年、アラスカ州の海洋沖で発生した**エクソンバルディーズ号原油流出事故**による環境破壊を契機に米国の投資家などで結成した組織で、企業に対する投資基準の要素に環境を組み込むなどの原則を策定した。筆者もその総会に参加したことがあるが、1990年代後半のときと比較して2010年代ではその規模は拡大し、2021年には加盟団体が350まで増加した。筆者は、米国におけるESG投資や環境金融に関してはCeresの動きを常に注目している。

Ceresの2008年のレポートは、大手銀行のなかでは、企業の存続可能性と気候変動の結びつきが認識され、気候変動をリスク管理の問題として取り上げる動きが生じていることを示した。しかし、気候変動対策と民間金融機関の業務実態との関係性について実証的研究はなかった。そのため、Bowman（2014：p.92）は、2010年から2011年にかけて、気候変動に対して先駆的に取り組み始めたグローバルな大手7行のマネジメントクラスおよび関連する環

境団体などに対してインタビューを行い、金融機関の気候変動課題に対する
リーダーシップについて、並びに、金融機関と顧客その他のコミュニティと
の関係やその変化について調査を実施した。その結果、「**金融機関の気候変
動に関連する業務の促進要因は、業務に関するリスク低減と利益向上であっ
て**」（Bowman, 2014：p.169）、CSRではないということを明らかにした。ま
た、GHGs排出削減に関し、その排出が少なく、本業として強い動機付けの
ない民間金融機関を動かすには、排出がほとんどない以上、直接的規制では
なく、政府の他の手法による何らかの介入が必要と思われるとした。

　そのような直接規制以外の介入手段として、Bowman（2011）は、認知心
理学の研究文献を参考に、気候変動政策のあり方を提言している。人間は、
直接の動機付けがなければ行動を起こさないし、その行動を起こさないバリ
アは、組織や制度面など様々なレベルで存在するとしている。被害がいまだ
はっきりと顕在化していないなどの状況下で、行動を起こさせるための動機
付けについては、これまでの環境対策の経験を超えるものであって、人間の
判断の特性などに遡って、様々な可能性を幅広く探る必要がある。このよう
な発想に立つのが、Bowman（2011）の研究例である。これまでの規制的な
環境政策は、行為と被害との関係が明白であったことに助けられ、影響を与
えようとする行為者の行動傾向を十分理解せずに導入されてきた。しかし、
Bowman（2014：p.183）が指摘するとおり、将来の持続可能性を高める観点
から、行動を制限するには十分機能していないことについては改善が必要な
のである。

　ここで、Bowmanの研究の背景になった認知心理学的な観点からの環境行
動障害を見ることにする。

2 行動経済学および認知心理学的な観点からの環境行動障害

　1978年にノーベル経済学賞を受賞したSimon（1957）は、人間の認知能力
は無限大ではなく、人間の合理性には限界があると考え、これを限定合理性
と呼んだ。**行動経済学**では、人間は、最適な選択には、時間と費用がかかる

ため、その**限定合理性**により、簡便な問題解決法を用いて、ある程度の満足のいく決定を行うとされていると、依田（2010：p.14）は要約している。この簡便な問題解決法はヒューリスティクスと呼ばれる。また、行動経済学や認知心理学において研究されている、意思決定者の認知バイアスは、人間は予測可能なことであったとしても、誤った決定をすることがあるとする。Thaler and Sunstein（2008）は、人間の合理性には限界があり、人間は、意思決定における認知バイアスとヒューリスティクスの欠陥の結果、経済的合理性により予測可能な行動からは離れた行動をとることがあるとしている。

　Shu and Bazerman（2010）は、この認知バイアスが、環境問題解決に悪影響を及ぼすとし、環境問題解決を阻む行動について３つの**認知バイアス**を挙げている。それは、⒜未来を過剰割引して現在を重視し（たとえば、建築物のコストが増加するため、省エネ設備を入れない）、⒝問題が十分深刻ではないと正当化する幻想を持ち（たとえば、科学者が化石燃料と同等の安価な新たなエネルギー技術を開発すると期待する）、⒞他者が問題を解決することに期待する（たとえば、気候変動に対する公平な責任分配に関して各国がそれぞれ異なった自国に有利な主張をする）、の３つである。

　また、行動経済学において、Kahneman and Tversky（1979）、Tversky and Kahneman（1986）等によると、**意思決定者は、利益よりも損失に大きな注意を払う**とし、Shu and Bazerman（2010）は、**人々は同じ大きさの利益よりも損失の痛みの方を大きく予測する**としている。つまり、人間は、予想される利益ではなく、提案された変更に関連するコストや損失に一層の注意を払う、といった知見が得られているという。

　Shu and Bazerman（2010）は、このような意思決定の偏りを考慮に入れた効果的な気候政策を立案するには、人間のヒューリスティクスへの依存の傾向を利用し、よりよい行動の決定に自ずと向かう選択を後押しすべきであるとしている。また、Shu and Bazerman（2010）が指摘する**損失回避**の認知バイアスは、様々な環境問題解決にとって、高い障壁となる。

　たとえば、**カーボンプライシング**の導入政策について考えてみよう。カーボンプライシングとは、排出削減のための経済的手法であり、気候変動の原

因となるGHGs排出による社会的費用（作物への損害、熱波と干ばつによる医療費の増加、洪水や水害による財産損失など）を市場に内部化するために、排出量に価格付けをすることである。カーボンプライシングの導入の詳細については次のChapter 3で考察するが、一般に、人は、カーボンプライシングの導入により、これまでに享受してこられた便益が将来に失われることを恐れる。Maher（2011）が指摘するように、カーボンプライシングの導入は、失業、収益の喪失、企業の海外移転による機会損失などの損失を生み出すと考えられがちである。そこで、まずはGHGs多排出産業を直接のターゲットとして限定し、ここに多くの経済的負担を負わせるのが通常、考えられる手段となっている。しかし、Thaler and Sunstein（2008：pp.194-195；遠藤訳、2009：p.285）は、汚染を引き起こしている人は、既得権を利用したバーゲニングなどが可能であって、環境に負荷を与える費用を支払わず、他方、汚染によって被害を受けた人たちは、汚染者に行動をやめるよう交渉する実行可能な方法を持っていないので、事はそう容易に運ばないとしている。

　以上のようなことを踏まえて、Bowman（2011）は、Shu and Bazerman（2010）らの研究をもとに、気候変動問題解決における人間の意思決定の課題を解決する政策の提案を試みている。これらの困難を克服しつつ展開される効率的な気候変動対応政策として次の3つの政策オプションを示唆している。

⒜　カーボンプライシングを導入する場合、損失回避の意識的バイアスに対応するための政策をバンドリングして活用すること。

⒝　既存のエネルギー取引との競合性を高めるクリーンエネルギーや再生可能エネルギーへ経済的インセンティブを設定すること。

⒞　金融セクターによる再生可能エネルギー等へのキャピタルフローの拡大を支援すること。

　以下では、こうした提案の細部を見てみよう。

3　カーボンプライシング導入のために活用する　政策のバンドリング

　Bowman（2011）は、カーボンプライシングの損失回避を低減するには、Milkman, Mazza, Shu, Tsay and Bazerman（2009）が提唱する**ポリシーバンドリング**のアプローチを妥当としている。つまり、利益と比較して、損失を過大に評価するファクターを弱化させる方法として、利益が明らかな政策と組み合わせることである。

　Milkman et al.（2009）は、バンドリングの仕方として、目的の違う複数の政策を1つの法案として立法すること、もしくは、複数の法案に関連性を持たせて、結果的に便益が出るようにする方法、を示している。前者の例として、Thaler and Sunstein（2008：p.198；遠藤訳、2009：p.290）が提唱する炭素税と個人減税や社会保障支払いとの組合せがあるとする。後者の例としては、Milkman et al.（2009）のGHGs多排出産業における人員削減（損失）とクリーンエネルギーや再生可能エネルギー分野の雇用増加（ゲイン）との同時提案などが挙げられる。

　すなわち、カーボンプライシングを立法する際に、次の3つの政策を組み合わせることになる。

(a)　カーボンプライシングの収入を所得税減税や社会保障給付に充てるような政策

(b)　カーボンプライシングの収入を再生可能エネルギー部門などの雇用増加策に充てるような政策

(c)　税優遇、補助金、固定価格買取制度（Feed in Tariff：FIT）などの導入政策

　なお、英国政府が導入した炭素税と排出量取引（Chapter 3 − 2 参照）等の組合せは、諸富・鮎川（2007：p.85）によれば、ポリシー・ミックスと呼ばれる。ポリシー・ミックスは、ポリシーバンドリングに類似していると考えるが、ポリシーバンドリングには、目的の違う複数の法案をあえて1つにする手法も含まれており一層幅広い政策手法であることから、本著では用語を

区別している。

4 再生可能エネルギー部門などへの経済的インセンティブ

Bowman（2011）は、気候変動政策としてカーボンプライシングの導入だけではなく、再生可能エネルギーおよび低炭素化に資する投資に焦点を当てた促進策を講じ、市場の移行を促す政策が重要としている。人は、認知バイアスが働くと将来に対して過度の割引を行い、現在にポジティブな認識をしがちであり、短期的な考えに比重を置くことになる。その結果、化石燃料に頼り、再生可能エネルギー部門への投資は最低限のものに限ってしまうこととなる。重要なのは、現実的な代替手段を提供し、資本を引き付け、経済成長を確実にし、その市場を拡大させる政策である。すなわち、再生可能エネルギー部門などに経済的インセンティブを与え、現在価値で化石燃料と競合させる必要がある。

具体的には、民間セクターに対し、初期投資に対する補助金、税優遇、FIT、化石燃料への補助金の低減等のインセンティブを与え、再生可能エネルギーやクリーンエネルギーの市場を促進することである。加えて、現在に対するポジティブになりがちな認識をコントロールするため、イノベーションや新たな技術開発の促進政策の導入により、認知バイアスを減じることである。

5 金融機関による再生可能エネルギーへのキャピタルフローの拡大支援

気候変動問題は、経済問題であり、低炭素経済に移行するためには、金融機関を巻き込む必要がある。したがって、Bowman（2011）は、気候変動対応政策のオプションとして、金融機関による再生可能エネルギー等へのキャピタルフローの導入支援策を挙げている。つまり、気候変動に対応するイノベーションや新技術の開発には、経済的インセンティブの政策が重要であるとし、各国での経済的インセンティブに加え、金融機関への政策をバンドリ

ングする必要性を提唱している。

　金融機関の気候変動対応への動機付けは重要である。その理由を、Bowman（2011）は、次のように説明する。**金融機関は、あらゆる産業に結びつく経済的な門番（ゲートキーパー）である。**金融機関のビジネス（融資、投資、助言）は、化石燃料の流通やGHGs多排出企業のビジネスに関与する。金融機関のほぼ全ての経済的意思決定は、間接的に気候変動問題に影響することになる。すなわち、金融機関は、顧客企業の資金の貸し手、投資家、顧問および株主であるため、金融機関のGHGs排出削減の取組みは、他の産業界の顧客に影響を与えるのである。

　そこで、Bowman（2011）は、金融機関への経済的インセンティブ政策として、(a)再生可能エネルギープロジェクトに関して、金融機関が期待できる経済的利益の増加、(b)GHGs多排出事業者およびGHGs多排出プロジェクトに関わることによるコスト増を認識させる政策、を挙げている。

　以上のように、Bowman（2011）は、**カーボンプライシングの導入**に加えて、**再生可能エネルギー等クリーンエネルギーテクノロジーへの支援政策を同時に実施し、また、金融機関に対する再生可能エネルギー等へのキャピタルフローの導入政策を効率のよい気候変動政策のオプション**としている。民間金融機関が、これら一連の政策パッケージの導入によって、気候変動対策に取り組むことは経済合理性があるとして動き出したとすれば、気候変動問題のみならず、地球環境問題解決に向けて金融機関が役割を果たすための政策の手法として、このパッケージが有効であったことがわかることになる。

　次のChapter 3 では、まず、Bowman（2011）の提唱する１番目のオプションに関してカーボンプライシングの導入の意義を考察する。

Chapter 3

カーボンプライシング

　GHGs排出削減のための政策的手法には、規制的手法、経済的手法、自主的取組み手法、情報的手法、手続的手法などがある。本Chapterでは、主に経済的手法として位置付けられるカーボンプライシングの導入について考察する。

1

カーボンプライシングの種類と意義

　カーボンプライシングは、炭素集約度（単位エネルギー当たりのCO_2排出量）の高い既存技術を経済的に不利にして、新技術に伴う金融リスクを相対的に減じるツールとなると強く期待されるものである。GHGs排出削減のための政策的手法については、図表3－1のとおり、規制的手法、経済的手法、自主的取組み手法、情報的手法、手続的手法などがある。カーボンプライシングは、主に経済的手法として位置付けられる。

　カーボンプライシングは、政府による政策としてのカーボンプライシング

■図表3－1　GHGs排出削減のための政策的手法

政策的手法		概要（第4次環境基本計画より抜粋）
規制的手法	直接規制的手法	法令によって各主体が達成すべき一定の目標を定めるとともに、必要な遵守事項を提示し、その遵守確保に統制的手段を用いる。
	枠組み規制的手法	目標の提示とその達成の義務付け、または、その達成に向けた一定の手順や手続踏襲の義務付け。
経済的手法		市場メカニズムを前提とし、社会全体のコストを低減しつつ、継続的なインセンティブを与える（税、排出権取引、補助金等）。
自主的取組み手法		民間セクターが自主目標を設けて対策を実施。強制力はなく、フリーライダーの発生を招く。
情報的手法		環境負荷の低い投資や消費の選択ができるよう情報提供や開示を求める。経済の仕組みの変化を促すが、必要な削減が行われる確実性はない。
手続的手法		各主体の意思決定過程に、環境配慮のための判断を行う手続と環境配慮の判断基準を組み込むもの。効果の保証はない。

（出所）　環境省「カーボンプライシングの意義」（カーボンプライシングのあり方に関する検討会第3回　資料4）（2017年8月1日）をもとに筆者作成

■図表 3 － 2　カーボンプライシングの整理

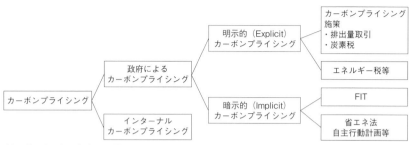

（出所）　経済産業省　長期地球温暖化対策プラットフォーム「長期地球温暖化対策プラットフォーム報告書―我が国の地球温暖化対策の進むべき方向―」（2017年 4 月 7 日）をもとに筆者作成

と、**インターナルカーボンプライシング**に分けられる（図表 3 － 2 参照）。

　インターナルカーボンプライシングとは、企業が、現在、または将来の事業活動に対してGHGs排出が与える影響などを定量化し、企業が消費する各種エネルギーに関して自主的な炭素価格付けをすることである。その価格に基づき、企業は、自らの排出量の管理や、実際の炭素価格の事業への組込み、**シャドーカーボンプライス**（投資計画・事業計画の策定において、ストレステスト等を行うための炭素価格）の設定などを行う。インターナルカーボンプライシングは、炭素税や排出権取引などの政府による政策としてのカーボンプライシングと区別される。本著においてカーボンプライシングとして考察するのは、政府によるカーボンプライシングである。

　政府による明示的カーボンプライシングとは、GHGs排出量に比例して価格をつけるもので、GHGs排出量に応じた費用負担が発生する。明示的カーボンプライシングには、排出量の数量を固定する数量アプローチ（排出量取引）と、CO_2 1 トン当たりの価格を固定する価格アプローチ（炭素税）の 2 つがある。エネルギー税も明示的カーボンプライシングに分類される。それ以外は暗示的カーボンプライシングと呼ばれ、間接的に排出削減のコストが生じるものである。経済協力開発機構（Organisation for Economic Cooperation and Development：OECD, 2013）は、規制の遵守コスト、省エネ法、電

力のFIT（再生可能エネルギー起源の電力を高い固定価格で買い上げる仕組み。再生可能エネルギーにより発電する事業者にとっては、補助金的性格を持つ）などを挙げている。

　なお、筆者としては、FITを暗示的カーボンプライシングに含む点には注意が必要であると考える。すなわち、ここでは、化石燃料起源の電力の価格にFITの原資が付加されるために、炭素価格が結果的に引き上げられるという副次的な効果に着目して行った分類だといえよう。しかし、FITは、再生可能エネルギーの経済性を高めるための補助を正面の狙いとしており、こうした政策については、別のChapterで考察することとする。

　カーボンプライシングについて、2018年にノーベル経済学賞を受賞した**ノードハウス（藤崎訳、2015：p.277）**は、地球温暖化を抑制するためにはGHGs排出削減が唯一の方法であり、その実施に伴って社会に発生する費用を極小化するには、全ての主体に適用する形での市場メカニズムの活用、炭素価格の活用が最良であるとしている。また、ノードハウス（藤崎訳、2015：p.278）は、カーボンプライシングが、排出削減のための強力なインセンティブとなり、第1に、消費者に対してGHGs排出の少ない消費を選択させ、第2に、生産者に対して炭素（化石燃料）を使用しない材料を選択させ、結果として、低炭素のイノベーションを導入するための市場インセンティブを需給両面から提供するとしている。

　さらに、ノードハウス（藤崎訳、2015：p.285）は、カーボンプライシングは、様々なステークホルダーに影響を与える一方、市場の外部性のため、何らかの公的介入のない市場では適正な価格になることはないとする。ところで、この適正な価格はどのように把握されるのだろうか。これに関しては、気候変動による損害額を推定する方法と、統合評価モデルを使い様々なレベルの環境目標の達成を導く炭素価格を推定する方法との2つが提案されている。ただし、ノードハウス（藤崎訳、2015：p.292）は価格の設定は重要であるが、これらの経済的インセンティブは、自由市場式解決策では導入されることはなく、これらの意思決定を調整する国内、国際制度が法制化され施行されることが必要となるとしている。

以上のように、カーボンプライシングは人為的に政策として導入されるものであるが、導入手法の選択には様々な要因を考慮する必要がある。

　根本的には、**排出量取引と炭素税は同じ結果をもたらすことができるが、前者は、「炭素価格は変動するがCO₂排出量は安定し、後者ではCO₂排出量は変動するが、価格は安定する」**（ノードハウス、藤崎訳、2015：p.301）。排出量取引は、排出量を規制される企業同士で排出の権利を取引し、その費用を負担するため、価格の激しい変動は経済的リスクも高く、企業の意思決定に大いに影響するのである。炭素税の場合、税の導入はこれまでの政策で経験済みであるため有効であるが、「定期的に税率の上昇が容易に実行できなければ、地球気候システムに対する危険な人為的干渉（Dangerous Anthropogenic Interference）の安全域にいることを必ずしも保証しない」（ノードハウス、藤崎訳、2015：p.301）。一方、排出量取引が機能するのは容易ではないが、政策策定側としては規制強化によって不利益を被る業界団体からの政治的抵抗を抑制するには、排出量取引の方が導入しやすく継続性があると考える見方もあるとノードハウス（藤崎訳、2015：p.302）は指摘する。いずれにしても、ノードハウス（藤崎訳、2015：pp.313-322）は、全世界が協調する国際協定のもと、炭素価格を均一にし、後発開発途上国に対しては低炭素技術の導入に向けた経済的、技術的支援を行うというアプローチによって、ただ乗りを抑制するメカニズムの導入を主張している。

　しかし、これらの政策導入は容易なことではない。なぜなら、エネルギーコストに対する近視眼的思考があるからであるとノードハウス（藤崎訳、2015：pp.334-341）は分析している。つまり、この思考は、人々が将来のエネルギーコスト削減額を過少評価するために、エネルギー効率向上への投資に対して消極的になる傾向のことである。すなわち、人間には、将来の利益や費用よりも現在の利益や費用を重く見る傾向があり、たとえ将来の地球温暖化抑制に効果が期待できても、炭素価格を直ちに大きく引き上げるカーボンプライシング政策などの導入は政治的に困難が伴う。したがって、炭素価格の引き上げ以外の規制、すなわち、燃費やエネルギー効率向上の政策をとる政府が多く、炭素価格の引上げを図る場合には、排出枠の上限を規制する

■図表3－3　世界のカーボンプライシングの導入状況（2022年4月時点）

導入済み／導入決定		
国	排出量取引制度	イタリア、カザフスタン、韓国、キプロス、ギリシャ、クロアチア、スロバキア、チェコ、中国、ニュージーランド、ハンガリー、ブルガリア、ベルギー、マルタ、モンテネグロ、リトアニア、ルーマニア
	炭素税	アルゼンチン、インドネシア、ウクライナ、ウルグアイ、コロンビア、シンガポール、チリ、日本、南アフリカ
	排出量取引制度および炭素税	アイスランド、アイルランド、英国、エストニア、オーストリア、オランダ、カナダ、スイス、スウェーデン、スペイン、スロベニア、デンマーク、ドイツ、ノルウェー、フィンランド、フランス、ポーランド、ポルトガル、メキシコ、ラトビア、ルクセンブルク、リヒテンシュタイン
地域	排出量取引制度	【カナダ】アルバータ州、オンタリオ州、ケベック州、サスカチュワン州、ノバスコシア州 【中国】北京市、重慶市、福建省、広東省（深セン市除く）、湖北省、上海市、深セン市、天津市 【日本】埼玉県、東京都 【米国】オレゴン州、カリフォルニア州、コネチカット州、デラウェア州、ニュージャージー州、ニューヨーク州、ニューハンプシャー州、バージニア州、バーモント州、ペンシルベニア州、マサチューセッツ州、メイン州、メリーランド州、ロードアイランド州、ワシントン州 【ロシア】サハリン
	炭素税	【カナダ】ノースウエスト準州、プリンスエドワードアイランド州 【メキシコ】サカテカス州、タマウリパス州、バハ・カリフォルニア州
	排出量取引制度および炭素税	【カナダ】ニューファンドランド・ラブラドール州、ニューブランズウィック州、ブリティッシュコロンビア州
検討中		
国	排出量取引制度	インドネシア、ウクライナ、ガボン、コロンビア、セルビア、タイ、チリ、トルコ、ナイジェリア、日本、パキスタン、ブラジル、ベトナム、マレーシア
	炭素税	イスラエル、コートジボワール、セネガル、ニュージーランド、ボツワナ、モロッコ
	導入制度未定	ブルネイ

地域	排出量取引制度	台湾 【中国】瀋陽市 【米国】コネチカット州、デラウェア州、ワシントンD.C.、メイン州、メリーランド州、マサチューセッツ州、ニューハンプシャー州、ニュージャージー州、ニューヨーク州、ノースカロライナ州、ペンシルベニア州、ロードアイランド州、バーモント州、バージニア州
	炭素税	【スペイン】カタルーニャ州 【メキシコ】ハリスコ州 【米国】ハワイ州
	排出量取引制度 および炭素税	【カナダ】マニトバ州

（出所）　世界銀行のデータ（"Carbon Pricing Dashboard"）をもとに筆者作成

排出権取引などの方が、税金より好まれるというのである。

　世界では、政策設計に様々な工夫を用いて、国家、地域ベースでの排出量取引制度が導入されつつある。世界銀行は、2022年現在、40カ国以上と30以上の地方・都市において、炭素税、または排出量取引制度の導入が進み、CO_2を主とするGHGsの世界の排出量の約20%をカバーしているとしている。図表3－3は、世界のカーボンプライシングの導入状況を示しているが、先進国のみならず、中国などの新興国においても、カーボンプライシングの導入、または検討が進められている。

　金融機関の気候変動への役割を考察するに当たっては、具体的に導入された国家ベースでの市場メカニズムについて理解することが不可欠である。

英国における排出量取引制度（UK ETS）

　排出量取引は、**キャップ・アンド・トレード**と呼ばれ、取引の参加主体にGHGs排出枠の上限（キャップ）を設定し、排出枠を割り当てられた参加者間の排出枠自体の自由な取引（売買）を認める手法である。本手法のGHGs排出削減効果は、それぞれの各主体、企業・施設に排出枠が割り当てられ、排出量が枠を上回れば課徴金が課せられる等の削減へのインセンティブ効果によって発揮されるものである。また、排出量取引は、自助努力による排出削減の実施が限界的、もしくは高コストである場合、自らの削減に代えて、排出枠を買うことにより低コストで目標を達成することができる点が長所となっていて、政策実行に伴う総費用を最小化する効果を持つ。

　世界で初めて導入したのはデンマークである。2000年に電力部門に限ったCO_2排出量取引制度を導入した。その後、英国で導入された気候変動政策プログラムは、**炭素税と排出量取引のポリシー・ミックス**の事例として特筆すべきものである。英国政府は、炭素税導入を拒む産業界への対応として、排出量取引制度との選択制とし、さらに**再生可能エネルギー証書**（Renewable Energy Certificate：REC）の活用義務、エネルギー消費効率化の義務等、他の対策と関連付け、様々な経済インセンティブと併用することにより、政策を進めた。

1　UK ETSの制度としての柔軟性

　英国政府は、1999年に、気候変動税（Climate Change Levy：CCL）を提案した。CCLは、温暖化対策を目的に産業・商業部門におけるエネルギー消費に対する税を課すものである。平湯（2007：pp.6-7）によれば、産業界は強く税に反対し、気候変動税制の代替案として国内排出量取引制度の導入を提

案し、これを受け、2002年に政府は、**英国排出量取引制度**（UK Emissions Trading Scheme：UK ETS）を導入したとする。

　具体的には、環境・食料・地域省（Department for Environment, Food and Rural Affairs：DEFRA）が、2001年に、産業界からの提案をもとに「英国における温室効果ガス排出権取引制度の枠組み」を策定し、2002年に導入を行ったものである。英国は、京都議定書において1990年比で12.5％の削減を約束するとともに、CO$_2$排出量を2010年までに1990年比で20％まで削減する自主目標も設定していた。同制度の特徴は、他の関連政策手段と組み合わせて対応できる意味での柔軟性を持つことである。すなわち、**気候変動協定**（Climate Change Agreement：CCA）を結んだエネルギー多消費産業（鉄鋼、アルミ、セメント、化学、製紙、飲食）は、協定の目標を達成するための手段として排出量取引を活用することができる。さらに、目標を達成した産業は、気候変動税の最大80％の減税を受けることを可能とした。

 2　UK ETSの参加資格

　UK ETSの参加主体は、直接参加者、協定参加者、プロジェクト実施者、その他に分けられる。主な参加者は、排出枠目標を課せられたGHGsの直接的および間接的排出者とされるが、排出目標を課せられない者も参加可能であった。

　平湯（2007：pp.8-9）によれば、排出枠目標を課せられた者は、自主的に削減目標を設定し、それが達成できれば奨励金を受け取ることができる直接参加者と国務大臣との協定による気候変動税協定参加者とに分かれたとしている。その協定参加者は、絶対量もしくは原単位（生産物1単位ごとの排出量）で排出削減目標が規定され、原単位目標を達成できれば、協定書に明記された施設は気候変動税の減税を受けられるのである。

　一方、排出枠目標を課せられない者も、直接的・間接的GHGsの排出主体と排出を行っていない者とに分けられる。排出削減目標は持たないが、GHGs排出を削減するプロジェクトを英国内で実施し、削減分（カーボンク

レジット）を取引市場で売却できるプロジェクト実施者と、単に取引市場に参加する、NGO、海外投資家、金融関係者、ブローカーなどがあり、政府への登録を行えば売買取引ができる（平湯、2007：p.10）。このような市場参加者は、市場の流動性を高め活性化に寄与する役割を果たすと考えられる。

 ## 3 CRCエネルギー効率化制度への移行

Ekins and Etheridge（2006：pp.2071-2086）は、UK ETSには、政府が排出量取引のデータ開示を促し監視することにより、エネルギー節約を促進する認識効果もあったと分析している。同制度は2009年に終了し、エネルギー・気候変動環境省（Department of Energy and Climate Change：DECC）、ビジネス・エネルギー・産業戦略省（Department for Business, Energy and Industrial Strategy：BEIS）が所管する炭素削減義務制度（Carbon Reduction Commitment：CRC）[1]へと、2010年4月に移行されている。

英国政府は、2008年気候変動法（Climate Change Act 2008）に基づき、CRCエネルギー効率化制度（CRC Energy Efficiency Scheme）を導入し、2010年より運用開始した。本制度は、後述する**欧州連合域内排出量取引制度（EU Emissions Trading System：EU ETS）**等ではカバーされない、エネルギー非集約型の大型商業・公共部門を対象とする義務的キャップ・アンド・トレード型排出量取引制度である。対象部門の排出量は英国全体の約10%を占める。

英国政府は、2013年5月に改正規則を制定し、本制度は、対象者がエネルギー使用実績に見合った排出枠を必要な分だけ固定価格で購入できる仕組みとするなど、炭素税に近い制度へと移行している。

参加対象者は、組織単位となっていれば、会社や店舗単体での単独参加も可能とし、適格性判断基準年度に、30分ごとの電力消費量を測定する定置型

---

1 Government of the United Kingdom "CRC Energy Efficiency Scheme: annual report publication" Government of the United Kingdom（https://www.gov.uk/guidance/crc-energy-efficiency-scheme-annual-report-publication）

の測定器で計測された電力量が年間6,000MWh以上となる場合に適格参加者となる。対象は電力・ガスからのCO_2排出とし、第三者への供給または一般家庭で使用する電力・ガス、EU ETS並びにCCA対象の施設で使用される電力・ガスは対象外とされる。改正後、第1フェーズは2014年4月から開始され2019年3月で終了しており、以降、第5フェーズまで5年度ごとの実施が続き、第6フェーズは2039年4月開始、2043年3月終了を予定していた。第1フェーズでは、政府は全量を固定価格で、年1回オークションにより販売したが、第2フェーズでは、年初と年末の2回にするなど、フェーズごとに制度の見直しを図った[2]。

 4　EU離脱後の独自制度

　英国は、2030年までにGHGs排出量を1990年比でマイナス68％、2035年までにマイナス78％の削減を目指している。そこで、英国政府は、ブレグジットの移行期間終了後、従来のUK ETSとは異なる独自の新しいUK-ETSを2020年6月に公表。2021年1月1日から導入開始し、5月19日から英国排出枠（UKA）の取引を開始した。期間は、第1期が2021年から2030年で、そのうち、第1次無償配分割当（2021〜2025年）、第2次無償配分割当（2026〜2030年）に分けて割り当てられる。なお、後述する、EU ETS参加施設に対しては、EU ETS（フェーズ4割当）のキャップより5％低いキャップを割り当てる。削減対象は、定格熱入力20MWを超える燃料燃焼施設などのエネルギー集約型産業、電力セクター、英国内などの航空セクター（約460施設（無償割当の配分を受けた施設数））であり、国際クレジットの使用は許可されていない。

2　環境省（2016）「諸外国における排出量取引の実施・検討状況」（http://www.env.go.jp/earth/ondanka/det/os-info/mats/jokyo.pdf）

EUにおける排出量取引制度（EU ETS）

　1997年のCOP 3 で採択された京都議定書では、EU加盟国はGHGs排出量合計を、2008年から2012年にかけて、1990年比で 8 ％削減する義務が課せられた。その際、EU加盟国はEU全体でこの 8 ％の削減を共同で達成することを主張して認められ（EUバブル）、EU加盟国は1998年 5 月にEU-15（当時の加盟国）全体の配分を加盟国間で取り決め、2002年 5 月に京都議定書を批准した。EUは全体の目標を達成するために各国に「国家割当計画（National Allocation Plan：NAP)」の提出を義務付けている（図表 3 − 4 参照）。

■図表 3 − 4　京都議定書におけるEU各国のGHGs排出削減割当

国名	京都議定書削減目標	国名	京都議定書削減目標
オーストリア	− 13％	ラトビア	− 8 ％
ベルギー	− 7.5％	リトアニア	− 8 ％
チェコ共和国	− 8 ％	ルクセンブルク	− 28％
キプロス	非附属書 I 国	マルタ	非附属書 I 国
デンマーク	− 21％	オランダ	− 6 ％
エストニア	− 8 ％	ポーランド	− 6 ％
フィンランド	0 ％	ポルトガル	＋27％
フランス	0 ％	スロバキア共和国	− 8 ％
ドイツ	− 21％	スロベニア	− 8 ％
ギリシャ	＋25％	スペイン	＋15％
ハンガリー	− 6 ％	スウェーデン	＋ 4 ％
アイルランド	＋13％	英国	− 12.5％
イタリア	− 6.5％	EU全体	− 8 ％

（出所）　European Union（European Commission, "Kyoto 1st commitment period（2008-12)"（https://ec.europa.eu/clima/policies/strategies/progress/kyoto_1_en）をもとに筆者作成

EU ETSは、EU域内を対象としたGHGs排出枠（Emission Union Allow-ance：EUA）を取引する排出量取引市場であり、2005年1月から取引が開始された。その目的は、EU域内における経済成長と雇用への影響を最小限に抑え、効率的にEU域内のGHGs排出削減を実現することであった（平湯、2007：p.19）。EU ETSは、英国排出量取引市場と同様、キャップ・アンド・トレード方式で、第1フェーズ（2005〜2007年）、第2フェーズ（2008〜2012年）、第3フェーズ（2013〜2020年）、第4フェーズ（2021〜2030年）の期間でフェーズごとに制度が見直され、実施されている。

　対象事業者は、第1フェーズは固定発生源のエネルギー集約産業の事業者（電力・熱供給、精油所、鉄・非鉄金属、石灰、セメント、ガラス、窯業、パルプ）であったが、第2フェーズ以降は対象となるセクターが拡大された。第1フェーズでは、各国が排出枠の割当計画を立て、その排出実績に基づき無償でEUAが参加主体に提供された。これは、第1フェーズは、参加主体が経験を積むためのパイロットフェーズとして位置付けられたためである[3]。第2フェーズでも無償割当が実施されたが、ベンチマーク（生産量当たりの排出量指標）による無償割当や、**オークションによる有償割当**も一部の国で導入された。

　対象ガスは、第1フェーズ、第2フェーズはCO_2のみであったが、2013年以降は、亜酸化窒素、パーフルオロカーボン類（PFC）が追加されている。規制対象施設に対して毎年EUAが交付され、第三者による検証済みの前年度の排出量を政府登録簿に入力し、割り当てられたEUAとの償却を行う。償却できない場合の課徴金は、CO_2 1トン当たり、第1フェーズは40ユーロ、第2フェーズは100ユーロである。EU ETSの対象となる全ての設備は、CO_2排出を監視する当局からGHGs排出許可証を得たうえで、事業者は、これら施設からの排出量をモニタリングあるいはレポーティングすることが義務付けられている。また、対象施設の所有者（経済的支配力を有するもの）は、毎年CO_2排出量を報告しなければならない。この際、EUはEUA以外に

3　EU ETS Phase 1 and 2（https://ec.europa.eu/clima/policies/ets/pre2013_en）

も京都議定書のもとで認められたクリーン開発メカニズム（Clean Development Mechanism：CDM）事業などの実施によって得られるカーボンクレジット（Chapter 4 - 1参照）を排出枠の遵守のために使用することを認めていた。

　同制度のもと、自らの枠の水準以下に排出量を抑えられた企業は、その余剰分をその時点での需給により決定される価格で売却することができる。この仕組みにより、排出主体は、より効率的な技術への投資によって、または、より炭素集約度の低いエネルギー源を利用することにより排出量を削減する方法をとるか、あるいはEUAを市場で購入する方法をとるか、いずれかコストの低い方法を選択することになる。

　筆者は、このような**排出枠の市場売買に、金融機関のようなGHGsの直接の大量排出者でない者がなぜ関わったのか**、といった問題意識を持った。実際、2001年に、筆者も証券会社において排出権ビジネスを立ち上げたわけだが、当時、許認可事業である証券会社は排出権を創出する事業を行っておらず、また、排出権そのものの売買取引ができるわけではなかった。商社などがその後、排出権の創出や排出権売買を収益獲得につなげるビジネスとして実施していたが、国内においては銀行や証券会社が直接売買や事業組成に関わることは皆無であった。排出枠（あるいは余剰排出枠、カーボンクレジットなど）の取引実態分析は後述のChapter 4において論じる。

　なお、EUにおいては、排出権取引のほかに、北欧諸国を中心に1990年代から炭素税が導入されており、EU各国のカーボンプライシングの政策は、京都メカニズムにより強化されていったものでもある。

　また足元では、欧州では、2021年7月に、炭素国境調整メカニズム（Carbon Border Adjustment Mechanism：CBAM）の設置に関する規則案が公表された。EU域内の事業者が対象製品（鉄、鉄鋼、セメント、肥料、アルミニウム、水素、電力など）をEU域外から輸入する際に、域内で製造した場合に課されるEU排出量取引制度（EU ETS）の炭素価格と同等の価格の支払いを義務付ける制度である。規制の緩いEU域外への製造拠点の移転や、域外からの輸入増加を抑えるカーボンリーケージ対策として、域内産業の競争力の維持を目的としている。その後、2022年12月の政治合意を経て、2023年5

月に施行され、2026年から本格適用が開始される。なお、CBAMは現行の
リーケージ対策であるEU ETSの無償割当の代替制度として位置付けられ、
CBAMの導入と並行して、排出枠の無償割当が段階的に縮小・廃止される
予定である。

米国における排出量取引制度

　排出量取引のプログラムは、もともと、カナダ・トロント大学のデイルズが提唱し、1968年に水の排出に適用したことが始まりだ。諸富・鮎川（2007：pp.32-35）によれば、1970年代に米国は、大気保全法のもとで様々な手法の排出権に係る取引プログラムが実施され、排出量取引制度の萌芽といわれるが、主に取引によって環境十全性が壊れないことの証明が求められたという。1990年の大気浄化法改正によって導入された**酸性雨プログラム**は、世界初の本格的キャップ・アンド・トレードの排出量取引である。筆者は、ニューヨーク勤務の際、この取引が実際に行われるというニュースに衝撃を受けた。

　酸性雨プログラムの取引対象はSO_2（硫黄酸化物）で、全米発電プラントに対し排出枠を設け、1995年から開始され、1980年水準から年間890万トンの上限を設定し、排出超過1トン当たり2,000ドル（物価調整あり）の罰金が科せられるため、その翌年超過分は市場から権利を調達する必要がある。初期配分では、**グランドファザリング方式**（過去実績をもとに排出枠を割り当てる実績割当方式）を採用して無償配分をしているが、その割当量は過去5年間に投入された燃料の年平均熱量から算出した。新設のプラントは事前に排出予想量と同等の許可証を調達しなければならない義務があり、初期配分もないため、膨大なコストがかかり、結果、新設プラントの創設が困難になるため、オークション制度も設けられた。この市場プログラムにより、全米で大幅な排出削減がもたらされ、費用対効果も大いに評価された（Ellerman, et al, 2000）。SO_2は特有の地域的集積性汚染をもたらすため、地域によって異なる取引制限をかける政策が起こってしまったが、CO_2はこのような特性がないため、広範囲での市場メカニズムとしては最大限の効力が発揮しうるとされている（諸富・鮎川、2007）。

2003年12月には、**シカゴ気候取引所**（Chicago Climate Exchange：CCX）が開始された。CCXは、米国を中心として企業・自治体・大学など120以上の団体が実施する、民間セクター主導による自主参加型排出量取引市場である。CCX参加者は、世界で初のキャップ・アンド・トレード方式によるGHGsの排出削減について法的拘束力のある契約を結んだ。取引可能なクレジットは、初期割当を売却する排出枠と、削減プロジェクトから発生するオフセットクレジットの２種類だった。参加企業は排出量報告書を提出し、全米証券業協会（National Association of Securities Dealers：NASD）が削減量の検証を実施したが、その後、連邦政府レベルでCO_2を対象とした排出量取引は、2003年の**リバーマン・マーケイン法案**に始まり、2009年に**ワックスマン・マーキー法案**が議会に提出されたが、成立していない。

　一方、州政府レベルでもいくつかの排出量取引制度の導入が提案された。米国中西部州のGHGs排出削減のイニシアティブである**中西部地域温室効果ガス削減協定**（Midwestern Greenhouse Gas Reduction Accord：MGGRA）、米国西部州のGHGs排出削減のイニシアティブである**西部気候イニシアティブ**（Western Climate Initiative：WCI）が2007年に検討されたが、どちらも2012年以降政策は継続しておらず、現在は、**北東部地域温室効果ガス削減イニシアティブ**（Regional Greenhouse Gas Initiative：RGGI）と**カリフォルニア州排出量取引制度**（California Global Warming Solutions Act、通称Assembly Bill No.32：AB32）が実装されている。

 # 1　北東部地域温室効果ガス削減イニシアティブ（RGGI）

　米国の北東部地域温室効果ガス削減イニシアティブ（RGGI）は、北東部12州（ニューハンプシャー州、ニュージャージー州、ニューヨーク州、ロードアイランド州、バーモント州、バージニア州、デラウェア州、コネチカット州、メイン州、メリーランド州、マサチューセッツ州、ペンシルベニア州）間で協定を結んで実施する、電力部門（25ＭＷ以上の大規模発電所）の排出量取引制度である。

具体的な実施規則をベースに各参加州が立法措置をとり、2008年にCO_2排出量割当の最初のオークションを実施し、2009年1月から制度の運用が開始された。地域内の発電所は、四半期ごとのオークション割当、地域内の他の発電からの購入、またはオフセットプロジェクトのクレジットによって排出量目標を達成することができる。2009年から2017年の間に、RGGIでは47億ドルの純経済的利益が生まれた。

　2017年8月に、RGGIは2030年までとする制度改正をし、RGGIは2021年以降も継続して実施されている。制度改正では、価格の低迷の課題を解決するため、余剰の排出量の繰越しの制限、価格動向を踏まえて排出量の市場への供給管理を行うEmissions Containment Reserve（ECR）の設立等の対策も、新たに盛り込まれた。

 2　カリフォルニア州排出量取引制度

　カリフォルニア州地球温暖化対策法（AB32）が2006年に成立した。カリフォルニア州は、独自に、2020年までにGHGs排出量を1990年レベルに削減するという目標を掲げ、同法のもと、同州の排出量取引制度は2013年からの開始となった。規制対象は、発電などの大規模排出事業者、燃料供給事業者などで、オークションで排出量が配分され、この収益は州のGHGs削減基金において管理されている。

　2017年7月にカリフォルニア州議会は2020年以降も、排出量取引制度を2030年まで実施する法律（AB398）を可決している。AB398では、上限価格が設けられる一方で、オフセットの利用枠にカリフォルニア州内のオフセットクレジットの活用などの制限が加えられた。また、オークション収益の使途については、これまではGHGsの排出削減につながるものに限定されていたが、AB398では、カリフォルニア州において山火事の防止と抑制のために住居に課されていた防火料金が廃止され、オークション収益が使用されることとなるなどの手当てがされた。

　AB398では具体的な実施方法・規則（具体的な上限価格等）については、

カリフォルニア州政府の大気資源局（California Air Resources Board：CARB）において決定されるとしていたため、CARBにおいてAB398の具体的な実施方法・規則について検討作業が行われ、2018年12月にCARBにおいて2020年以降の具体的な実施方法・規則が決定された。この検討作業とは別途、AB398において設立が求められた独立排出量市場助言委員会（Independent Emissions Market Advisory Committee：IEMAC）において、カリフォルニアの排出量取引制度の課題分析が行われ、このなかでは大量の余剰排出量の存在が指摘され、この余剰排出量の存在が規制対象企業における排出削減への取組みを阻害しているとの指摘もなされた。CARBは、このような指摘を踏まえて、前記のAB398の具体的な実施方法・規則において2020年以降、余剰の排出量の動向を監視する取組みを含めた。

　カリフォルニア州では、このように独自の排出量取引制度を実施してきているが、このカリフォルニア州の独自の取組みに対して、2019年10月、トランプ政権が訴訟を起こした。トランプ政権が問題視したのは、カリフォルニア州がカナダのケベック州と独自に協定を結び排出量取引制度を実施していることである。トランプ政権は、他国との国際協定の締結は、連邦政府の専権事項であり、州政府には、他国の地方政府と何らかの取り決めを結ぶ権限は認められておらず憲法違反である、と主張。しかしながら、2020年8月に連邦地方裁判所は連邦政府の意義申立を却下した。同年9月に上訴されたが、2021年4月に米国司法省が却下に同意した結果、カリフォリニア州とケベック州の排出量取引制度は有効であることが確定した。なお、2003年に創業したテスラはカリフォルニア州の排出量取引制度を利用し2012年からクレジットを販売し続けているが、2020年にはクレジットの販売益（15.8億ドル）が大きく寄与し、初めて最終損益が黒字化した。

　米国では、政権によって大きく政策が変わる。気候変動関連では、ブルーステート（民主党派）であるカリフォルニア州で、同州の公的年金基金に化石燃料企業からのダイベストメント（投資撤退）を強制する法案が議会に提出される一方、フロリダ州では反ESG法が成立し、同州の反ESG法に賛同した18州等でも、反ESG向けの法律の成立を目指す動きが見られる。

また、5歳から22歳の活動家らがモンタナ州政府を訴えたところ、同州の地方裁判所は、2023年6月、州政府による化石燃料の資源開発におけるGHGs排出量の調査を制限する州法がモンタナ州憲法に違反すると判断。米国で州憲法に基づいた環境権を訴える原告側が勝訴する初のケースとなるなど、気候変動問題に係る訴訟の動向には留意が必要である。

東アジアにおける排出量取引

排出量取引は欧米諸国を中心に発展してきたが、京都メカニズムが本格的に動き出し、CO$_2$排出削減に対して金銭価値が明確になる過程で、東アジアにおいても排出量取引制度の導入について検討されてきた。

1 韓 国

韓国は、2015年から産業、エネルギー転換、建物、輸送、廃棄物部門の5つの部門、23の業種を対象に排出量取引制度を実施している。排出量取引制度は韓国の中期GHGs削減目標達成のための主要な対策として位置付けられている。

基本的には5年ごとの計画期間としているが、2020年までは過渡的制度運用期間として、第1計画期間は2015年1月1日から2017年12月31日まで、第2計画期間は2018年1月1日から2020年12月31日までであった。第3計画期間は2021年1月1日から2025年12月31日までである。産業部門への負担を緩和するため、国全体の削減目標から割当総量を設定し、第1計画期間においては事業者別に排出枠を無償割当し、第2計画期間も97％は無償割当を継続。第3期（2021～2025年）から、発電、セメント等12業種については、ベンチマーク（生産量当たりの排出量指標）方式に移行している。

韓国の現行のエネルギー税制は輸送用燃料の適正な消費と大気汚染の改善を目的としているもので、1993年に交通税として導入し、2006年に全面改正して、現行の交通エネルギー環境税となった。そのため、実施目的は温暖化対策ではなく、道路、鉄道などの交通施設の拡充および公共交通の育成のための事業、エネルギー・資源関連事業、大気汚染などの環境保全と改善のための事業に必要な財源を確保することが目的である。

2012年5月、低炭素グリーン成長基本法に基づき、「温室効果ガス排出枠の割当および取引に関する法律」が国会で成立し、2015年1月から国内排出量取引制度の運用を開始することを決定した。発電、産業、公共・廃棄物、建物、輸送部門の525事業者に対しキャップ・アンド・トレード方式の排出量取引を行い、前述のとおり、現在、第3期計画期間（2021～2025年）が運営されている。

2　中　国

　中国は、2015年に、国内総生産（GDP）当たりのGHGs排出量を2030年までに2005年比で65％ないしはそれ以上削減すると表明している。中国は、Chapter 1で述べたとおり、再生可能エネルギーの導入促進が進んでいる。2006年の再生可能エネルギー法により、再生可能エネルギー電力の全量買取制度を実施し、「再生可能エネルギー発電に関する割当制度」も開始した。

　中国国務院は2022年1月、省エネルギーとCO_2などの排出削減に向けた第14次5カ年計画（2021～2025年）期間の作業計画（「第14次「5カ年計画」省エネ排出削減総合工作方案」）を発表した。同案は、既存の石炭火力発電プラントの石炭節約・消費量削減、暖房供給の改善、柔軟性向上とともに、石炭火力発電プラントの「超低排出改造」を持続的に推進することを打ち出している。2025年までに、非化石エネルギーがエネルギー消費全体に占める割合を約20％、第14次5カ年計画期間中に、北京・天津・河北および周辺地域、長江デルタ地域の石炭消費量をそれぞれ10％、5％前後減少させ、汾渭平原の石炭消費量のマイナス成長を実現することを掲げている。

　さらに、2025年までに全国のGDP当たりのエネルギー消費量を2020年比で13.5％削減し、エネルギー消費総量を抑制し、COD（化学的酸素要求量）、アンモニア性窒素、NOx（窒素酸化物）、VOC（揮発性有機化合物）の排出総量を2020年比でそれぞれ8％、8％、10％以上、10％以上削減するとしている。

　中国は、2013年6月～2014年6月にかけて、2省5市（深セン市、上海市、

北京市、広東省、天津市、湖北省、重慶市）で排出量取引の試行事業を開始した。2014年12月、国家発展改革委員会は、全国レベルのETS関係法である「炭素排出量取引管理暫定弁法」を公表し、2016年1月、国家発展改革委員会は、「全国炭素排出量取引市場立ち上げ重点業務を確実に行うことに関する通知」を発出した。その後、8つの地方政府の排出量パイロット取引市場を開設し、全国のETSは2021年7月に電力産業を対象にして開始されている。ETSの対象は、今後、石油化学、化学工業、建築材料、鉄鋼、非鉄金属、製紙、航空の7分野にも順次、広がる予定である。また、運輸部門においては、2019年より新エネルギー自動車（New Energy Vehicle：NEV）の割当制度が実施され、自動車メーカーは電気自動車等の新エネルギー自動車の販売を2019年は全売上高の10％、2020年は12％、2030年には40％とする義務が課されている。

3 日　本

　日本では、1997年に京都で開催された国連気候変動枠組条約第3回締約国会議（COP 3）をきっかけに、翌年、地球温暖化対策の推進に関する法律（温対法）が制定され、地球温暖化対策を、国、地方公共団体、事業者、国民が一体となって取り組むこととなった。

　そして、2005年に京都議定書が発効されたことを受け、2007年に京都メカニズムを活用する際の基盤となる口座簿の整備等、京都メカニズムクレジットの活用に関する事項について定めた。同年、環境省は、**自主参加に基づく排出量取引制度の実験的試み**（Japan's Voluntary Emissions Trading Scheme：JVETS）を実施した。この試みは、省エネなどの設備導入のための補助金を受けるなどしている、一定の排出削減目標を持つ排出目標保有者と、登録簿に口座を持つ取引参加者を参加者として規定し、実際の排出状況によって参加者で枠の融通をするというものであった。

　また、2004年には、国内の排出量をオフセットする目的で、海外のカーボンクレジットを購入する官民連携の**日本炭素基金**が設立されている。

その後、2008年に、排出量取引の国内統合市場が試行されている。これは、京都クレジット（海外におけるGHGs削減分）、国内クレジット（大企業等が技術・資金等を提供して中小企業等が行った排出抑制の取組みを認証（国内クレジット）する制度）など、様々な排出ユニットの活用を統合しようとするもので、企業等が削減目標を設定し、その目標の超過達成分（排出枠）や国内クレジット等の取引を活用して、目標達成を行う仕組みである。参加企業等が自主的に目標（総量目標もしくは原単位目標を選択可）を設定し、目標達成のために、(a)他の企業の削減目標の超過達成分の排出枠、(b)国内クレジット、(c)京都クレジットの3つのクレジットの活用を可能とするものであった。

現在、国内において、環境価値に関するクレジットは、J-クレジットがあるほか、電力会社が使う非化石証書、J-クレジットと同様、温対法に基づくGHGs排出算定・報告・公表制度等に活用できるグリーン電力証書などがある[4]。しかし、こうした制度はキャップ・アンド・トレード方式ではなく、あくまでも各企業が自社に必要なクレジットを目標達成に活用するにとどまる。その後、政府は、2022年にGXリーグを立ち上げ、カーボンクレジットの活用は大きな転換期を迎える。それについては、Chapter 4において後述したい。

なお、国ベース以外でも、東京都が2008年7月に環境確保条例を改正し、「温室効果ガス排出総量削減義務と排出量取引制度」を導入。事業者に対して排出削減と排出取引制度への参加を義務付けた。そして、2010年から東京都のキャップ・アンド・トレード型排出量取引制度がスタートし、継続している。

4　J-クレジットとは、2013年より開始した、GHGs排出削減量や吸収量をクレジットとして国が認証する制度である。非化石証書とは、再生可能エネルギーなど非化石電源から環境的な価値を切り離して証書にしたもので、FIT非化石証書（再エネ指定）、非FIT非化石証書（再エネ指定）、非FIT非化石証書（指定なし）の3種類が存在する。グリーン電力証書とは、再生可能エネルギーにより発電された電力の環境価値を証書化したもの。グリーン電力証書制度で対象となる発電方法は、太陽光、風力、水力、地熱、バイオマスの5種類である。

気候変動への対策に関する資金提供といった、本業での金融機関の取組み
を拡大させていくうえでは、炭素価格の推移が不透明であることが大きなリ
スクになる。このことはすでにChapter 2 － 3 で見たとおりである。この炭
素価格のシグナルが顕在化されたことにより、金融機関はどのような行動を
とり始めることになったのだろうか。この点について、次のChapter 4 で述
べたい。

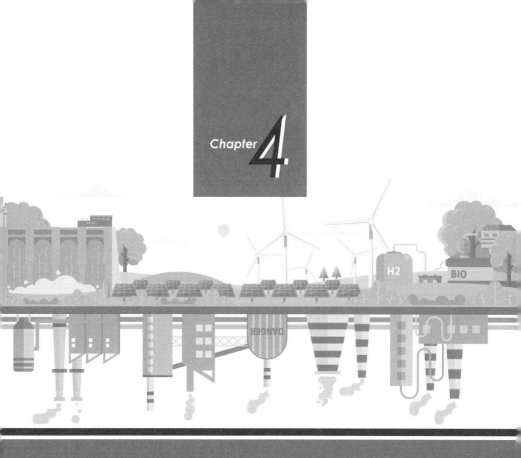

Chapter 4

カーボンクレジット・オフセット

　京都議定書では、各国の数値目標を達成するための補助的手段として、市場原理を活用する京都メカニズムが導入された。国際的に、「カーボンクレジット・オフセット」が実装されたわけである。本Chapterでは、この京都メカニズムのカーボンクレジット市場の仕組みと参加者の状況について考察する。

排出権取引とプロジェクト・ベースのカーボンクレジット取引

　2005年に発効した京都議定書は、2008年から2012年までの第１約束期間に先進国からの合計のGHGs排出量を1990年比で５％削減することを定めた。

　京都議定書の附属書Ⅰ国であるOECD諸国およびロシア・東欧などには、2012年の目標として平均で1990年比５％のGHGs排出削減目標が設定された。日本は1990年比でマイナス６％、米国はマイナス７％、EUはマイナス８％であるが、最大の排出国である米国は京都議定書を批准せず、中国、インドを含む非附属書Ⅰ国である途上国には、この議定書に向けた外交交渉の出発時点から、排出削減を求めないことが決まっていた。

　したがって、京都議定書とは、つまるところ、進んで義務に服する先進国の排出を削減する厳しい先導的な国際約束ということができよう。

　このため、これらの目標は、国連のもとでの国際交渉によってトップダウンで決められ、各国とも厳しい目標と認識していたと、田邊（1999：p.217）は指摘する。そこで、排出削減の数値目標が課せられ、かつ削減コストの高い附属書Ⅰ国に対して、GHGs排出削減を効果的に達成する経済手段として、柔軟的措置（flexibility mechanism）である「京都メカニズム」が認められた。国際的に、「カーボンクレジット・オフセット」が実装されたわけである。

　本Chapterでは、まず、京都メカニズムで採用された①排出権取引（Emission Trading：ET）、②共同実施（Joint Implementation：JI）、③クリーン開発メカニズム（CDM）の３つのメカニズムについて概説する。

1 排出権取引（ET）

ETは、京都議定書第17条で規定されており、削減目標を持つ附属書Ⅰ国

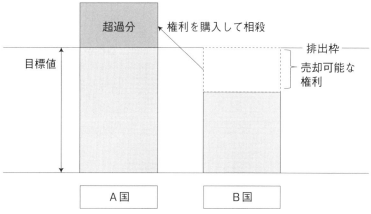

■図表 4 − 1　排出権取引（ET）

超過分

権利を購入して相殺

排出枠

売却可能な権利

目標値

A 国

B 国

（出所）　吉高（2007：pp.49-54）をもとに筆者作成

（先進国）間で削減目標以上に削減できた余剰排出枠のある国から排出枠の足りない国へ枠を移転するものである。GHGs排出枠（Assigned Amount Unit：AAU）が附属書I国に割り当てられ、国家間で枠内部分の移転が認められる。

　なお、本制度のもとでは、京都議定書で決められた附属書I国内での総排出枠は変化しない（図表 4 − 1 参照）。

2　共同実施（JI）

　京都議定書第 6 条で規定されているのがJIである。附属書I国同士が共同でGHGs排出削減事業を行い、そこで生じた削減量（Emission Reduction Unit：ERU）に基づき、事業を実施する国（ホスト国）から投資国に排出枠を移転できる。得意な技術分野が異なり、資金力に差がある先進国同士が協力することで、相互補完的にGHGs排出削減を可能とするものである。

　ETと同様、附属書I国内での総排出枠は変化しない（図表 4 − 2 参照）。

■図表４－２　共同実施（JI）

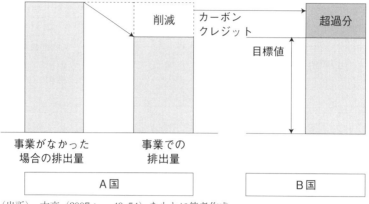

■図表４－２　共同実施（JI）

削減　　カーボン　　　　　超過分
　　　　クレジット
　　　　　　　　　　　　　目標値

事業がなかった　　　事業での
場合の排出量　　　　排出量

A国	B国

（出所）　吉高（2007：pp.49-54）をもとに筆者作成

 ## 3　クリーン開発メカニズム（CDM）

　CDMは、京都議定書第12条に規定されている。非附属書Ⅰ国（数値目標の設定されていない途上国）でGHGs排出削減事業を実施し、附属書Ⅰ国が、その削減分をカーボンクレジットとして取得するために投資をする。その**プロジェクトから生じた削減量**（Certified Emission Reduction：CER）を附属書Ⅰ国が自己枠の一部に上乗せとして獲得する。結果的には、京都議定書において先進国が排出できる総排出枠は増加することになる（図表４－３参照）。

 ## 4　3つのメカニズムの整理

　図表４－４に３つのメカニズムを整理した。①の排出権取引はChapter 3の英国やEUの排出量取引制度で触れたキャップ・アンド・トレード方式を国家間に導入するものである。

　②・③のカーボンクレジット取引は、ベースライン・アンド・クレジット方式、または、プロジェクト・ベース・クレジットと呼ばれる。設定された

■図表 4 － 3　クリーン開発メカニズム（CDM）

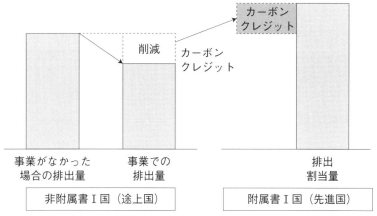

■図表 4 － 4　3 つのメカニズムの整理

	①排出権取引（ET）	②共同実施（JI）	③クリーン開発メカニズム（CDM）
性格	排出枠ベースの取引	プロジェクトベースの取引	プロジェクトベースの取引
名称（tCO$_2$）	割当量 AAU	カーボンクレジット ERU	カーボンクレジット CER
買い手 売り手	附属書Ⅰ国 附属書Ⅰ国	附属書Ⅰ国 附属書Ⅰ国	附属書Ⅰ国 非附属書Ⅰ国
取引後の附属書Ⅰ国の総排出枠	不変	不変	増加

ベースラインの排出量から、プロジェクトからの排出量を差し引いた差分（カーボンクレジットと呼ばれる）が算定され、それが取引されるわけである。すなわち、GHGs排出削減事業を実施し、当該事業が実施されなかった場合の排出量（ベースライン排出量）に比べて、追加的な排出削減があった場合の削減量（ERU、CER）がカーボンクレジットとして取引され、カーボンクレジットを取得した附属書Ⅰ国が削減目標達成に利用することができる。な

お、筆者が携わったカーボンクレジットビジネスは、①の市場参加者等を対象にした、③のクレジットの組成から売買までである。

　パリ協定下では、カーボンクレジットの仕組みを取り入れる場合、自主的な目標といえども、先進国および途上国ともに排出削減目標が設定されるため、このJIの状況に類似すると考えられる。

 5　事業組成支援と資金の支援

　京都メカニズムによって取引される削減分は、国ごとにまとめて国家登録簿で管理される。これらの仕組みは、カーボンクレジットの金銭的価値によって、GHGs排出削減事業に民間資金を流すことを可能にする。たとえば、途上国における再生可能エネルギー発電事業などの事業資金調達はリスクが多いため、一般に、民間金融機関は興味を示さない。しかし、カーボンクレジットの売却収入により事業の収益率の向上が見込めるとすれば、一般的に投資対象として魅力に乏しい事業に対しても投資を呼び込みやすくなる。

　大気汚染物質であるSO_x（硫黄酸化物）およびNO_x（窒素酸化物）のように地域的な影響を与えるガスとは違い、GHGsは地球全体に影響を及ぼす。したがって、国境を越えてもどこかでGHGs排出が削減されれば、世界全体では効果は同じとなる。一方、排出削減に必要な費用は各国で異なるため、経済効率性を考えれば、費用対効果の優れたところで削減することにより、全体での排出削減費用の最小化が図られることになる。

　CDMの目的の１つは、CERの金銭的価値をもとに、資金を途上国のGHGs排出削減事業に流すことにある。CERは、ドル、ユーロなどのハードカレンシー（国際市場において他国通貨と自由に交換できる通貨）で取引されるため、ローカル通貨と比べて為替リスクは低い。CERは、発行後に受け渡しが行われれば、売却益は追加利益となり、事業の利益率を向上させる。また、CDMは通常より事業リスクが高くとも、配当の代わりにCER獲得を目的とする附属書Ⅰ国の投資家からの参加が期待できる。

たとえば、筆者が組成に関わったカンボジア最大の精米所におけるもみがら発電事業は、2006年に国連でCDM登録されると、本邦の国立研究開発法人新エネルギー・産業技術総合開発機構（NEDO）から排出権の前払い資金として設備設置費用の一部の支援を受けた。その資金を足がかりに、事業者が親会社である精米会社や銀行から資金を受け、発電所を建設した。その後、アジア開発銀行とカーボンクレジット購買契約を結び、資金調達を実施していた。途上国における再生可能エネルギー事業の実施は容易ではなく、排出権が発行されるまでに6年以上の年月を要したが、カンボジアにおける初のバイオマス発電事業となった。

　当該事業ではカーボンクレジット購入者が購入代金を前払いしたが、通常、カーボンクレジットの売買収入は事業開始後に得られる収入であり、それだけで事業実施ができない以上、初期投資の資金調達を事業者自身で行わなければならず、また、手続にもコストがかかるため、途上国側だけで実施するのは困難である。Bosi, Cantor and Spors（2010：pp.47-50）によれば、多くのCDM案件は、専門性のある買い手側・外部からの事業組成支援や、資金支援を受ける必要があるとしている。

　筆者もこれまで、この事業組成支援のコンサルティングとして数多くの事業組成に携わった。同様の事業組成支援のコンサルティング事業者は本邦に多く存在し、それらモデルとした小説（黒木亮（2009）『排出権商人』角川書店）も発行されている。

6　経済的効果

　CERの事業における経済的効果は、次のとおりである。

　たとえば、再生可能エネルギー発電事業（風力、水力、バイオマス、太陽光等）はCO_2排出量が基本的にゼロである。再生可能エネルギー事業者が、化石燃料電源を持つ系統電力会社に再生可能エネルギー起源の電力を販売すれば、それまで系統で販売される電力のうち化石燃料に由来する分が再生可能エネルギー由来のものへと代替されることになる。

具体的には、年間14万 MWh の発電能力のある再生可能エネルギー発電プラントを建設し、系統電源に電力を販売する事業で、初期投資額を約3,000万ドルとする。そのうち70％（約2,000万ドル）は銀行から融資を受け、残りの30％（約1,000万ドル）を自己または株主資本で調達する。電力販売先の系統電源の炭素排出係数を$0.56kg-CO_2$／kWhとすると、「$0.56kg-CO_2$／$kWh×14$万MWh＝年間約７万5,000tCO_2（$CO_2$１トン当たり）」のGHGs排出量が削減されることになる。$CO_2$１トン当たり５ドルで販売すれば、事業開始後は年間約37万5,000ドルの収入となり、事業の利益率は上昇することになる（吉高、2005：pp.154-156）。

　このように、たとえリスクのある事業であっても、CERの追加的収入により事業の利益率が向上し、環境および社会的側面、事業の持続可能性などを総合的に判断する投融資家の関与が可能となってくる。これまで、途上国での再生可能エネルギーなどのGHGs排出削減事業は、海外資金援助など公的資金で実施されてきたが、CDMの仕組みにより、リスクが高いといわれるGHGs排出削減事業に対して、先進国の企業など様々なステークホルダーが参加できるようになったのである。筆者がこのビジネスに意義を感じたのは、海外開発協力資金（ODA）などの補助金で実施される事業に比べ、カーボンクレジットという事業継続によって得られる便益は、途上国の事業者に対して、補助金依存のモラルハザードを減じ、ビジネスとしての持続可能性を提供すると考えたからである。

　次に、CDMの主な参加者の特徴を述べる。

クリーン開発メカニズム（CDM）の主な参加者

　2000年に世界銀行が炭素基金（Prototype Carbon Fund：PCF）を設立し、京都議定書の附属書Ⅰ国の政府や企業から出資金を集め、京都メカニズムにおけるプロジェクト・ベース・クレジットの組成を開始した。また、民間のカーボンファンドが多数設定され、EUの産業界が削減目標遵守の手段の多様化を図ったため、様々な業種のプレイヤーが出現した。

　2008年に京都議定書第1約束期間が始まると、主なプレイヤーに、GHGs多排出企業、国際開発金融機関、クリーンエネルギー技術提供企業、民間金融機関などが加わった。CDMの案件には、CERの買い手側と売り手側が様々な形で関わりを持つ（図表4−5参照）。CDM事業に参加し、カーボン

■図表4−5　CDM案件の関係者

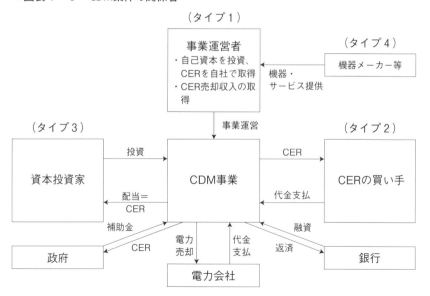

■図表 4 - 6 CDM案件のカーボンクレジット需要側の関係者

カーボンクレジット需要側の参加者	
タイプ1	事業運営者	事業オーナー、多排出企業
タイプ2	排出権需要者（CERの買い手）	多排出企業、カーボンファンド、商業銀行、投資会社、カーボンブローカー、政府、国際開発金融機関等
タイプ3	資本投資家	商業銀行、カーボンファンド、投資会社、国際開発金融機関等
タイプ4	事業参加者へのサービス提供者	機器メーカー、プロジェクト開発者、コントラクター、コンサルタント会社、保険会社等

クレジットを獲得するには、図表 4 - 6 に示す 4 つのタイプが考えられる。タイプ 1 は、事業運営者、タイプ 2 はカーボンクレジット購買者、タイプ 3 は資本投資家、タイプ 4 は事業開発や機器提供などで関わる。

　ここから、時代を追いつつ、様々な参加者がカーボンクレジット市場に登場する様子を描写したい。

 1 民間セクター

⒜　GHGs多排出企業

　GHGs多排出企業とは、排出削減目標の遵守が求められている企業である。具体的には、セメント、鉄鋼、製紙パルプ、電力、ガスなどの業種で、EUでは6,000社以上の多排出企業がある。

⒝　商業銀行

　欧州の商業銀行は、GHGs排出削減事業に関連する仕組み金融（ストラクチャードファイナンス：企業の事業活動の特定部分に着目し、何らかの仕組みを構築して行うファイナンス手法）に参加し始めた。オランダのラボバンク、ベルギーのフォルティスバンク、英国のバークレイズやHSBCなどが、自社の資金（自己勘定）でカーボンクレジットを取り扱うカーボンバンキング、アドバイザリー、トレーディングなどの業務を提供した。

たとえば、Labatt and White（2007：p.126）によれば、HSBCは、自社の融資や投資のポートフォリオのカーボンリスクの間接的影響の評価をするとともに、2004年に、世界で初めて自社がカーボンニュートラル（ネットゼロ排出）になることを宣言し、自社の排出量削減活動のほかに、再生可能エネルギー使用およびカーボンクレジットによる相殺（オフセット）の手法で達成するとしている。

　ⓒ　投資会社

　新たなキャピタルマーケットができると必ず参加するのが投機的な投資会社である。炭素市場においても例外ではなく、Labatt and White（2007：p.211）によれば、米国や欧州のヘッジファンドおよびプライベート投資ファンドがカーボンファイナンスカンパニーへの投資やカーボンクレジットの直接の購買に動いたという。

　ⓓ　中小規模のプロジェクト開発者（アグリゲーター）

　市場が成熟しつつあるなかで、プロジェクト・ベースのカーボンクレジットビジネスを対象としたアグリゲーターと呼ばれる中小規模の炭素プロジェクト開発企業が台頭した（図表4－7参照）。しかしながら現在は、一部の会社は大手金融機関のカーボンクレジットビジネスノウハウの獲得・内製化の観点から合併が進む一方、事業から撤退した会社も多い。

　ⓔ　カーボンブローカー、その他

　カーボンブローカーは、EU ETSと京都メカニズムの双方の市場において、マーケットメイキング（売り気配、買い気配を提示し、相対取引の売買を成立させること）に重要な役割を果たした。

　その他、CDMなどのカーボンクレジットのデリバリーを保証するAIG、Zurichなどの保険会社、投資家向けにカーボンファイナンス市場の情報を提供する大手投資銀行のリサーチサービス、EUAの売買をする様々な取引市場（Nord Pool、ECX（European Climate Exchange））、会計会社、法律事務所なども関係者として登場するようになった。

■図表4-7　炭素プロジェクト開発者（例）

企業名	所有者	ポートフォリオサイズ (100万CO$_2$)	ターゲット市場
EcoSecurities	株式公開	100	CDM（東アジア、ラテンアメリカ）
Camco	株式公開	97	中国、ロシア
Vertis	私有	―	JI
EcoInvest	私有	―	ラテンアメリカ
Quality Tonnes	私有	―	グローバル
Econergy	株式公開	2.6	CDM
MGM International	私有	50-100	CDM
Factor	私有	―	グローバル
Nserve	私有	―	N$_2$O
AgCert	株式公開	2／年	農業プロジェクト

（出所）　Labatt and White（2007：p.214）をもとに筆者作成

 2　公共セクター

ⓐ　国家・政府

　京都議定書の排出削減目標を持つ附属書Ⅰ国政府は、直接、または仲介者を通してカーボンクレジットを購入した。たとえば、オランダ政府は、公共調達として、CERおよびERUの国際入札を実施した。オランダ政府は、欧州復興銀行（European Bank for Reconstruction and Development：EBRD）などに資金を拠出し、ERUを購買するほか、イタリア、スペイン、デンマークと同様に、世界銀行との二者での資金拠出のフレームワークでCERおよびERUの獲得を図り、市場拡大に寄与した。

　なお筆者は、日本政府が同様の仕組みを構築するに当たり、これらのファンド調査および設計の支援をしたが、欧州での国際入札とは違い、国立研究開発法人新エネルギー・産業技術総合開発機構（NEDO）を母体とした、独自のCERおよびERU獲得の仕組みとなった。

スイス政府は、CERおよびERUを購買するため、スイスの民間企業とClimate Cent Foundationを立ち上げた。この基金は、排出削減目標の遵守を目的とする民間企業団体と政府とで組成され、資金源はガソリンとディーゼル油の輸入に課される税で賄われた。資産は約１億5,000万スイスフランで開始し、2030年末まで海外で実施される気候変動関連事業に使用され、その事業で生じた削減クレジット（CERなど）は、スイス政府に無償で引き渡される。2008年から2012年に、同基金はスイス政府に1,600万トンのCO_2削減分を提供している。

ドイツでは、政府の銀行グループであるKfW Bankengruppe（ドイツ復興金融公庫）がドイツ政府と基金を設定し、ドイツ以外に、オーストラリア、ルクセンブルク、フランスなどの企業も加わった。主な参加セクターは電力会社、化学、セメントなどである。

そのほか、日本では、東京電力などの民間企業と、国際協力銀行、日本政策投資銀行などの出資によりCERおよびERUの購買目的で、日本炭素基金が2004年に設立されている。

(b)　国際開発金融機関

大手企業や各国政府に対して、CERおよびERUの獲得に伴うリスクを低減する目的で提供された仕組みが、世界銀行が2000年に設定した炭素基金（PCF）である。世界銀行は、PCF以外に、Community Development Carbon Fund（コミュニティ・開発カーボンファンド）、BioCarbon Fund（バイオカーボンファンド）などを立ち上げた（図表４−８参照）。世界銀行グループの民間投融資会社である、国際金融公社（International Finance Corporation：IFC）もカーボンファイナンスファシリティを通して、CERおよびERUを購買した。

欧州投資銀行（European Investment Bank：EIB）は、世界銀行などとともに、EUでのクレジット獲得のためのファンドを設立した。アジア開発銀行、米州開発銀行（中南米・カリブ加盟諸国の経済・社会発展に貢献することを目的として設立された国際金融機関）もCDM事業へのファイナンスのための仕組みとして、それぞれカバーしている地域におけるカーボンファイナンス

■図表4－8　2005～2006年に設立されたカーボンファンドの例

区分	ファンド名	資産規模 （100万ユーロ）
世界銀行ファンド	Prototype Carbon Fund（PCF）	150
	Dutch JI and CDM Fund	222
	Community Development Carbon Fund	77
	BioCarbon Fund	77
	Multilateral Carbon Credit Fund	100
	Italian Carbon Fund	77
	Spanish Carbon Fund	200
	Danish Carbon Fund	27
政府系ファンド	Austrian JI/CDM Tender	－
	Belgium Federal JI/CDM Tender	9
	Canada PERRL	12
	Danish Carbon Tender	－
	Ecosecurities/Standard Bank	－
	Finnish JI/CDM Pilot Tender	20
	German KfW	80
	Rabobank/Dutch Gov't CDM Facility	－
	Swiss Climate Cent	100
	Japan Carbon Fund	－
民間ファンド	Natsource GG CAP	500
	European Carbon Fund	105
	Trading Emissions	200
	Japan Carbon Finance	110
	ICECAP	250
	Merzbach Fund	－
	Climate Change Capital	50
合計		2,366

（出所）　Labatt and White（2007：p.212）をもとに筆者作成

ファシリティを組成した。

3 カーボンファンド

世界銀行がPCFにおいて世界初の国際カーボンクレジットの売買契約の枠組みを構築し、プライス設定をしたことが、国際的カーボンクレジット市場形成に大きく影響していると筆者は見ている。

各国政府および民間セクターは、世界銀行のファンドでの経験をもとに独自のファンドを構築した。ファンドを組成することにより、投資家はプロジェクトへのパイプラインを増やすことができる。また、民間金融機関などは、ファンドへの投資を通じて、個別にカーボンクレジットに投資するよりも、未知のリスクを含みうるカーボンクレジット投資のリスク分散を図ることができる。

ここまでカーボンクレジット市場に登場する参加者の様子を概観したが、そうした多様な市場参加者のうち、民間金融機関は大きな役割を果たしているように見える。基本的には排出削減動機を有しない民間金融機関がカーボンクレジット市場へ参加していった動機の詳細については、この先、Chapter 6 で考察したい。

3 クリーン開発メカニズム（CDM）の仕組み

　カーボンクレジット市場参加者のうち、民間金融機関の行動を考察するためには、CDM事業のカーボンクレジット組成に関与する参加者のリスクを理解することが有用である。事業からカーボンクレジットが発行されるまでには様々な手続が求められるうえ、特に事業のGHGs排出量の算定などでは様々な専門性が要求される。

　ここでは、CDMの仕組みのなかで、参加者が直面するリスクについて明らかにする。なお、現在、世界的に様々なカーボンクレジットが組成されており、組成する対象事業に対する要件はそれぞれ異なるが、ここで説明する手続についてはほぼ共通しているといえよう。

1 CDMの手続

⒜ プロジェクト設計書（PDD）の作成

　CDM事業では、まず、事業参加者が、事業の概要を示すプロジェクト設計書（Project Design Document：PDD）を作成する（図表4−9）。PDDとは、提案事業が国連で定められているCDMの要件を満たしていることを説明し、CERの算定、排出削減量のモニタリング方法などを記載する文書で、事業の参加者も明記されている。附属書Ⅰ国の参加者は、カーボンクレジットの需要側であるケースがほとんどである。

　CERの計算にあたっては国連が承認した方法論を使わなければならない。新規の排出削減量算定方法論開発には専門知識、時間、コストが必要となることから、附属書Ⅰ国に所在するカーボンクレジットの需要側が支援するケースが多い。

■図表4-9　CDMの手続（CDMとして登録され、事業実施からCERが発行されるまで）

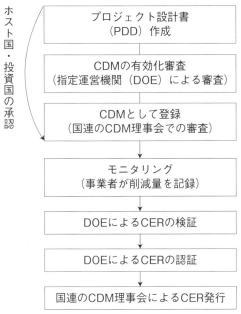

ホスト国・投資国の承認

| プロジェクト設計書 (PDD) 作成 |
| CDMの有効化審査 (指定運営機関 (DOE) による審査) |
| CDMとして登録 (国連のCDM理事会での審査) |
| モニタリング (事業者が削減量を記録) |
| DOEによるCERの検証 |
| DOEによるCERの認証 |
| 国連のCDM理事会によるCER発行 |

（出所）　吉高（2005：pp.143-149）をもとに筆者作成

(b)　投資国、ホスト国による事業承認

　事業を実施する国（ホスト国）と投資する主体の所属する附属書Ⅰ国政府双方から事業承認を受けなければならない。

(c)　CDM事業の有効化審査（バリデーション）

　提案事業がCDMとして有効であるかについて、国連に指定された第三者機関である指定運営機関（Designated Operational Entity：DOE）による、適格性審査（バリデーション）を受ける。DOEには、主にISOの審査機関などが任命された。

(d)　CDMの登録

　審査認証を受けた事業は、国連においてCDMを監督する組織であるCDM理事会において承認を受け、CDMとして事業が登録される。

（e） 事業者によるCDM事業のモニタリング

　登録された事業が実施された後は、事業者が、事業のGHGs排出削減量をモニタリングし記録をする。

（f） DOEによるCERの検証

　DOEが、事業のモニタリングデータ、事業の進捗、排出削減量を確認し検証する。

（g） DOEによるCERの認証

　（f）の検証に基づき、DOEが排出削減量を認証する。

（h） CER発行

　国連のCDM理事会が、DOEによって認証された排出削減量に相当するCERを発行する。

　排出権取引ビジネス研究会（2007：p.8）によれば、国連によるプロジェクトの登録およびCERの発行は、前述のように手続が煩雑なため、有効化審査開始から登録まで１年以上かかるとされる。また、発行に至るまで約2.5年はかかるといわれる。筆者は、100件以上の事業登録およびCER等の発行に携わったが、初期にはそれ以上に時間がかかった案件もあり、国連においても常に課題として挙げられた。

　売り手、買い手双方の参加者は、このような状況を認識したうえで事業実施の判断をしなくてはならず、十分な専門性と人員、検証・認証費用、現地調査の渡航費用などのコストが必要とされる。このように、CDM事業の参加は、民間金融機関のCSRの活動として実施するには負担が高いことは明白である。そのため、排出権の価値のほかに、追加的便益を求めるケースもあったことを筆者は記憶している。

 2　CDMの要件

　CDM事業の承認を得るための重要要件として、次の２つが挙げられる。

（a） CDMの持続可能な発展への寄与

CDMは、京都議定書第12条２項で「附属書Ⅰに掲げる締約国以外の締約

国が持続可能な開発を達成しおよび条約の究極的な目的に貢献することを支援すること」と定義されている。すなわち、CDM事業は途上国の持続可能な発展を支援し便益を生むものでなくてはならない。さらにCDMは途上国の承認を必要とするため、国が認める持続可能な発展事業でなければならない。諸富・鮎川（2007：p.75）はCDM事業の質に留意を要するとしており、国際NGOなどは、このルールに準じて、再生可能エネルギーを開発する事業などを推奨した。

　水野（2010）は、CDMが真に途上国の持続可能な発展に貢献したかを次のように論じている。正式に登録されたCDM事業のうち、件数の3分の2は水力発電、風力発電の再生可能エネルギーなどであったが、クレジット発行量で見ると、およそ3分の1近くがハイドロフルオロカーボン（HFC）、一酸化二窒素（N_2O）の非CO_2のGHGs排出削減プロジェクトからなっていた。GHGs温暖化係数[1]の高いHFC削減プロジェクト等から多くのCDMクレジットが発行されている。水野（2010）は、CDMの先行研究（Ellis, Winkler, Corfee-Morlot and Gagnon-Lebrun, 2007：pp.15-28）がCDMは持続可能な発展に寄与していないと批判していることに対し、CDMのカーボンクレジットは経済面での貢献はしているとし、さらに、持続可能な発展に貢献するCDM事業は、CDMのカーボンクレジット以外の付加価値をも有するプロジェクトと考えるべきとしている。付加価値とは、温暖化対策以外の環境価値、社会的価値、経済的価値などが考えられ、CDM事業はそうした価値を確保することに役立っているとする。

　しかし、このように、途上国への持続可能な発展の寄与に関しては様々な解釈があり、事業参加者は、事業の質についてかなりの目利き力が必要とされる。

1　京都議定書のGHGsは6種のガスが対象になっており、温暖化係数が異なる。二酸化炭素（CO_2）の温暖化係数1に対し、メタン（CH_4）：25倍、一酸化二窒素（N_2O）：298倍、ハイドロフルオロカーボン類（HFCs）：1,430倍など、パーフルオロカーボン類（PFCs）：7,309倍など、六フッ化硫黄（SF_6）：2万3,900倍。

⒝　追加性（Additionality）

　追加性とは、京都議定書第12条 5 ⒞で定められる、環境の十全性を担保するためのルールである。対象事業が実施されない場合に生じる排出量削減に対して、追加的な排出削減があるかどうかを意味する。この追加的な削減が、対象事業がCDMにならなければ実現ができないことを証明しなければならない。

　たとえば、これまで未利用の農業廃棄物でバイオマス発電事業をする場合、事業者は、その国で初導入の技術であるためリスクが高く、通常では資金調達が困難で事業は実施されないと主張し、CERの売却収入によって事業が実施されることを証明する。もしCDMとして認知される前に資金調達などが済み、プラント建設を始めると、事業がCDMの資格を持たなくても事業を実施できるとみなされ、追加性の証明が難しくなり、CDMとしての実施が困難になる場合がある。

　技術的、もしくは資金的に、CDMの追加的な価値がなければその事業は成立しないことを、国連のCDM理事会で審査されUNFCCCで公開されるPDDのなかで立証して登録されなければならないのである。

　換言すれば、採算性がないことを公開し認証を受けなければならないということであって、そうなると、民間金融機関は投融資判断が慎重になり、事業の資金調達が困難となる。追加性は、民間金融機関にとって、事業の組成に関与するハードルとなるルールである。

　このように、CDMは、事業の内容によっては民間金融機関にとって社会貢献活動として質のよい事業ではあるが、通常の低炭素事業に比べ、費用、人員、時間などが余計にかかるうえ、事業の採算性が乏しいことを証明しなければならないという、通常の商業慣行に反する課題に直面させるものであった。

　CDM市場のあり方に関しては、多数の研究がなされている。途上国への持続可能な発展の貢献度の研究（水野、2010；Shishlov and Bellassen, 2012）、EU ETSにおけるCDMの役割分析（Vasa and Neuhoff, 2011）等は、途上国側の参加者の便益を検証している。また、有村（2015）は、新しい排出削減メ

カニズムを研究として、カーボンクレジット制度に焦点を当てており、CDMを含む新たなクレジット制度に参加する先進国側の産業界の視点から課題等を浮き彫りにしている。しかし、これらの研究では、民間セクターによる炭素投資への分析のなかで、Leguet（2007：p.14）によって、すでに民間金融機関の気候変動問題に対する姿勢の変化が明らかになってきていることが認識されているにもかかわらず、CDMにおける民間金融機関の参加動機に関する分析は行われていなかったため、政策に十分反映されなかったと評価されている。

　また、CDMの参加者の現物価格の取引によるインセンティブに基づいた参加の動機付けについては、世界銀行のレポートをはじめ多くの分析がなされている。しかし、市場に関わる参加者、特に、民間金融機関について、その行動の動機付けが経年的にどう変化していったか、といった研究は見られない。

　したがって、気候変動問題解決に民間セクターを巻き込む仕組みのあり方を考察するに当たり、カーボンクレジット市場における民間金融機関の役割を明らかにすることは重要であると考える。

カーボンクレジット市場の
参加関係者の経年動向

　Chapter 4 − 2では、京都議定書発効（2005年）およびEU ETSの第1フェーズ（2005〜2007年）の開始を受けて、カーボンクレジット市場には、GHGs排出削減の直接の動機付けがあるGHGs多排出者のほかに、様々な参加者がいたことを明らかにした。ここでは、これらのカーボンクレジット市場の参加者の経年での行動変容について分析し、特に金融機関の存在について確認し、既存の研究により市場参加の動機を考察したい。

　京都議定書上のカーボンクレジット市場の参加関係者の経年的動向を分析するため、UNFCCCのホームページで公開されているCDMプロジェクトの開発に関する情報（PDDに記載されている情報）をデータベース化し、カーボンクレジットの需要者側である附属書Ⅰ国の参加者の属性情報をエンコードした。

　公益財団法人地球環境戦略研究機関等がCDM情報をデータベースとして公開しているが、参加者のセクターなどの個別属性について経年で詳細分類はしておらず、本著で初めて行った分析である。

　図表4 −10に示すとおり、まず第1の、レベルAの属性として、5つを設定した。民間企業（Corporate）、国際開発金融機関（Multilateral）、政府（Government）、非政府団体（NGO）、その他不明（Unknown）である。さらに、それぞれの属性をレベルBとして細分化した。民間企業の各セクターとともに、国際機関として世界銀行とアジア開発銀行とを区別して掲げた。

　図表4 −11に、CDM案件のカーボンクレジット事業参加者に関する情報の例を示す。たとえば、図表4 −11の1番目は、PDDに買い手国（附属書Ⅰ国）としてスイスと英国が示されていることを意味する（PDDには個別の参加事業者名が記載されている）。

　なお、国連での案件の登録は、供給側である途上国の参加者のみでも可能

■図表4－10　附属書Ⅰ国のCDMカーボンクレジット取引参加者の属性エンコード

レベルA
民間企業（Corporate：C）
国際開発金融機関（Multilateral：MULT）
政府（Government：GOV）
NGO（Non Governmental Organization：NGO）
不明（Unknown：UNK）

レベルB			
ブローカー	コンサルタント	石油	化学
農業	建設	ガス	電力
鉱業	セメント	エンジニアリング	テクノロジー
紙・パルプ	製造	運輸	物流
食品	銀行	環境	エネルギー
金融	世界銀行	アジア開発銀行	

である。しかし、途上国の事業者だけで国連によるCER発行までにたどり着くのは容易ではない。筆者も含め、当時の同業者によれば、資金繰りの理由から、カーボンクレジット需要側の参加者が、事業当初から登録までに必要な費用を提供することが常態化していた。筆者が関わった案件では、カーボンクレジットの買い手側から、組成から手続完了までを委託されることが多く、買い手の顔触れは、投資銀行、商社、欧州の電力会社など様々であった。

　京都議定書が発効した2005年より、本格的にCDM事業の登録が開始された。筆者がCDM登録のための排出量算定方法論を開発し始めたのが2001年であり、世界銀行の炭素基金が開始したのも同時期である。すなわち、CDM事業の組成および手続のプロトタイプはすでに開始されており、2005年より国連で登録手続が開始されるのを事業者が待機していた状態ではあった。

　図表4－12は、2014年9月末におけるUNFCCCのCDM案件数である。2012年末に京都議定書第1約束期間は終了したが、各国が、獲得したカーボ

■図表4－11　CDM案件のカーボンクレジット事業参加者（例）

事業タイプ	業種	業種詳細	売り手国（ホスト国）	買い手国（附属書Ⅰ国）	
HFC	化学	その他化学	インド（アジア）	スイス	英国
HFC	化学	その他化学	韓国（アジア）	日本	スイス
LFG	廃棄物処理	都市固形廃棄物処理	ブラジル（ラテンアメリカ）	日本	オランダ
Hydro	電力生産	電力生産	グアテマラ（ラテンアメリカ）	日本	スイス
Hydro	電力生産	電力生産	ブラジル（ラテンアメリカ）	オランダ	
LFG	廃棄物処理	都市固形廃棄物処理	ブラジル（ラテンアメリカ）	スウェーデン	英国
Mix	電力生産	電力生産	インド（アジア）	日本	英国
LFG	廃棄物処理	都市固形廃棄物処理	ブラジル（ラテンアメリカ）	スイス	

（注）　HFC：ハイドロフルオロカーボン、LFG：埋立地ガス、Hydro：水力発電、Mix：複
（出所）　UNFCCC（https://cdm.unfccc.int/Projects/index.html、2014年9月30日アクセ

ンクレジットを自国の削減として償却し、排出削減目標と照らした実績を国連に報告する期限は、2014年4月15日であった。その後、調整などが行われ、全てが終了した2014年9月末にUNFCCCのデータベースに表示されていたCDMの案件数は総数で1万1,253件であったが、そのうち、CERを発行済みの案件は2,657件であった。

　本著の分析対象のCDM事業としては、CERが発行されたこの2,657案件のうち、2005年から京都議定書第1約束期間終了（2012年）までに登録された2,061案件を抽出した。

　CERが発行された案件を選択するということは、途中で頓挫した案件は排除し、CDM事業に実際に投融資が提供され、事業として実施された案件を選択したことを意味する。

| 買い手の業種 | | | | | | | |
レベルA	レベルB	レベルA	レベルB	レベルA	レベルB	レベルA	レベルB
	1		2		3		4
C	化学	C	化学	C	化学	C	ブローカー
C	化学	C	化学	C	化学		
C	石油	C	石油	C	石油	C	エネルギー
C	エネルギー	C	電力	C	ブローカー	C	ブローカー
MULT	世界銀行	GOV	エネルギー				
GOV	エネルギー	GOV	エネルギー	C	ブローカー		
C	石油	C	ブローカー	C	バイオガス	C	石油
NGO		C	コンサルタント	C	ブローカー		

数事業の組合せ。
ス）のデータを活用し筆者が分析・作成

　市場参加者の関係および経年行動を視覚化するため、ソフトウェアR（統計計算およびグラフィックス用の言語）およびソフトウェアRパッケージ「geosphere」を使用した。なお、このソフトウェアは、エージェント・ベース・モデル（組織やグループのような集合体の行為と相互作用が、システム全体に与える影響を評価するためのモデル）の研究に使用されるソフトウェアである。

　2005年から2012年までの8年間のCDMのカーボンクレジット市場における参加者の経年動向を把握・説明するに際し、実際は前記ソフトウェアをもとに地図上で需要側（バイヤー）の起点を示すとともに、1案件に対して、多数の需要側の附属書Ⅰ国（Buyer Country）の参加がある場合は、その下のBuyer Industryレベル（民間企業、国際開発金融機関、政府、非政府団体、

事業の状況	事業数	CERトン／年（PDD上）
発行済み	2,657	473,949,510
登録済み（未発行）	4,905	505,926,411
登録申請中	10	1,247,932
レビュー申請	1	2,008,821
バリデーション	3,347	473,728,156
拒否	270	32,974,452
撤回	63	7,926,089
合計	11,253	1,497,761,371

■図表４－13　CDMカーボンクレジットの需要者と供給参加者の一例

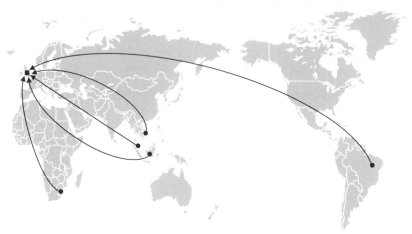

（注）　四角の印はカーボンクレジットの需要側の所在地、丸の印はカーボンクレジットを
　　　供給した国のプロジェクト実施地を示している。なお矢印は、需要側がどこのプロ
　　　ジェクト実施国からカーボンクレジットを購入しているのかを示している。

その他）で多数を占めた国を１つ特定して、起点として表示する作業を行っ
た。図表を簡略化したものが図表４－13であるが、たとえば、需要側で多数
を占めた英国の金融機関を四角の印で表示し、同金融機関に対してカーボン
クレジットを供給した国のプロジェクト（たとえば、ベトナム、インドネシ

ア、マレーシア、南アフリカ等）を丸印で表している。実際には、複数国にまたがり、複雑に絡み合う動向を可視化したが、ここでは、解析データの表現上の制約から、文章での説明とし、図を省略する点、ご了承いただきたい。

1　2005年の概況

　京都議定書発効時の2005年において、需要側のプレイヤーは欧州に集中している。これは、EU ETSが2005年から第1フェーズを開始し、EU議会でCDMクレジットの利用が認められたことによる[2]。供給側はラテンアメリカ、インド、中国など、いわゆる新興国で、カントリーリスクの高いアフリカのような後発開発途上国でのプロジェクトはほぼない。

　米国政府は2001年に京都議定書を離脱したにもかかわらず、米国からの民間セクターの参加もある。これは、2005年8月にハリケーンカトリーナが米国を襲いフロリダ州中央部からテキサス州東部に壊滅的な被害をもたらしたことが影響している。Towers Watson（2005：p.2）によれば、ハリケーンカトリーナによる被保険者の損失は400億ドルから550億ドルと推定され、2001年9月11日に起こったテロ攻撃に代わって、同自然災害が米国で最も高額な保険支払い事由となったとする。当時の米国の同業者によると、ハリケーンカトリーナの後、米国の産業界や民間金融機関における気候変動のリスクの認識が向上し、国内政策の変化や産業からのカーボンクレジットの需要増を予見し、国際的市場へ参加したとのことであった。

2　2006年から2007年の概況

　2006年から2007年の需要側の主要プレイヤーは国際開発金融機関であり、その後、民間セクターが台頭したことが明らかとなった。既述のとおり、世界銀行が先進国政府からの資金を集めカーボンクレジット組成の道筋をつけ

2　EU Commission "Use of international credits"（https://climate.ec.europa.eu/eu-action/eu-emissions-trading-system-eu-ets/use-international-credits_en）

た。EU ETSの取引が開始されたのは2005年であるが、それより以前に、**世界銀行の炭素基金が$CO_2$1トン当たり5ドルの炭素価格を公表することにより価格構築に影響があったのではないかと筆者は考える。**商社や電力会社などの日本企業も炭素基金に出資をし、経験を積み始めていた。

2007年には政府単独での参加が増え始めていたことが判明した。これは、京都議定書第1約束期間が始まる2008年からの目標達成の責任を政府が負うため、削減目標を達成する目的で、カーボンクレジット活用に国家自らが動き始めたためである。したがって、EU ETSのもとで削減目標を遵守する動機のある欧州諸国および日本が主要なCERの需要国である。供給側との関係では中国、インドおよびブラジルが劇的に増加し、その後、中国からのクレジット供給の存在が大きくなり、他方、米国との関係が強かった中南米の事業の推進力は米国の京都議定書離脱とともに低下した。

 ## 3 2008年から2012年の概況

2008年から民間セクターがCDM事業参加の主要プレイヤーとなったのは当然のことといえよう。京都議定書第1約束期間は、2008年1月1日に開始され、その年に登録されたCDM案件は928件で、実際にCERが発行された案件は431件であった。その後、第1約束期間終了年の2012年までの5年間の登録案件は6,051件で、年間1,200件近くが登録されており、その約半分弱の案件からCERが発行されている。

2013年以降の新しい気候変動に関する枠組みの不確実性にもかかわらず、2010年頃には、EUの民間セクターは排出削減クレジットの最大の買い手として途上国へ継続的に資金を提供し続けていたと、Linacre, Kossoy and Ambrosi（2011：pp.47-48）は指摘する。附属書I国政府は、AAU（京都議定書で先進国に割り当てられるGHGs排出枠）の取引、すでに発行済みの流通しているCER（セカンダリーCER）などを取得するようになった。そのため、附属書I国政府としてのCDMの直接の登録は減っている。一方、供給側は中国、インドに加えてアフリカが増加した。特に、第1約束期間の後半

（2011年〜）には、2013年以降の枠組みに向け、国際開発金融機関とアフリカ諸国との関係が増加してきたことが観察できたのが興味深い。

　こうした大局的な流れの分析を踏まえ、民間セクターおよび民間金融機関の動きを次のChapter 4 － 5 で詳細に分析する。

カーボンクレジット市場における金融機関の存在

　カーボンクレジット市場には利害関係を異にする様々な参加者がいることは前述したが、民間金融機関の動きにスポットを当てるために、参加者を大きく次の4つに分類する。なお、CDMの参加者のセクターなどの個別属性の詳細な経年的動向の分析は過去にはなされていない。

(a) 国際開発金融機関（世界銀行、欧州復興銀行、欧州投資銀行およびアジア開発銀行など）

(b) 附属書I国政府機関（財務省、環境省、産業関連省庁、国家関連機関および国家金融機関など）

(c) 民間非金融機関（電力、エネルギー、鉄鋼、セメントなどのCO$_2$多排出産業など）

■図表4－14　2005～2012年のCER発行済みCDM登録事業の参加者の割合

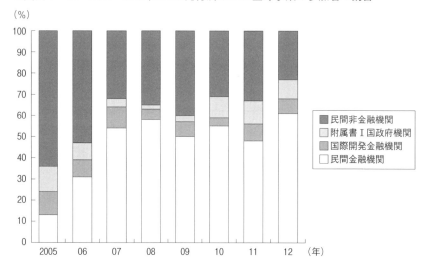

(d) 民間金融機関

これらの参加者の割合を図表4 −14に示す。これを見ると、2005年に京都議定書が発効した当時は、民間非金融機関、すなわち、CO_2多排出企業による登録案件が多数を占めていた。2005年からCDM事業の登録が国連で開始されたが、国連のルールにより2000年まで事業の開始年を遡及して登録することが可能であったため、排出削減コストの低減を目論む電力会社、鉄鋼会社などの産業が早くからCDM事業組成に関与したと考えられる。

通常、民間企業がCDMのような環境関連事業を実施する際、CSRを果たすことが目的であるとすると、景気が後退すれば、コストと考えられる環境活動は低減する。また、気候変動対策は、化石燃料の消費をいかに減じるかであり、エネルギー価格が企業の低炭素事業活動の実施に影響を与える。

2004～2012年の間のOECD加盟国の１人当たりGDPと化石燃料のインデックス価格との関係は、ほぼ同様のボラタリティを示しており（図表4 −15参照）、化石燃料のインデックスの価格が2007年の景気後退以前の水準に復活

■図表4 −15　2004～2012年のOECD加盟国の１人当たりのGDPと化石燃料のインデックス価格の推移

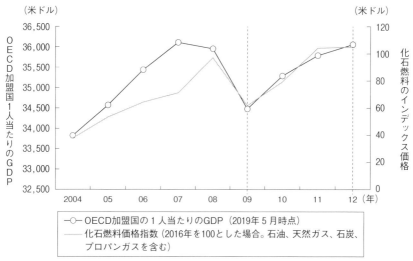

（出所）　IMF統計資料をもとに筆者作成

■図表４－16　2005〜2012年のOECD加盟国１人当たりのGDPとCER発行済CDM事業登録数との関係

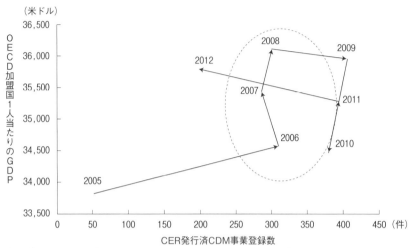

（出所）　UNFCCC（https://cdm.unfccc.int/Projects/index.html）のデータを活用し筆者が分析・作成。以下、図表４−19〜４−24も同じ

■図表４−17　2005〜2012年の化石燃料のインデックス価格とCER発行済CDM事業登録数との関係

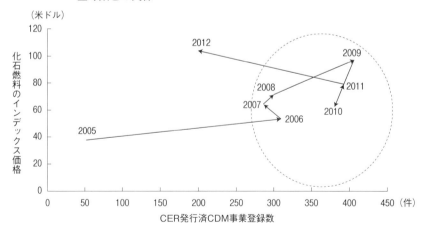

したのは、京都議定書第1約束期間が終結する2012年以降である。2005〜2006年にかけて割合の大きかった民間非金融機関（産業部門）のCDM事業の登録数が、世界金融危機が始まった2007年以降減じているのは、景気後退が要因であると考えられる（図表4−14参照）。

つまり、他の企業活動と同様、環境活動も、景気の減退により減少するのである。そこで、CDM事業参加意思に対する経済状況の影響度合いを見るため、CDM事業化決断時（CDM事業の登録には通常1年はかかるため、登録時より1年前とする）のOECD加盟国の1人当たりGDPと、実際にCERが発行されたCDM事業登録数との関係を図表4−16に表す。京都議定書が発効し、国連で登録を開始した2005年以降においては、経済指標とCDM事業登録数の関係性は強く認められない。また、図表4−17に示すとおり、CDM事業登録数と化石燃料のインデックス価格との間にも関係性は認められない。

■図表4−18　2005〜2012年のCDM事業の「民間セクター」の需要側参加者の変化

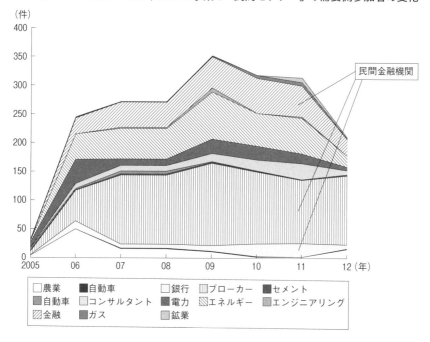

前掲の図表4−14において、景気後退時に全体の案件登録数における民間非金融機関（産業部門）の参加割合は減ってはいるものの、全体のCER発行済みのCDM案件数で関係性が見られないのは、他の参加者のCDM事業関与への動機が維持されたことが影響したのではないかと考えられる。そこで、さらに参加者の詳細を把握するため、図表4−18として、図表4−10に示すレベルBの参加者のうち、「民間企業」の各セクターの経年での行動変容を表した。

　図表4−18に示されるとおり、民間セクターのうち、エネルギーセクターと民間金融機関（銀行、ブローカー、金融）の占める割合が高く、2008年以降、世界的景気後退、金融危機、京都議定書第1約束期間が終了する2012年以降の、新しい気候変動に関する枠組みの不確実性にもかかわらず、民間銀行、投資会社などの参加は減じていないことが見てとれた。エネルギーセクターは、景気いかんにかかわらず、長期的には強い排出削減動機があったものとの推測が可能であるが、民間金融機関の主体的参加理由については別途に検討を要する。この点は、Chapter 6で明らかにしたい。

1 第1約束期間終了時の市場参加者およびCDM登録事業の概観

　ここでは、さらに詳細にCDM事業の内容や、カーボンクレジットの需要側と供給側の関与の傾向を分析し、民間金融機関がCDM事業を実施する際の基準を考察する。

　図表4−19は、第1約束期間終了後における附属書Ⅰの参加国（カーボンクレジット需要国）のCDM登録件数および各事業からのCER量の累積を示す。ここに示される附属書Ⅰ国とは、PDDに記載されている附属書Ⅰ国側の参加者の帰属国を表す。第1約束期間が終了する時点において、累積では、英国、スイスに次いで日本がCDM事業に多く登録承認を出していたことがわかる。スイスなどは、国としての排出量は多くないにもかかわらず（年間約3,800万tCO_2）、CDMの案件数は多い。これは、カーボン投資関連会社の多くがスイス籍だったためである。つまり、CDM事業の組成に関与し

■図表4－19　附属書Ⅰ国の国別CDM事業（プロジェクト）の登録件数と累積CER量

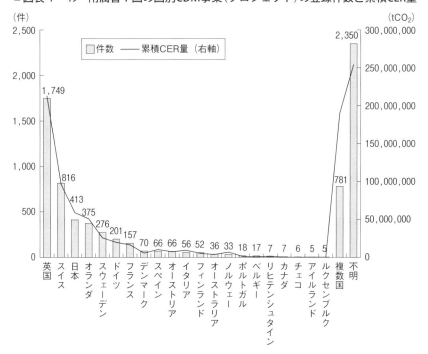

た需要側は、自らの排出分をカーボンクレジットで相殺する目的だけでない参加者がいたことがわかる。なお、不明とは、非附属書Ⅰ国側だけで事業登録した案件であり、中国・インドなどでは、附属書Ⅰ国の介入なしに自力で案件を国連に登録できる実力を持つ事業者が存在した。

　図表4－20には、非附属書Ⅰ国の参加国（カーボンクレジット供給国）のCDM登録件数および各事業からの累積CER量を示す。ここに示される非附属書Ⅰ国は、CDM事業に承認を出した政府である。第1約束期間が終了する時点において、累積では、中国、インドが多い。なぜなら、途上国のなかでも中国およびインドは、技術力、地場金融機関の資金調達能力が高く、プロジェクトリスクが他の途上国に比べて低いため、事業の実施確率も高く、カーボンクレジット発行リスク（事業のデフォルトリスク）が低くなることが

■図表4－20　非附属書Ⅰ国の国別CDM事業（プロジェクト）の登録件数と累積CER量

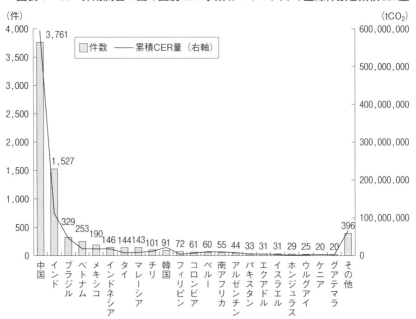

（件）　　　　　　　　　　　　　　　　　　　　　　　　　　　　　　（tCO$_2$）

凡例：□件数　──累積CER量（右軸）

3,761
1,527
329　253　190　146　144　143　101　91　72　61　60　55　44　33　31　31　29　25　20　20　396

中国　インド　ブラジル　ベトナム　メキシコ　インドネシア　タイ　マレーシア　チリ　韓国　フィリピン　コロンビア　ペルー　南アフリカ　アルゼンチン　パキスタン　エクアドル　イスラエル　ホンジュラス　ウルグアイ　ケニア　グアテマラ　その他

理由として挙げられ、CERバイヤー側に不明の案件が多数あることと一致する。

　CDM事業の内容を産業別に見ると、圧倒的に電力セクターが多い（図表4－21参照）。事業をタイプ別に見ると、電力事業のなかでも、技術的リスクの低い、また、途上国においても経験のある、水力発電、風力発電が多い（図表4－22参照）。また、メタンガス回収やバイオマス発電事業も目立つ。これは、途上国に農業国が多いこと、さらに、埋め立て地や畜産施設からのメタンガスや廃棄されていたバイオマスから排出しているメタンガス（CH$_4$）は、CO$_2$の25倍の排出係数を持ち、他の再生可能エネルギー事業より排出権を多く獲得できるメリットがあるためであり、筆者が開発した案件もこれらの案件が多い。民間セクターは、カーボンクレジット発行リスク（事業のデフォルトリスク）、技術的リスク、カントリーリスクの低い案件を評価し組成に加わる傾向があると考えられる。

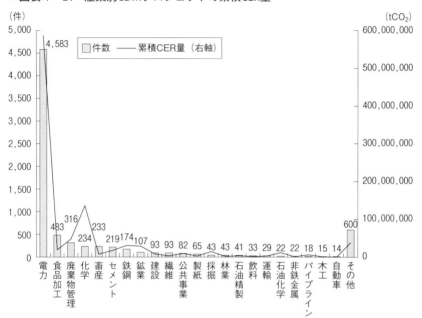

■図表 4 −21　産業別CDMプロジェクトの累積CER量

（件）　　　　　　　　　　　　　　　　　　　　　　　　　　　　　　　　（tCO₂）

凡例：件数　—— 累積CER量（右軸）

（グラフ内の値）
4,583／483／316／234／233／219／174／107／93／93／82／65／43／43／41／33／29／22／22／18／15／14／600

（横軸ラベル）
電力／食品加工／廃棄物管理／化学／畜産／セメント／鉄鋼／鉱業／建設／繊維／公共事業／製紙／採掘／林業／石油精製／飲料／運輸／石油化学／非鉄金属／パイプライン／木工／自動車／その他

2　日本企業のカーボンクレジットの活用

　わが国においては、2006年に京都メカニズム活用の諸制度が導入された。Chapter 3 − 5 で述べたとおり、国内排出権取引制度の導入は検討・試行されたが、国レベルでは採用されていない。排出量のキャップを課せられるとエネルギー使用量が制限され経済活動の停滞を招くとして、これまで産業界の反対により排出権取引制度の導入は実現していない。

　なお、2022年 2 月、カーボンクレジット市場の整備も視野に、「GXリーグ基本構想」が経済産業省により公表された。GXリーグは、GX（グリーントランスフォーメーション）に積極的に取り組む企業群が官・学と協働する場である（2023年 6 月時点でわが国のCO₂排出量の 4 割以上を構成する約570社が参加している）。2022年度にはカーボンクレジット市場を含む実証事業が実施

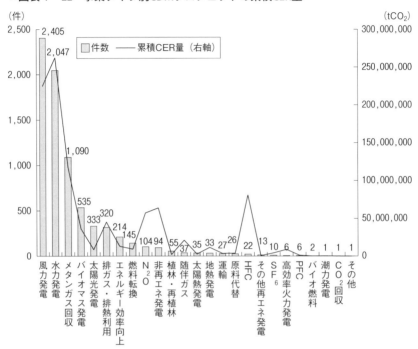

■図表４－22　事業タイプ別CDMプロジェクトの累積CER量

された[3]。2023年度からはGXリーグの枠組みにおいて、企業が自主設定・開示する削減目標達成に向けた排出量取引（GX-ETS）の導入・試行が開始された。知見やノウハウの蓄積、必要なデータ収集を行い、公平性・実効性をさらに高めるための措置を講じたうえで、2026年度より排出量取引の本格稼働が予定されている。なお、まずは、2023年10月に東証でカーボン・クレジット市場が開設され、Ｊ－クレジットの取引が始まる予定だ。

　日本政府は京都議定書の批准により、1990年比で６％の排出削減目標を掲

---

[3]　実証事業では、Ｊクレジットを取引対象として実証が行われたが、GXリーグ設立準備事務局「来年度から本格稼働するGXリーグにおける排出量取引の考え方について」（2022年９月）によれば、JCM（二国間）クレジット等についても取引の対象として検討が進む予定である。

げた。 6 ％の内訳は、国内削減で0.5％、森林吸収源で3.8％、京都メカニズムで1.6％削減の計画であった。2012年までに12億6,100万tCO$_2$（CO$_2$1トン当たり）までに排出量を抑えなければならないところ、2006年当時、13億4,000万tCO$_2$を排出しており、基準年より6.2％も上回っていた。

　日本政府は、京都メカニズムを活用し、 5年間にわたり年間2,000万tCO$_2$の購入を予定し、実行した。

　日本では、個別企業に対して炭素税による削減インセンティブを課す制度や、国内で排出量を割り当てる制度はなかった。それにもかかわらず、日本企業がCDM事業に参加した理由について、独立行政法人日本貿易振興機構（JETRO）が実施した「平成17年（2005年）度日本企業の海外事業展開に関するアンケート調査」の結果を見ると、CSR、すなわち企業の社会的責任の観点による環境貢献活動（62.9％）、ビジネスチャンス（40.2％）、社内や業界の自主的なGHGs削減目標達成（33.3％）などの目的で参加したとの回答が挙がった。

　日本企業のCDM関与の仕方について、三菱UFJモルガン・スタンレー証券は、経済産業省の受託を受け、プロジェクト参加者として関与している83

■図表 4 −23　日本企業のCDM事業の関与の仕方（2011年 1 月 1 日時点）

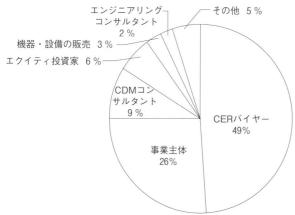

（出所）　経済産業省　平成22年温暖化対策基盤整備関連調査委託費事業「二国間クレジット制度検討に係る基礎調査」報告書の資料をもとに筆者作成

社に対し、2011年1月1日時点でのアンケートを実施している。このアンケートによると、日本企業の関与の仕方は、図表4−23に示すとおりCERバイヤーとしての参加が最も多い。また、日本企業によるCDMの参加状況をUNFCCCのデータから抽出すると、セクター別では、コンサルティング会社、電力会社、商社、建設会社などが多く、金融機関は相対的に少ないことがわかる（図表4−24参照）。

　CERなどの取引に参加した主な目的としては、日本経済団体連合会の掲げる環境自主行動計画の京都議定書目標達成計画の遵守にクレジットを調達するため、もしくはCSRの観点から排出権を獲得するためなどが挙げられている。CDM参加者は、国際的には多様であるものの、日本の状況は異なったものであった。このことは、GHGs排出削減の取組みが市場との結びつきが弱かったことに起因する可能性があるが、本著では、内外比較ではなく、国際市場の分析に注力する。

　なお、日本においては、2006年の温対法の改正により、京都メカニズムによる削減量の取得、保有および移転の記録を行うための割当量口座簿の整備、クレジット取引の安全の確保等について定められたことに基づき、法的

■図表4−24　日本企業のカーボンクレジット市場参加状況（2014年9月30日時点）

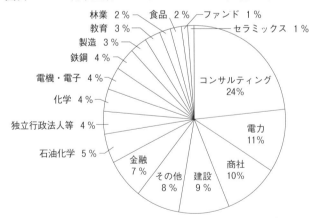

（出所）　UNFCCC（https://cdm.unfccc.int/Projects/index.html）のデータを活用し筆者が
　　　　分析・作成

仕組みが整えられた。これが、企業のCER取得行動の基盤となったのである。また、2008年に金融商品取引法・銀行法等が改正されて、金融機関による排出権の売買・媒介等が行えるようになり、わが国において証券会社および銀行が直接、売買取引に関わるようになった。

　本Chapterで確認されたとおり、2005年から2012年にかけてカーボンクレジット市場のプレイヤー主体は変化した。特に、民間金融機関の存在が大きくなっていったことが明らかとなった。

　Tietenberg（2006：pp.189-193）によれば、プロジェクト・ベースのカーボンクレジットは、キャップ・アンド・トレード方式の排出量取引に比べその量は少なく、削減クレジット入手までの時間もかかり、取引費用もかかるとされる。また、2007年からの世界金融危機、2010年のギリシャ債務危機に加え、2010年のメキシコのカンクンで開催されたCOP16では次期枠組み（今日でいう、パリ協定）について合意が得られず、将来の不透明性が高まって、カーボンクレジット価格が低迷する等、CDM事業参加の便益は不透明であった。このような時代背景においてCDM事業組成がなお継続されたことは、考察に値しよう。

　たとえば、寺西（2017）は、CSV（Creating Shared Value：定訳により、共通価値の創造）理論の修正により、気候変動への対応に関して、途上国側（カーボンクレジット供給側）の企業経営の視点で分析しており、カーボンクレジット価値以外に生み出された複数の公私共同の価値の存在が事業継続に貢献する付加価値になっていたとした。また、カーボンクレジットの需要側の参加者として、エネルギーコモディティ取引を主とした投資会社が、グリーン投資の一環としてCDMに投資する動きがあったとする研究がある。Shishlov and Bellassen（2012：p.17）は、企業や金融機関がCERの市場価格がEUAの価格よりも低いため、CDMを排出削減コスト抑制ツールとして使ったと分析している。

　しかしながら、これらのカーボンクレジット市場の既存の研究は、この市場への新たな参加者である民間金融機関を対象とし、経年的に見たものではない。CDMは、自らの排出量との相殺、あるいは販売を目的とするもので

ある。しかし、これまで説明したとおり、プロジェクトを遂行するまでの過程では長い時間と労力、さらに相当の費用を支払う必要がある。Vasa and Neuhoff（2011：p.15）は、**CDM組成におけるファイナンスは、先進国内の削減活動に比べ効率は低い**と分析しており、特に、排出量の少ない、民間金融機関が世界的景気後退時に関与することは経済合理性に合わないようにも見える。すなわち、民間金融機関は、金利差や手数料収入の最大化を図る必要があり、CO_2を多量に排出しない金融機関がCSR目的だけで参加を継続するにはリスクが高いと考えられる。そして、そうであるにもかかわらず、民間金融機関がカーボンクレジット市場に参加していった動機こそ、分析に値しよう。このため、金融機関の行動変容の動機付けに関して、仮説的なフレームワークを構築し、次いで、これに照らしつつ、民間金融機関に視点を合わせて、CDMの参加継続の動機、意義、狙いについて、実証的な分析を試みる。

Chapter 5

グリーンボンド（ESG債）と
金融機関

　2012年末に京都議定書第1約束期間が終了した後、カーボンクレジットの需要は減少し、カーボンクレジット市場は低迷した。一方、再生可能エネルギー事業やGHGs排出削減などの各種の環境保全事業（以下「グリーン事業」という）に資金使途を限定した資金調達のための債券であるグリーンボンドの発行が急速に増加した。本Chapterでは、気候変動対策のファイナンス手段として期待される、グリーンボンド市場の発展の背景について考察する。また、グリーンボンド市場の参加者について把握し、既存の研究から市場参加者のメリット・デメリットを整理する。

低炭素技術導入事業の
経済性の改善

　パリ協定第2条は世界が「GHGsについて低排出型であり、および気候に対して強靱である発展に向けた方針に資金の流れを適合させること（外務省、2016）」を求めている。昨今の異常気象の頻発から適応活動への関心は高まっているが、世界の気候変動対策は主として緩和活動の推進に重きが置かれてきた。

　ここでは、緩和活動である低炭素技術、特に再生可能エネルギー普及を推進する、経済面の改善に資するファイナンス手法について概観する。

　大島（2006）は、再生可能エネルギーのファイナンス面での支援策には、投資補助金、税優遇、税額控除、固定価格買取制度（FIT）、**再生可能エネルギーポートフォリオ基準（Renewables Portfolio Standard：RPS）、競争入札制（Bidding scheme）**、グリーン料金、余剰電力買取制、ラベリング制度等があるとする。

　2004年の国際再生可能エネルギー会議で発足した「21世紀のための自然エネルギー政策ネットワーク」（REN21）は、2005年よりRenewables Global Status Report（GSR）を毎年発行しており、世界の再生可能エネルギーのデータとして頻繁に引用される文書となっている。REN21は、GSRのなかで、規制政策については、FIT、RPS、特定の技術・燃料使用の義務付けまたは割当などを例示し、これらは新技術提供の低価格化を実現するメカニズムであるとしている。それとは別に、財政政策として、炭素税、投資税額控除などがあるとする。

　RPSは、既存の電気事業者に対して再生可能エネルギーの導入目標量を定め、再生可能エネルギーによる発電市場からの購入を義務付けるものである。1990年代以降、再生可能エネルギー普及を大幅に拡大させるためにとられたのがFITとRPSであり、これらの政策は、対象となる経済主体自身の汚

染（bads）の削減が目的ではなく、環境にネガティブな影響を与えない経済活動（goods）を増大させることが目的となる。

　Chapter 2 − 3 で金融機関の低炭素型エネルギー事業への関与手法を考察し、事業に取り組むに際しての特徴的困難を 3 つ特定した。そのなかで、再生可能エネルギー事業への投資の経済性が、既存の化石燃料と比較して十分な競合性のないことを挙げている。この困難を克服することにより、特に、民間金融機関にとって長期的視点で事業の経済性を向上させる政策であって、実際も多数の国で採用されているFIT、税優遇および税額控除についてここから考察する。

1　FIT

　Chapter 2 で述べたとおり、再生可能エネルギー事業では、主に、プロジェクトファイナンスが活用される（図表 2 − 4 参照）。FITは、既存の一般電気事業者（送配電部門）に対し、再生可能エネルギーによる電力を、通常の電力料金より高い一定の価格で購入することを義務付ける制度である。幸（2014：p.28）は、この制度により、将来にわたって再生可能エネルギー事業が得られるキャッシュフローが予想できるため、事業のキャッシュフローに依拠するプロジェクトファイナンスによって資金を調達することが適しているとする。

　FITを導入する場合、調達価格や調達期間については、再生可能エネルギー事業者が適正な利潤を得られるように勘案して設定される。たとえば、わが国においては、経済産業省調達価格等算定委員会「平成24年度調達価格及び調達期間に関する意見」（2012年）によれば、わが国が標準的に設定すべきIRR（Internal Rate of Return：事業の採算性）は、税引き後 5 〜 6 ％程で、FIT施行後 3 年間は利潤に特に配慮する必要があるとして、1 〜 2 ％程度上乗せしたIRRを設定したとある。したがって、幸（2014：p.161）は、FIT価格による売電事業は、銀行など金融機関から融資を得てレバレッジを効かせることにより、自己資金に対する利回りが向上し、収益率が高まり、

非再生可能エネルギーによる発電事業と遜色がなくなると分析している。

　なお、電気事業者に対して再生可能エネルギーの導入を義務付けるRPS
は、価格が固定されず、将来の長期的キャッシュフローが確定できないた
め、金融機関にとって魅力は乏しいといえる。

 ## 2　補助金、税優遇、税額控除

　再生可能エネルギー事業の採算性を上げるには、FITにより事業の将来
キャッシュフローを上乗せし、化石燃料事業と競合性を持たせる方法もある
が、補助金や税優遇、税額控除により、初期投資や運営費のコストを下げる
方法もある。

　わが国でも、経済産業省、環境省が、事業者向けに様々な支援を提供して
おり、再生可能エネルギー発電施設の設備資金や電気自動車の蓄電池開発資
金等事業や技術に対する補助金がある。そのほか、再生可能エネルギー事業
に対する低利子融資、再生可能エネルギー事業者への固定資産税減税、再生
可能エネルギー設備への出資支援、金融機関への再生可能エネルギー事業に
対する利子補給等多岐にわたる（経済産業省資源エネルギー庁・環境省「再生
可能エネルギー事業支援ガイドブック」参照）。また、2018年の税制改正におい
て「省エネ再エネ高度化投資促進税制」が設置され、再生可能エネルギー設
備等を新たに取得した事業者は、特別償却14％の税優遇を受けられていた
が、同税制は現在廃止されている。

　米国は、市場機能を通じた競争やイノベーションの促進を目指し、当初
RPSの導入を図ったが、現在では、投資税額控除（Investment Tax Credit：
ITC）および生産税額控除（Production Tax Credit：PTC）などが主流であ
る。ITCは太陽光発電事業の総投資額の一定割合を法人税から控除できるた
め初期投資額が高ければ高いほど恩恵は高く、PTCは、発電ベース（例：
2016年は1kWh発電につき2.3セント）での税額控除である。これらにより風
力発電事業が大きく拡大した[1]。

　こうした補助金、税優遇や税額控除により、再生可能エネルギー発電事業

の初期投資や運営コストが削減され、投資回収が早まれば、金融機関は投融資をしやすくなる。なお、補助金は、実績が少なく、導入に課題の多い技術および設備の導入等には、有効であると考える。しかし、再生可能エネルギーの開発・利用や発電事業等は長期事業となることを考えると、成果に対する税額控除（前述のPTCなど）のような成功比例の助成策でないため、事業の継続の動機付け、事業運営上の創意工夫を長期にわたって引き出す力は相対的に少ない。金融機関を投融資に踏み切りやすくさせる助成政策は、PTCのようなものであるように思われる。

　以上のようなFIT、補助金や税優遇、税額控除といった仕組みによって、再生可能エネルギー開発に関わる事業の経済性、利益の予測可能性が高まるものと期待できる。実際、1990年以降2015年までに、欧州ではFITや税優遇、税額控除、米国では税制優遇措置が発達し、こうした事業への民間投融資の拡大の土台が築かれた（後掲の図表6－2参照）。ここから、その土台に立って、グリーンボンド市場がどのように発展していくことになったのかを見てみよう。

1　2022年8月12日、米国議会は「インフレ抑制法案」（Inflation Reduction Act＝IRA）を可決した。同法案は、米国による気候変動に対する抑制・適合を促進させ、エネルギー安全保障を増強し、エネルギー関連コストを軽減させるために約3,700億ドルの投資を可能にするものである。PTCの期間延長・適用範囲拡大、ITCの期限延長、直接補助金受領選択制度、低炭素水素生産に関する税額控除など、複数の施策が盛り込まれた画期的内容。

グリーンボンド市場の成長

　グリーンボンドは、グリーン事業に資金使途を限定した債券であり、2008年にトリプルA格付けの世界銀行と欧州投資銀行による発行に端を発した。その後、自治体や企業によるグリーンボンドの発行が増加している。

　国際資本市場協会（International Capital Market Association：ICMA）は、2014年、バンク・オブ・アメリカ・メリルリンチ、シティバンク、クレディ・アグリコル・コーポレート・アンド・インベストメントバンク（以下「クレディ・アグリコル」という）、JPモルガン・チェース、BNPパリバ銀行、大和証券、ドイツ銀行、ゴールドマン・サックス、HSBC、みずほ証券、モルガン・スタンレー、ラボバンクおよびSkandinaviska Enskilda Banken（SEB）などの投資銀行のコンソーシアムとの共同作業により、グリーンボンドを定義し、発行プロセスの透明化を図るため、ガイドラインを策定した。

　これは、**グリーンボンド原則**（Green Bond Principles：GBP）と呼ばれる自主的なガイドラインであり、(a)調達資金の使途、(b)プロジェクトの評価と選定プロセス、(c)調達資金の管理、(d)レポーティングの4つの要素で構成されている（図表5－1で各要素の詳細を説明）。グリーンボンドの発行者は、GBPに基づいてこれら4つの要素に関する情報を開示しなければならない。なお、GBPのドラフトには、気候ボンド基準（Climate Bonds Standards）を策定した英国に拠点を置く国際NGOのClimate Bonds Initiative（CBI）も関与した。

　GBPでは、グリーン事業になりうる事業分野を、(a)再生可能エネルギー、(b)エネルギー効率、(c)汚染防止・抑制、(d)生物自然資源と土地利用の環境的に持続可能な管理、(e)陸上・水生生物の多様性保全、(f)クリーン輸送、(g)持続可能な水資源と廃水管理、(h)気候変動の適応、(i)サーキュラーエコノ

要素	(a)　調達資金の使途	明確に環境によい影響を与える事業であ ることを、証券の目論見書に記載する。
	(b)　プロジェクトの評価 　　と選定プロセス	環境に適格であるとする事業区分を判断 するプロセスとその基準を投資家に対し て伝える。
	(c)　調達資金の管理	グリーンボンドで調達される資金は、サ ブアカウントなどで管理され、適切な方 法でトレースされるべき。
	(d)　レポーティング	資金使途に関する最新の情報を入手可能 な方法で開示する。全ての調達資金が充 当されるまで年 1 回情報を更新し、重要 な情報は随時開示する。
重要推奨事項	(e)　グリーンボンドフ 　　レームワーク（任意）	発行体の包括的なサステナビリティ戦略 の文脈に沿って、関連する情報を要約す ることを推奨。
	(f)　外部評価（任意）	GBPに適合しているかどうかを確認する ために外部評価を付与する機関を任命す ることを奨励。

（出所）　International Capital Market Association（ICMA）"Green Bond Principles"（2022
年 6 月改定）をもとに筆者作成

ミー、(j)グリーンビルディングの10のカテゴリーに分類している（ただし、
これらに限定されるものではない）。

　発行体が自らグリーンとラベリングしている債券はグリーン・ラベル・ボ
ンド（green labelled bond）と呼ばれ、それ以外のボンドと区別する。また、
CBIのグリーン・ラベル・ボンドのデータベースは、資金使途の95％以上を
グリーン事業に指定する債券を対象にしている。CBIのデータベースにはプ
ロジェクトに紐付けられた債券（プロジェクトボンド）、グリーン資産を背景
に証券化された債券（Asset Backed Securities：ABS）も含まれる。2013年11
月にSolarCity（現Tesla Energy）が、世界最初のソーラーABS（資産担保証
券）を発行したが、グリーンボンドの主な資金使途は、再生可能エネル
ギー、省エネルギー、交通分野など、気候変動の緩和に貢献するエネルギー
分野の事業を対象としている債券が大半を占め、廃棄物、水、土地利用など

■図表 5 － 2　グリーボンドの充当対象別の発行高推移

（十億米ドル）

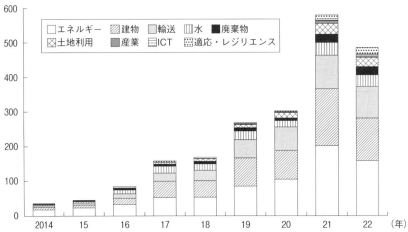

（出所）　Climate Bonds Initiativeデータ "Interactive Data Platform"（https://www.climate
　　　　bonds.net/market/data/#use-of-proceeds-charts）をもとに筆者作成

■図表 5 － 3　米国債券の発行高推移

（十億米ドル）

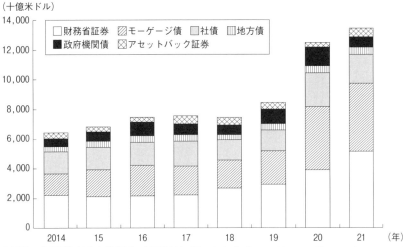

（出所）　証券業金融市場協会（SIFMA）"Statistics"（https://www.sifma.org/resources/
　　　　archive/research/statistics/）をもとに筆者作成

128

は少ない（図表5－2参照）。2015年以降、グリーンボンドの発行量は急速に増加している。

　なお、グリーンボンド市場は、通常の社債の発行増加に伴って成長してきたのではない。図表5－3で見てとれるとおり、2015〜19年の米国債券市場の発行高は、さほど変化はなく、債券市場全体の成長がグリーンボンド市場を押し上げているとはいい難い。むしろ、一般社債などの発行推移とは独立してグリーンボンド市場が成長してきたといえよう。

Section
3

グリーンボンドの特徴

GBPに沿って発行するグリーンボンドは、通常の債券に比べて何が異なるのか、特徴を整理したい。

1 グリーンボンドの種類

グリーンボンドは、標準的な国債、社債、政府機関債などと条件が変わらずに発行されるのが主流である。また、資金原資の面から見ると、発行体自体の資金源になるだけではなく、対象プロジェクトの事業収入や使用料、税金などの将来に見込まれるキャッシュフローに依拠する**グリーンレベニュー債**、特定プロジェクトの収益から償還する**グリーンプロジェクト債**、プロジェクトの裏付け資産で証券化される**グリーンアセットバック証券**など、多様な形態がある。

米国では、自治体が地域インフラのリノベーションのためにグリーンレベニュー債を発行するケースが多い。

2 追加的コスト

グリーンボンドの発行体は、**外部評価**（Second Party Opinion：SPO）の取得や期中のレビューにコストを要し、投資家とのIR（Investor Relations）およびロードショー（グリーンボンドの説明会）の実施、**インパクトレポーティング**に関する情報収集や分析などに社内インフラや人件費等のコストを要する。とはいえ、グリーンボンドであるからこそ、資金調達が可能になるわけではなく、通常の債券でも十分調達は可能である。資金調達する側にとってはなるべくタイトな条件（低い利率）での調達をすることが重要であ

るが、この分のコストが上乗せされれば、発行条件が通常の債券より悪くなる可能性がある。

 3　長　期　債

　グリーンボンドの資金使途の大半は長期間の事業を対象にしており、３年債、５年債の中期債券ではインパクト効果を顕在化させにくい。現在、発行されているグリーンボンドをみると、30年から100年の超長期償還期間を持つものがあるのは通常の債券と違うところである。しかしながら、実際には、５年債と10年債が比較的多く発行されている。

　以上のように、通常の債券と比較して、コスト等の面から、グリーンボンドが必ずしも魅力ある調達手段・商品というわけではない。にもかかわらず、なぜ発行高が増え続けるのか、市場参加者の視点から考察したい。

Section 4 グリーンボンド市場の参加者

　2015年、27カ国の機関投資家が長期にわたってグリーンボンド市場の発展を促す政策を支持するとして、パリ・グリーンボンド宣言がなされた。図表5－4に示すグリーンボンド発行体の内訳では、グリーンボンドの発行体は、2022年には、社債（金融債、非金融債）が半数以上を占めている。民間金融機関は、グリーンボンドの発行体としてだけでなく、投資家としても大きな役割を果たしている（図表5－5参照）。

　しかし、Chapter 5－3で考察したとおり、通常の債券と比べ、グリーン

■図表5－4　グリーンボンド発行体の内訳

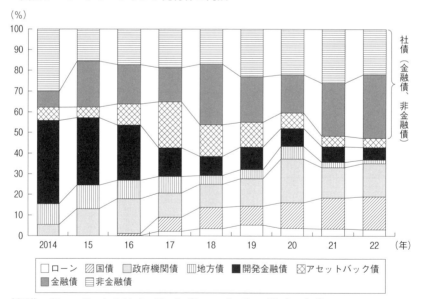

（出所）　Climate Bonds Initiativeデータ "Interactive Data Platform"（https://www.climate bonds.net/market/data/#use-of-proceeds-charts）をもとに筆者作成

■図表 5 - 5　グリーンボンドの購入者の内訳

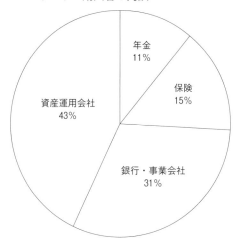

年金
11%

保険
15%

資産運用会社
43%

銀行・事業会社
31%

(注)　2015年 2 月に世界銀行が発行した米ドル建て10年債の購入者内訳。
(出所)　World Bank（2015）"World Bank Issues its Largest USD Green Bond"
（https://www.worldbank.org/en/news/press-release/2015/02/19/world-bank-
issues-its-largest-usd-green-bond）をもとに筆者作成

ボンドが魅力的な投資対象である理由はいまのところ明確ではない。そこ
で、グリーンボンドの投資家側と発行体側のメリットとデメリットを分析す
る必要があろう。一般に、債券市場参加者にとって、重要なファクターは金
利と価格であり、イールドカーブ（利回り曲線）である。イールドカーブと
は、縦軸に利回り、横軸に残存期間をとり、その両者の相関性を表すカーブ
で、残存期間の長短から生まれる金利差の変化を見せることにより、債券同
士の価値の差が明確になり、債券投資家にとって重要な投資判断指標とな
る。債券は発行体にとっては借用書であるため、発行体は、調達コストを抑
制するという観点から、低い金利を期待する。社債は、市場金利と表面利率
の差額を埋めるために額面よりも低い価額で発行（割引発行）されることも
あるが、発行体にとって、調達金利は最も重要なファクターである。なお、
利率は、発行時の金利水準および発行体の信用力によって変動する。
　一方、投資家は、債券の償還期間における安定的な利子の獲得が目的であ

るため、信用力のある発行体が発行する債券を長期間保有することにより、高い収益を期待する。このような投資判断をするための利回りは、購入するタイミングの表面利率、償還日までの残存期間、購入時の債券価格によって決定される。したがって、同じ債券でも残存期間などによって利回りは異なり、投資家は最終利回りなどで投資判断をすることになる。

　以上を踏まえて、グリーンボンドの発行者、投資家がどのようなメリット、またはデメリットに直面しているのかを見てみよう。

 ## 1　グリーンボンドの投資家としてのメリット・デメリット

　Lindberg（2018）は、スウェーデンでポートフォリオにグリーンボンドを保有している投資家とグリーンボンド発行者へのインタビューをCSR、CSV、ポートフォリオ理論に基づいて分析しており、グリーンボンド購入の動機は、CSR、社内目標の達成、評判の獲得、発行者と投資家との間のよりよい対話（エンゲージメント）への貢献であると明らかにしている。水口（2019：p.44）は、投資家にとってのグリーンボンドの購入メリットは、グリーン事業支援活動をアピールすることができることであり、グリーンプロジェクト債は、通常の金融資産との相関が低く、分散投資の一環としての役割もあるが、気候変動緩和に貢献すれば、投資家のポートフォリオの気候関連リスク低減につながる点を挙げている。

　特に、気候変動や責任ある投資への公約を行っている機関投資家にとって、グリーンボンド購入は公約達成への明確な一助になるため、購買意欲が旺盛である。ただし、投資家は、グリーンボンドを購入した後、資金がグリーンではない事業に使用された場合のレピュテーションリスク（評判リスク）を避けたい。そこで、発行体は、グリーンボンドを発行する際、その資金使途について外部評価機関によるSPOを取得することなどが推奨されている。

　債券市場全体におけるグリーンボンドの発行額はまだ小さく流動性リスクが高いと、OECD（2017）は分析している。しかし、生命保険会社、年金基

金、信託銀行などのESG課題を考慮して運用する「ESG投資家」は基本的に長期に投資資産を保有するため、現時点で特段の支障は認められていないとする。

2 グリーンボンドの発行体としてのメリット・デメリット

　グリーンボンドの発行体は、GBPに基づき、債券購入者に対して、使用した資金からもたらされたグリーン事業の結果や影響を報告しなければならない。発行体は、発行の手続に際しても、投資家の求めるSPOの取得などの追加的コストを支払い、かつ、発行後も通常の債券発行にはない手間をかけなくてはならない。しかし、発行体にとって、自社の本業としての環境課題への取組みをグリーンアセットとして見える化することが可能となり、ESG投資家など投資家層の多様化を図りうることなど、これまでにない便益を獲得するメリットはある。

グリーンボンドのプレミアム

　グリーンボンドの価格は、通常の債券と同様、そのクレジットは発行体の信用力に依拠する。そのため、通常の債券と比較して、プレミアム（同種類で同時期に発行される通常の債券より有利な金利）がつくわけではない。

　ただ、グリーンボンドと通常債券との比較において、**グリーンボンドのプレミアム（greenium：グリーニアム）**の存在についての研究例は存在する。たとえば、Preclaw and Bakshi（2015：p.1）は、2015年までに発行されたグリーンボンドと通常のボンドでは、信用リスクなどの条件が同じ場合、グリーンボンドは、オプション調整後のスプレッドが約20ベーシスポイント（bps）低くなっていることを検証した。また、Zerbib（2019）は、利回りについて平均して約2bps低くなるという研究結果も出している。しかし、流動性が低いため、確証はない。

　CBIは、2017年よりGreen Bond Pricing in the Primary Market（Climate Bonds Initiative：2019b）で、グリーニアムについて経過調査を行っている。イールドカーブを通常の債券と比較するには、同じ発行体が同日に条件を同じくして債券を発行する必要がある。このような条件に合うサンプルは多くはない。新規発行の債券は高価格で発行される可能性があるため、流通している債券より利回りが低くなる。たとえば、2019年度に発行された2026年償還のボーダフォンの長期債は既存債券のイールドカーブの外側で価格設定されたが、同社のグリーン債券はわずかに内側で価格設定されたという。

　水口（2019：p.136）は、野村資本市場研究所が、グリーンボンドなどのESG債市場に関する「ESG債市場の持続的発展に関する研究会」を開催し、その研究会において、ESG債であるからといってプレミアムがつくとは限らないという市場関係者の認識を共有したとしている。同研究会では、**グリーンボンド、ソーシャルボンド、サステナビリティボンドを総称してESG債**

と呼び、ソーシャルボンドは資金使途を社会課題解決に、サステナビリティボンドは環境と社会開発などにともに資する事業に資金使途を限定するものであるとしている。ESG債の投資は、目利きの分析のために相応の手間とコストがかかる。つまり、購入者は、通常の債券と同様、発行体の信用リスクを見るのであって、資金使途の妥当性の分析などに追加的なコストをかければ、割高になってしまう。

　近年、欧州におけるグリーンボンドのデータ蓄積により、通常の債券より利回り（1年当たりの利益）が低くなるグリーニアム現象（投資家が通常の債券よりグリーンボンドの将来的価値が高いと判断し、低い利回りを許容することで起こる）が顕在化し始めているといわれるが、あらゆるグリーンボンドに起こっているわけではない。一方、金融機関がグリーンボンドに投資する際、低金利時代に利回りのさらなる犠牲は容認できるものではない。信託、投資顧問業においても、顧客の利益に反する行為は受託者責任の観点から許容できないはずである。それにもかかわらず、なぜグリーンボンド市場への金融機関の参加が増加するのかに関しては、一層の考察を要する。グリーンボンド市場をさらに発展させるために、本著では、プレミアム以外の理由で民間金融機関が市場参加する動機について、一層の解明を図りたい。

Chapter6

金融機関が気候変動問題に
なぜ動いたのか

　カーボンクレジット市場およびグリーンボンド市場における金融機
関の行動は、伝統的経済学上の合理性においてはどのような説明がつ
くのか。

　本Chapterでは、Bowman（2011）の気候変動問題に対する政策
オプションを活用し、カーボンクレジット市場およびグリーンボンド
市場における民間金融機関の参加動機を解明するためのフレームワー
クを構築する。

金融機関による
気候変動関連市場への関与

Chapter 4 - 5で分析したとおり、CO$_2$を多量に排出しない金融機関が、世界的景気後退期にカーボンクレジット組成の登録活動を継続した。民間金融機関が、金利差や手数料収入等の最大化を図る必要があるにもかかわらず、長期的に見るとリスクの高いカーボンクレジット市場へ参加した動機は何か。

また、グリーンボンド市場において、民間金融機関は、発行体として、あるいは、投資家（グリーンボンドの購入者）として急速に市場への参加度合いを強めた。発行体にとって、グリーンボンドは通常の債券と金利差があるわけではないが、第三者機関の評価を得るなど、余分な発行コストが必要となる。一方、購入側にとっては、通常債券と金利差が見られないグリーンボンドを購入する前に、資金使途の妥当性の評価を行うなど、余分なコストが必要となる。それにもかかわらず、グリーンボンドの発行件数が増加した。

伝統的経済学では、経済人は、利己的、合理的に自分の効用を最大化する、とされる。カーボンクレジット市場およびグリーンボンド市場における金融機関の行動は、伝統的経済学上の合理性においてはどのような説明がつくのか。

このような問いに答えるため、本Chapterでは、Chapter 2 - 3で考察したBowman（2011）の気候変動問題に対する政策オプションを活用し、**カーボンクレジット市場およびグリーンボンド市場における民間金融機関の参加動機を解明するためのフレームワーク**を構築していく。

Bowmanは、カーボンプライシングの導入に加えて、再生可能エネルギー等、クリーンエネルギーテクノロジーへの支援政策を実施すること、その支援政策と金融機関に対する政策などをバンドリングすることが、効率のよい気候変動政策のオプションとなるとしている。具体的に、その展開方向を考

えてみると、各国でカーボンプライシングを導入することができれば、政府はその収入を再生可能エネルギーなどの低炭素技術導入のインセンティブの財源として利用できる。さらに、その財源で、再生可能エネルギーなどの低炭素事業がGHGs多排出事業と競合性を持つようになることから、金融機関

■図表6－1　炭素税導入国の炭素価格

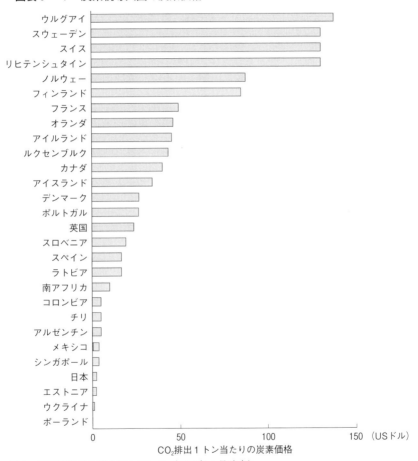

（注）　炭素価格は上限を示している（2022年4月時点）。
（出所）　世界銀行のデータ（"Carbon Pricing Dashboard"（https://carbonpricingdashboard.worldbank.org/、2023年5月2日アクセス）をもとに筆者作成

が積極的に投融資することが可能になるという構造が成立すると考えられる。そこで、ここではBowmanによる、こうした政策オプションの有効性を検証する。そのために、カーボンプライシングを立法化しているOECD諸国について、政策のバンドリング状況を分析し、特に、このような現実に採用されつつあるバンドリングが、金融機関の行動に対してどのような影響を与えるかを考察する。

　Bowmanの気候変動政策のオプションは、国家レベルの政策について論じていることから、ここでは、国家レベルの政策に影響する地域（EU）、もしくは国家レベルでのカーボンプライシング政策を対象に論じる。

　世界銀行のデータ（"Carbon Pricing Dashboard"）によると、2022年4月時点で炭素税を立法化しているのは、28カ国（図表6－1参照）であり、そのうち、OECD加盟国が22カ国である。一方、排出量取引制度を導入しているのはEUのほか、国家レベルでは11カ国であり、そのうち、OECD加盟国は8カ国である。

炭素税導入に際して
欧州で採用されたバンドリング

　炭素税が導入されているOECD加盟国を対象として、Bowman（2011）の提言する政策バンドリングの導入状況について分析する。炭素税導入時期順に並べ、それぞれの**国における税収使途、炭素税減免措置とのバンドリングによって損失に関する認知が過剰になるリスクを減少させている**状況について図表6－2に示す。

　同表の最右の欄において、(a)は所得税減税、法人税減税、社会保障給付、一般会計への繰り入れを示す。税収使途が再生可能エネルギー、または省エネルギーなどに使われる場合、(b)の雇用増加政策とみなす。また、(c)の再生可能エネルギー支援策については、FITがある場合は「FIT」、FITがない場合には「税優遇」を入れ、両方ある場合はFITを「再生可能エネルギー支援策」の欄に記載している。これは、発電量によって収益の変化するFITは、長期的には、より大きなレバレッジが効く可能性が高いと考えるためである。

　図表6－2に基づき、図表6－3にバンドリング状況を示す。半数近くの炭素税を導入しているOECD加盟国が、(a)の所得税減税などの相殺減税などに税収入を使用している。北欧4カ国（フィンランド、スウェーデン、ノルウェー、デンマーク）は所得税減税、スウェーデンは法人税減税、フィンランド、デンマークおよびスイスは、社会保険負担軽減など住民福祉および産業振興目的となっている。なお、国家債務の軽減など一般会計への充当に炭素税収入を使用している英国、アイルランド、メキシコなどは、(a)の特定の政策への紐付けをあまり行っていない。

　(b)の政策のみを導入しているアイスランド、(a)(b)を導入しているスイス以外は、どの国も(c)の政策を導入している。日本は(c)の政策を導入しているが、一般会計も含め(a)に活用していない。

■図表 6 － 2　　OECD加盟国の炭素税導入国における損失認知リスク回避策の状況

	国名	導入年	税収使途
1	フィンランド（炭素税）	1990	・所得税の引下げ ・企業の社会保険負担の軽減
2	スウェーデン（炭素税）	1991	・法人税の引下げ ・低所得者層の所得税減税
3	ノルウェー	1991	・労働および資本所得税減税 ・雇用者の非賃金人件費削減 ・2013年1月から石油産業のオフショア事業に対するCO_2税の増加に伴い、気候変動の緩和、再生可能エネルギーの基金（100億ノルウェークローネ相当）を設立
4	デンマーク（CO_2税）	1992	・所得税減税 ・雇用者の年金、社会保険負担の軽減 ・省エネ・環境プログラムへ使用
5	スロベニア	1996	・税収は環境問題・公害問題解決に使用
6	エストニア	2000	・税収は環境問題・公害問題解決に使用
7	スイス（CO_2税）	2008	・税収の3分の1程度は建築物改装基金（一部は技術革新ファンド） ・残りの3分の2程度は健康保険および社会保険負担の軽減
8	アイルランド（炭素税）	2010	・赤字補填（財政健全化に寄与）のため一般会計に移行
9	アイスランド	2011	・環境車両の使用、省エネ、地産地消エネルギー源の使用促進に使用。政府の車両および燃料の税制改革の一環
10	英国	2013	・一般会計
11	フランス（炭素税）	2014	・一般会計から競争力・雇用税額控除、交通インフラ資金調達庁の一部、および、エネルギー移行のための特別会計に充当
12	スペイン	2014	―
13	メキシコ	2014	・一般会計
14	ラトビア	2014	・税収は環境問題・公害問題解決に使用
15	ポルトガル（炭素税）	2015	・所得税の引下げ ・一部電気自動車購入費用の還付などに充当
16	日本	2015	・税収はエネルギー起源のCO_2排出削減対策に使用
17	チリ	2017	・税収は電気税など既存の税率引下げへの活用

（注）　2018年時点の内容であり、その後、変更が生じている可能性がある点、ご留意いた
（出所）　World Bank "Carbon Pricing Dashboard"、環境省「地球温暖化税と炭素税につ

減免措置	再生可能エネルギー支援策	バンドリングタイプ
・EU ETS対象企業は免税 ・産業用電力・コジェネレーションは減税、バイオ燃料含有割合に応じて減税もしくは免税	FIT	(a)(c)
・EU ETS対象企業は免税、EU ETS対象外産業は20％減税 ・産業用電力・コジェネレーションは減税、エネルギー集約型産業・農業に対し還付措置	FIT	(a)(c)
・EU ETS対象企業は免税 ・オンショアでの電力促進のため、最高税率を課せられているオフショア石油生産者は除く ・特定の分野および／または特定の目的での化石燃料の使用なども免除	RPS	(a)(b)(c)
・EU ETS対象企業およびバイオ燃料は免税	FIT	(a)(b)(c)
・特定の（エネルギー集約型）産業、航空および発電は免税	FIT	(c)
・EU ETS企業は免税	FIT	(c)
・国内ETS参加企業は免税 ・政府との排出削減協定達成企業は減税 ・輸送用ガソリン・軽油は課税対象外	FIT	(a)(b)
・国内ETS参加企業は免税 ・政府との排出削減協定達成企業は減税 ・ETS対象産業、発電用燃料、農業用軽油、産業・業務用コジェネレーションなどは免税	FIT	(c)
・EU ETS企業、航空業界は免税	—	(b)
・EU ETS対象企業は免税。小規模熱電併給設備、自家発電設備、待機発電所、石炭スラリー使用、北アイルランドでの使用、CCS付発電所は免税	FIT	(c)
・EU ETS対象企業は免税	FIT	(a)(b)(c)
・フロン系ガスからのGHGs排出に課税（HFCs、PFCs、SF6）	税優遇	(c)
・生産・セールスの特別税として課税 ・LNGは対象外 ・CDMのCERと相殺可能	税優遇	(c)
・EU ETS対象企業は免税。泥炭使用免税	FIT	(c)
・EU ETS対象企業は免税	FIT	(a)(b)(c)
・産業、電力、輸送、農業、および林業部門での化石燃料の特定の使用は免税	FIT	(b)(c)
・農業・廃棄物部門は免税	税優遇	(c)

だきたい。図表6-3～6-7も同じ。
いて」（2018年）、REN21 "Renewables 2019 Global Status Report" をもとに筆者作成

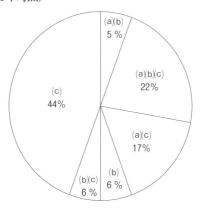

1 所得税減税および社会保障給付、法人税減税とのバンドリング

　フィンランドとデンマークでは、雇用を刺激する手段として、労働者と雇用主の社会保障への負担を軽減することを目的とした税制改革を行った。

　1990年に世界初の炭素税を導入したフィンランドは、すでに30年以上の変遷、試行の経験を有する。同国では、炭素税導入時、1.12ユーロ/tCO_2であったが、暖房用58ユーロ/tCO_2、輸送用62ユーロ/tCO_2まで税率が上昇した。税収の用途を見ると、1997年および2011年のエネルギー税制改革で、所得税減税や企業の雇用主の社会保険負担軽減による税収減の一部を炭素税収入により補填している。スウェーデンは、1991年に炭素税を導入するとともに、法人税の税率を引き下げた。また、炭素税の収入で低所得者層の所得税率を引き下げた。ノルウェーでは、炭素税を1991年に導入し、税収は労働および資本所得税の削減に使用された。

　炭素税を導入しているOECD加盟国の2000年と2018年の個人所得課税の最高税率を比較した結果を図表 6 − 4 に示す。2000年において、フィンランドの所得税は、他の北欧 3 国と同様に世界でもトップレベルであった。その

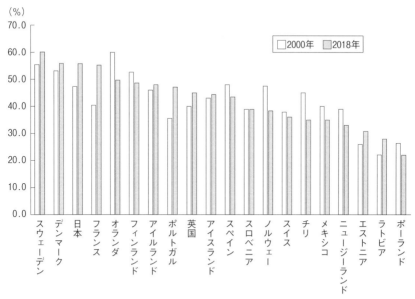

（出所）　OECD Tax Database（http://www.oecd.org/tax/tax-policy/tax-database/）をも
とに筆者作成

後、2018年には、フィンランドとノルウェーの最高税率は下がっている。

 ## 2　排出権取引市場参加者への減免措置

　図表6－2に示されているように、炭素税導入国は、EU ETSまたは国内
の排出取引事業者に対して炭素税の免税措置をとっている。その理由は、
排出権取引と炭素税とは同様の効果が得られるため、CO_2多排出事業者に対
し、より幅広い経済的な選択肢を提供するためである。さらに、2004年に欧
州議会が採択したリンキング指令により、2005年から開始されたEU ETS下
の目標遵守のために、プロジェクト・ベースの京都クレジット（CDMとJIの
カーボンクレジットを総称して呼ぶ）が活用できるようになった。これによ
り、事業者は最も効率のよい削減手段の組合せを自由に選択できることに

なった。

3 再生可能エネルギー部門などへの雇用増加策との バンドリング

ノルウェーは、炭素税を労働および資本所得税の減税に使用しており、EU ETS対象企業は免税とされる。また、国際航空および国際海運など、特定の分野、特定の目的で化石燃料を使用する場合にも炭素税を免除している。

そして、2013年1月に導入された石油産業のオフショア事業に対する炭素税の増税に伴い、100億ノルウェークローネ相当の再生可能エネルギーや省エネなどの促進のための基金を2013年に設立した。ノルウェー政府の下には、**ノルウェー政府年金基金グローバル**（Government Pension Fund Global：GPFG）という組織があり、ノルウェーの石油収入を運用する基金となっている。同基金の資金源は、石油収入によるものなので、正確には年金基金ではないが、石油部門の炭素税からの収入は、このファンドにも振り分けられている。

図表6－5に示すとおり、炭素税を導入しているOECD加盟国においては、再生可能エネルギー事業を他のエネルギー事業と競合性を持つレベルに引き上げるための様々な再生可能エネルギー支援策が導入されている。こういった再生可能エネルギー支援策は、規制政策、並びに財政インセンティブまたは公的資金支援に分類される。規制政策では、バイオ燃料混合義務が最も多く、次いで、再生可能エネルギー電力入札制度、FIT・プレミアム払い、取引可能な再生可能エネルギー証書（Renewable Energy Certificate：REC）が多い（図表6－6参照）。財政インセンティブ・公的資金支援では、グラントなどの補助金、税優遇、関連税金の免除が主流となっている（図表6－7参照）。これらの政策により、金融機関は、再生可能エネルギー関連事業に関する経済的利益の増加を認識できることになる。

低炭素事業への民間金融機関からの貸出を増加させようとする場合の通常の政策として考えられるのは、たとえば政府資金を原資とした代理貸、ある

いは、官民の併せ貸しといったことが考えられるが、自由市場を重んずる場合の政策慣行から、多くの国ではこうした直接的な政策は採用されていない。

4 金融機関による再生可能エネルギー等への キャピタルフローの導入支援

　金融機関がGHGs多排出事業者およびプロジェクトへ関与することを極力減らしていくに当たり、Bowmanは、(a)再生可能エネルギープロジェクトに関する経済的利益の増加、(b)GHGs多排出事業者およびプロジェクトに関するコスト高、を同時に認識させる政策として、3つのソフトローを例に挙げている。プロジェクトファイナンスに関する**赤道原則**、米国の電力会社への助言と貸付に関する**炭素原則**（Carbon Principles）および金融サービスに関する**気候原則**（Climate Principles）である。これらは公的な政策ではなく、自主的なソフトローであるので、GHGs多排出プロジェクトまたは、そうした企業に対する財政的支援を禁止するものではなく、炭素排出に関するデューデリジェンス（出資、債権などの適正評価手続）等の標準的な枠組みを示すものである。

　図表6－8に、金融機関に関わる環境関連の主要な国際的原則とその賛同機関を示した。金融機関が、このような環境関連の国際的原則に賛同すると、GHGs多排出事業へのサービスを提供する場合、デューデリジェンス等追加的取引コストが必要となる。取引コストを減じることを志向する民間金融機関は、GHGs多排出事業に関与しにくくなるというネガティブインセンティブが働くようになる。

	国名	対象再生可能エネルギー	規制政策				
			FIT・プレミアム払い	電力会社見積義務・RPS	ネットメータリング・請求	バイオ燃料混合義務	再生可能エネルギー熱義務
1	フィンランド（炭素税）	E、P、HC、T	●			●	
2	スウェーデン（炭素税）	E、P、HC、T	●	●		●	
3	デンマーク（CO$_2$税）	E、P、HC、T	●		●	☆	
4	スイス（CO$_2$税）	E、P	☆				
5	アイルランド（炭素税）	E、P、HC、T	●			●	●
6	フランス（炭素税）	E、P(R)、HC、T	●			●	●
7	ポルトガル（炭素税）	E、P、HC、T	●	●		●	●
8	スロベニア	E、P、HC、T	●			●	
9	ノルウェー	E、P、T		●		●★	●
10	エストニア	E、P、HC、T	●			●	
11	アイスランド	E、T				●	
12	スペイン	E、P(R)、HC、T			☆	●	●
13	メキシコ	P、HC			●	●	
14	ラトビア	E、P、HC、T	●			●	
15	日本	E、P	☆				
16	チリ	P		●	●		

（注）　○2018年入札実施、★2018年新規導入、☆：改正
　　　　E：Energy（final or primary）、P：Power、HC：Heating or cooling、T：
（出所）　REN21 ˝Renewables 2019 Global Status Report˝ をもとに筆者作成。図表 6 −

取引可能REC	入札	財政インセンティブと公的資金支援				
		税優遇	生産税額控除の投資	販売、エネルギー、CO₂、VAT、その他の税金の免除	エネルギー生産支払い	公的投資、ローン、グラント、投資補助
●	○	●		●	●	●
●		●	●	●		●
●	○	●		●		
●		●		●		●
●	●					★
●	○	●		●		★
●		●		●		●
●	●	●	●	●		●
●	●	●		●		●
					●	●
	●	●	●		●	●
	●	●	●			●
	●	●		●		
●	○	●		●		●
●	●	●	●	●		●

Transport、(R)：Regional
6、6－7も同じ

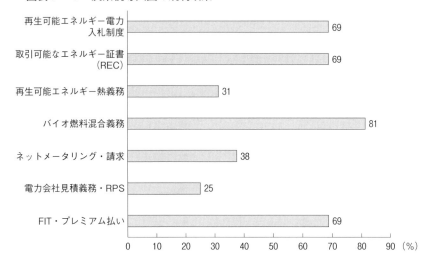

■図表6－6　炭素税導入国の規制政策

再生可能エネルギー電力入札制度　69
取引可能なエネルギー証書（REC）　69
再生可能エネルギー熱義務　31
バイオ燃料混合義務　81
ネットメータリング・請求　38
電力会社見積義務・RPS　25
FIT・プレミアム払い　69

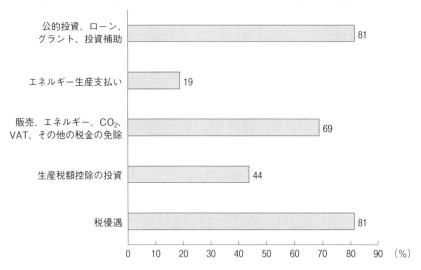

■図表6－7　炭素税導入国の財政インセンティブと公的資金支援

公的投資、ローン、グラント、投資補助　81
エネルギー生産支払い　19
販売、エネルギー、CO_2、VAT、その他の税金の免除　69
生産税額控除の投資　44
税優遇　81

原則名	概要	賛同機関
金融団体による環境及び持続可能な開発に関するUNEP宣言（1997年）	金融機関による持続可能な開発に関するコミットメント	510の金融機関（2023年9月時点）
赤道原則：Equator Principles（2003年）	プロジェクトの環境および社会リスクを決定、評価、管理するための金融機関のリスク管理フレームワーク	138の金融機関（2023年6月時点）
炭素原則：Carbon Principles（2008年）	米国の電力会社への助言と貸付に関して、省エネと再生可能エネルギー活用を最大化し、カーボンリスクに関する貸し手と投資家の懸念に対処するプロセスの導入	シティバンク、ＪＰモルガン・チェース、モルガン・スタンレー（制定時）
気候原則：Climate Principles（2008年）	気候変動に積極的に取り組む金融機関のフレームワーク ①CO$_2$排出量を最小限に抑える。 ②気候変動リスクを低減し、気候変動関連のビジネスオポチュニティーを活かすための、ビジネス上の意思決定を行う。 ③気候変動関連のリスクとビジネスオポチュニティーを管理できる製品とサービスを開発する。 ④低炭素経済のビジネスオポチュニティーを模索するため、顧客、サプライヤー、広範な社会と関わる。 ⑤エネルギーと気候変動政策の開発を支援する。 ⑥コミットメントに対する進捗状況を開示する。	クレディ・アグリコル、ＨＳＢＣ、ミューニックリー、スタンダードチャータード銀行、スイスリー（制定時）

（出所）　各ホームページの情報をもとに筆者作成

金融機関の気候変動関連市場関与の動機を理解するためのフレームワークの構築

　Chapter6－2で示したとおり、OECD主要国においてはカーボンプライシングの導入が進み、損害バイアスを回避する政策がとられ、かつ、再生可能エネルギー事業が他のエネルギー事業と競合性を持つレベルに高めるための支援策が導入されている。

　これらの政策導入により、金融機関は、再生可能エネルギーや低炭素技術産業に関して経済面での利益向上が認識できるようになったと考えられる。一方、国際的原則に対してコミットする金融機関が確認できたが、このことは、金融機関がGHGs多排出事業者および高炭素排出のプロジェクトに投融資をするとコストがこれまでより相対的に増加するに違いない、という認識が広まってきたことを意味しよう。

　Bowmanの気候変動政策オプションの実装状況について、図表6－9に示す。

　これまで見たとおり、Bowman（2011）の気候変動政策オプションと政策における実装状況とは、相当程度によく対応している。Bowmanの提案は政府に向けたものであるが、筆者は、この枠組みを金融機関が主体となる行動を理解するうえでも有効でないかと考えた。そこで、次に掲げるとおり、**金融機関の気候変動対策に対する行動変容の動機**に関する3つの仮説を導き出した。

仮説1）　炭素税、排出権取引などのカーボンプライシング政策が導入され、義務化されると、GHGs多排出企業などがコスト削減を図りながら、効率よく対応することを追求する。これらの企業を顧客に持つ金融機関は、資金需要やサービス内容などに関し顧客の行動変容に合わせた対応を行う。

仮説2）　再生可能エネルギーおよびクリーンエネルギーテクノロジーに対

■図表6－9　Bowmanの気候変動政策オプションの実装状況

気候変動政策オプション	実装されている政策
①炭素の価格付けをする場合の損失回避の意識的バイアスに対応するための政策のバンドリングの活用	・炭素税と社会保障のバンドリング政策の導入 ・炭素税と排出権取引の選択オプションの設定 ・京都クレジットの活用
②既存のエネルギー取引との競合性を高めるためのクリーンエネルギーテクノロジーや再生可能エネルギーへの経済的インセンティブ	・FIT制度などの導入 ・民間セクターに再生可能エネルギーなどの初期投資に対する補助金 ・再生可能エネルギー事業者等に対する税優遇 ・化石燃料への補助金制度の縮減
③金融セクターによる再生可能エネルギー等へのキャピタルフローの拡大支援	・政策ではなく、自主的ソフトローが発展 ・赤道原則、炭素原則、気候原則などの導入による、責任ある金融機関として評判リスクの低減

　　する支援などが増加し、事業の収益性が長期的に向上することが確認されると、金融機関は、これらの事業を社会貢献活動ではなく、新たなビジネスオポチュニティー（本来業務）として捉え、行動が変容する。

仮説3）　国際的に金融機関への直接的なプレッシャーが増加することにより、本来業務に多大な影響を与えかねない気候変動問題への対応が、リスク管理の重要な課題となり、金融機関の行動が変容する。

　これらの仮説をまとめ、金融機関の気候変動関連市場関与の動機を理解するためのフレームワークとする（図表6－10参照）。前記の個々の「仮説」は、図表6－10では単に「動機－1」「動機－2」「動機－3」と表記している。

　定説的な経済合理性では、一見して説明のつかない金融機関の役割、すなわち、カーボンクレジット市場およびグリーンボンド市場での民間金融機関の積極的な参加に関し、その動機付けを、Bowman（2011）の低炭素経済への移行促進政策の研究との関係性で解明する研究は、過去に見られない。次のChapter6－4、6－5において、図表6－10に示した金融機関の行動変容理解のフレームワークを活用し、民間金融機関の市場参加行動をその動機面から考察する。

■図表6－10　金融機関の行動変容理解のフレームワーク

Bowmanの気候変動政策オプション	①カーボンプライシングの導入と損失回避政策のバンドリング	②既存のエネルギー取引との競合性を高めるクリーンエネルギーテクノロジーや再生可能エネルギーへの支援	③金融機関の再生可能エネルギーへのキャピタルフロー拡大支援
	⇩	⇩	⇩
金融機関の役割	資金需要者の行動変容に着目	事業の収益性に着目	規範の変化に着目
	⇩	⇩	⇩
行動変容を起こす動機の仮説	動機－1 カーボンプライシングの顕在化による金融機関の直接の顧客に対するサービスの提供	動機－2 プロジェクトの収益性拡大の可能性の認識	動機－3 国際行動規範等のプレッシャーの増加によるリスク管理

カーボンクレジット市場における
民間金融機関の参加動機

　Chapter 5 で述べたとおり、CDMの事業参加者としてプロジェクトを登録し、事業が確実に運営されCERが発行されるまでには、専門的知識と多大なコストと時間を要し、さらに発行されるかわからないリスクをとらなければならない。そのため、強力な動機付けがなければ参加は困難である。

　CERは、発行リスクのないセカンダリーCER（流通市場のCER）と発行リスクのあるプライマリーCER（発行市場のCER）に分けられる。国連で発行済みのセカンダリーCERを他者に仲介する民間金融機関がとるリスクは、プライマリーCERのリスクに比べて低いため、民間金融機関はセカンダリーCERを中心に関与していた。一方、途上国における再生可能エネルギー事業などの事業資金調達は、ハイリスク・ローリターンであるため、一般に民間金融機関はプライマリーCER獲得のための事業に興味を示さないはずである。しかし、このような環境下で、附属書Ⅰ国の民間金融機関のなかには、プライマリーCERの組成段階から参加者として事業への出資や融資をしたところも見られる。また、CO_2を多量に排出しない民間金融機関が、金融危機時であっても、引き続き国連でのCDM事業の登録を継続した。

　本Chapterでは、プライマリーCERの事業参加者に関するデータを活用し、Chapter 6 － 3 で構築した金融機関の気候変動対策に対する行動変容の理解のフレームワークに基づき、民間金融機関のプライマリーCER市場の参加動機について、実証的に解明を試みる。

1　CDMのリスクと価格決定の仕組み

　CERの価格は、相対交渉により決定される。京都議定書の発効が不確実であった時点では、事前に安価で先渡し契約をしている場合が多く、プロ

ジェクトが実施された後、CERは国連での手続を経て発行され、電子決済によって受け渡され、資金の移動が行われる。

　図表6-11に、プライマリーCER購買者のとるリスクの割合（X軸）と価格（Y軸）との関係のイメージを示す。事業が実施されなければCERは創出されない。したがって、事業リスクが低く、信用力の高い企業が実施するものでは、実施した事業からはプライマリーCERが確実に創出されるため、Y軸の示す価格は高い（図表6-11の1の部分）。より安くプライマリーCERを獲得するためには、かなり早い段階から先渡しのプライマリーCERの購買契約を結び価格を決定する（図表6-11の4の部分）。その場合、事業が確実に実施される確証がないため、CERが獲得できない確率も高い。したがって、購買者は、将来の様々なリスクを考慮してポートフォリオを構築しなければならない。プライマリーCERの需要側は、事業リスクが高く、信用力の低い企業によるプライマリーCERを低い価格で買って費用を抑えることはその時点ではよいが、将来にわたって継続して発行される保証はない。物理的に発行される前にプライマリーCERの先渡し契約を結ぶことで契約価格は抑えられても、プライマリーCERが発行されなかった場合、将来、必

■図表6-11　プライマリーCERにおける購買者のリスクと価格の関係
　　　　　　（イメージ図）

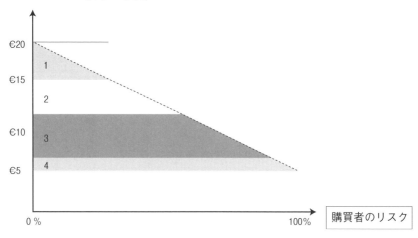

要になった時点で、セカンダリーCERを現物取引により高値で市場から買うなどのリスクを負うことになる。カーボンクレジットがプライマリー市場において、相対取引で契約がなされるのは、このように**時間軸によってカーボンクレジットの価値に相違が生まれる**ためである。

　電力市場が自由化されている欧州では、EU ETSで取引されるEUAの需給は、電力および燃料の価格と密接に関係している。たとえば、石炭がガスよりも低価格であっても、EUAの価格が高くなると、その分が石炭価格に加算されてガスより高くなるケースも出てくる。その結果、EU ETSは、電力会社が燃料調達を行う際、石炭からガスへのシフトを促したとKossoy and Guigon（2012：p.34）は分析した。

　2004年に欧州議会が採択したリンキング指令により、EU ETS参加者は、目標遵守のために京都クレジットも活用できるようになった。セカンダリーCERの取引が始まり、カーボンクレジットの価格の透明性が高まり、セカンダリーCER価格はEUA価格を下回ることが明らかになった。プライマリーCERは、セカンダリーCERよりリスクが高いため、さらに下回るという構造になった。

　世界銀行のデータ（Capoor and Ambrosi, 2007：p.21 and 2008：p.31）によると、プライマリーCERの平均価格は、2006年に$CO_2$１トン当たり8.40ユーロ、2007年に9.90ユーロである。Capoor and Ambrosi（2008：pp.33-34）は、当初、CERの価格は、世界銀行や欧州各国政府の買取価格を指標とする値動きであったが、EU ETS参加企業がCERを購入するようになり、CERとEUAの価格が密接に関係するようになったと指摘している。このように、エネルギー価格との兼ね合いでカーボンクレジット取引をしなければならないため、電力会社のエネルギーコモディティ担当部局などは、金融機関がかねてより有する専門的知識を必要とするようになった。

2　EU ETSの参加者と金融機関の関係

　カーボンプライシングは、コスト増から、不景気時において受容されるの

は容易ではない。しかし、世界的不景気が起こった2008年後半以降、カーボンプライシングの導入がOECD諸国、特にEUを中心に増加している。植田・山家（2017：p.15）によれば、EUの温暖化問題に対する基本的なスタンスは、2009年のG 8ラクイラ・サミットで決まったとしている。EUはこの時点で、2050年までにGHGs排出を80％削減することを約束した。

　この方針のもと、再生可能エネルギーを促進する政策の導入が増加し、炭素税導入を容易にするため、バンドリングされる政策が、社会保障からエネルギー代替の技術支援まで多様化していったと見られる（図表6－2参照）。さらに、化石燃料からのシフトを促すのが炭素税であるため、すぐに再生可能エネルギーにシフトできない事業者に対して、効率的に排出削減コストを低減できるように、EU ETSの参加者に対し、国内における炭素税を免除する政策をとる国もあった。そのため、GHGs多排出事業者はEU ETSに参加し、割り当てられたEUAの取引を活発化した。EUAの価格に比べ、より安くCERを購入できることを踏まえ、コストをさらに下げるためにCERを活用する等のオプションを持つことで、炭素税の導入を受け入れることが一層容易になったと考えられる。

　このような長期的視点に立った政策が進む一方、実体経済が冷え込んだ2008年以降、プロジェクト・ベースの市場では、電力、セメント、鉱業、化学等のGHGs多排出産業からのCDM登録件数が減じた。Capoor and Ambrosi（2008：p.22）によると、投資会社などの金融機関、商業銀行、ブローカー等の登録件数は減じることはなかったとする。これは、発電などの公益事業者等が、EU ETSの第3フェーズ（2013～2020年）の遵守に備えて、より安い価格で大量のカーボンクレジットを求め、これに応えて金融機関が動いたためである。

　EU ETSの参加企業が、削減目標の達成にEUAが足りないとき、コストの安いカーボンクレジットであるCERを限定された範囲のなかで購入するのは当然である。しかし、削減目標の達成のためにEUAを十分保有していたとしても、EUAがCERより高い場合、利用義務の範囲を下回らない限りでEUAを売却することができる。その代わり価格の安いCERを購入するこ

とによって、その価格差から生じる利益を得るという**EUA-CERスワップ**が可能となる。ところで、このような取引には、自己勘定運用などの専門性が必要となり、金融機関の役割が求められるようになったことは十分首肯できるところである。

 ## 3　金融資産としてのカーボンクレジット

　京都議定書第1約束期間の需要参加者によれば、直面する経済動向のいかんにかかわらず、クレジットを生み出すためのコストやリスクをあえてとってでも、プライマリーCERの価値は上昇する、という視点が金融機関において形成されていたという。

　EU ETSの試行期間である第1フェーズでは、短期的な要因が需給を左右したが、2008年以降の第2フェーズでは、価格の透明性が上がり、金融機関の顧客である企業が、低炭素化を目指す経営を行うべく、長期の経営計画を立てて取り組むことが可能となった。そのことから、**金融機関としてもカーボンクレジット取引が顧客へのサービスになる**との位置付けが明確に得られるようになったといえる。

　2008年12月12日、欧州首脳会議において、EU ETSの第3フェーズの概要も含めた、気候変動パッケージの合意がなされた。そのなかで、京都メカニズムの将来の枠組みの合意の有無にかかわらず、EU ETS参加企業は削減目標の50%を上限として、域外からカーボンクレジットを獲得することが可能となった。

　Linacre et al.（2011：pp.47-48）によると、大手商業銀行は、魅力的で柔軟な金融パッケージを、顧客に提供することで高評価を得ようとしたとされる。すなわち、顧客のために、自己のCDMのポートフォリオを強化したとされる。また、Kossoy and Guigon（2012：p.49）が指摘するように、将来の不確実な市場リスクをヘッジするために、当時の**排出削減購入契約**（Emission Reduction Purchase Agreement：ERPA）の契約条件には、2012年以降のCERについてオプション取引の安全条項が含まれるようになった。国際的には

カーボンクレジットの価値自体が市場で定着し始めていたため、これらの専門性を必要とするサービスについて、将来価値が高騰すると予測した金融関係やブローカーが多く関わっていた。

京都メカニズムは、各国のカーボンプライシング導入を助長した。特に、カーボンプライシングの損害回避のバイアスに対応する政策のバンドリングとしてのカーボンクレジット利用の是認は、EU ETSの参加者にCER購入のインセンティブの役割を果たしたといえる。さらに、そのインセンティブに動かされた顧客を持つ金融機関が動かされたと見ることもできよう。

4 カーボンプライシングに対応した金融機関の顧客向けサービス

これまでの分析結果から、京都議定書のもとで進められたカーボンプライシングは、様々な企業が低炭素事業を進めるうえでのインセンティブになるだけでなく、金融機関が低炭素事業への資金供給を進めるための重要な原動力となっていたことがわかる。

そうであれば、金融機関が炭素市場に参入する最大の動機は、金融機関の本来の業務としてそこで収益を得ようということではなく、低炭素化関連の事業を行うことに伴って生じる様々なニーズに応えた結果であると見ることができる。当時の同業者（カーボンクレジットコンサルタント等）によれば、顧客の要望とは、石油価格等の上昇により、石炭の相対価格が下がり、CO_2 排出が増える状況下において、削減目標が課される民間セクターが、気候変動対策コストの低減を目的に、カーボンクレジットによってオフセットすることであった。

さらにまた、筆者も含め、当時の同業者は、将来、EU ETSで扱われるCERは限定的になっていくことを予想した。そこで、金融機関は、**質のよい案件から組成されたCERを全買取契約で調達し、先渡しでEU ETSの参加者へCER移転**する手法が主流になり、CDM組成への意欲が高まったことは、必然的な帰結ともいえよう。域外から持ち込める排出権については、EUは2011年に、再生可能エネルギー、省エネ、燃料転換、交通、廃棄物処

理などから創出されるものに限定するなど、質的条件を付加した。このような条件付けが強化されていくと見込んだうえで取引が行われていたということである。

5 プロジェクトの収益性拡大の可能性

筆者も含め、当時の同業者は、金融機関は顧客の支援という立場を超えて、将来、カーボンクレジット活用の必要性が高まると期待し、市場への投資を始めていた。

民間金融機関は、各国でのカーボンプライシングの導入が進み、排出削減への対応規制が厳しくなる一方、再生可能エネルギー等へのインセンティブおよび投資が増加することを予測したわけである。すなわち、金融機関がカーボンクレジット市場へ参加継続した動機は、削減コストのコントロールを期待する顧客へのサービスのためだけではなく、**炭素価格付けによる価値の認識と再生可能エネルギーやクリーンエネルギーテクノロジー市場の成長への期待**が加わっていたと考えられる。これがChapter 6－3で示した第2の仮説の立場から導かれる動機である。そこで、その動機の存在を裏付けるため、再生可能エネルギー事業への新規投資額を説明変数として分析した結果を図表6－12に示す。金融危機後の再生可能エネルギーへの新規融資額と民間金融機関のCDM事業の登録数の推移は、同調性を見せている。

再生可能エネルギー支援政策の導入が進んだことにより、世界景気後退後、急速に再生可能エネルギーへの新規投資は拡大した。**金融機関が炭素価値に基づいた将来のキャッシュフローを確定**できたことが、投資増加の理由だといえる。

再生可能エネルギー設備投資が進む背景として、2009年以降、米国では州レベルで、また、2010年以降、英国などで再生可能エネルギー起源電力の長期優遇価格での買取制度（FIT）が導入され、さらに、途上国においても再生可能エネルギーに対する財政支援策を導入する国が増加したことは民間金融機関によるCDM事業への参加動機として重要であると考えられる。

■図表6-12　世界の再生可能エネルギー事業への新規投資額の推移と民間金融機関によるCER発行済CDM事業登録数

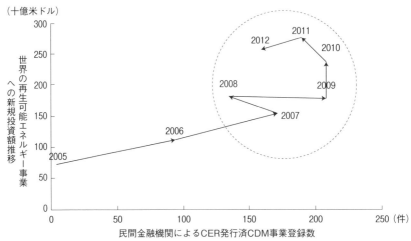

（十億米ドル）

世界の再生可能エネルギー事業への新規投資額推移

民間金融機関によるCER発行済CDM事業登録数

（出所）　REN21 "Renewables 2016 Global Status Report" のデータをもとに筆者作成

　EU議会は、2009年の再生可能エネルギー指令（Directive 2009/28/EC）において、2020年までにEU全体の最終エネルギー消費の20％を再生可能エネルギーで賄う目標を設定し、加盟国に対して取組み状況を2年ごとに欧州委員会に報告することを義務付けた。EUは、エネルギー需要の約8割を石油や天然ガスなどの化石燃料で賄い、また5割をロシアなどからの輸入に頼っていたため、エネルギー安全保障上の理由で、EU域内で分散的に供給ができる再生可能エネルギーの利用を推進した。

　欧州では、再生可能エネルギーのFITなどの支援政策の導入とともに、技術の確立、機器設備等のコストの低減が進み（IRENA, 2015）、再生可能エネルギービジネスへの投資が2011年まで加速している（図表6-13参照）。

　通常、環境関連プロジェクトの収益性は高くないが、カーボンプライシングとともに、様々な支援策により、再生可能エネルギー市場の成長への期待が顕在化したのである。その後、欧米での投資は一服したが、中国などの新興国ではなお増加している。EU ETSの第2フェーズでは一部の国がオーク

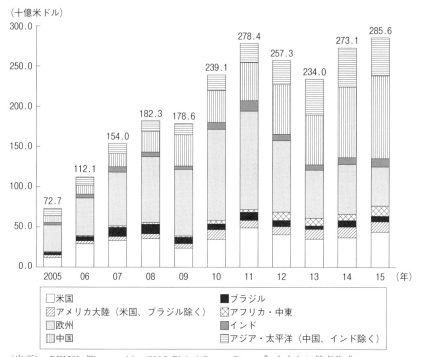

■図表6－13　2005〜2015年の各国の再生可能エネルギーへの新規投資額推移

（十億米ドル）

（出所）　REN21 "Renewables 2016 Global Status Report" をもとに筆者作成

ションによる有償割当を導入するようになり、EU全体としても第3フェーズ以降有償でEUAを割り当てることとしていた。当時の需要側の参加者によると、これらの国は有償で割り当てるEUAのオークション収入を再生可能エネルギー事業に活用し、CDMなどの国際資金協力に使うなど、域内だけでなく国際的な資金還流を図り、この資金還流の一端を民間金融機関が担ったとのことであった。このように、京都議定書第1約束期間終了の頃までには、カーボンプライシングの定着を踏まえ、金融機関が本業として低炭素化ビジネスに参加する基礎が構築されたといえよう。

6 国際行動規範などのプレッシャー

　ここで、Chapter 2 − 2で述べた、世界金融危機以来強化された、金融機関に対するマクロ・プルーデンス政策の背景を振り返りたい。世界金融危機以前、天谷（2013：pp.2-15）によれば、1980年代以降、欧米を中心とした銀行と証券の業際規制緩和が進み、投資銀行の台頭が進むなか、1990年代半ばに英国名門銀行ベアリングズの破綻に端を発し、金融機関による不祥事が相次いだとしている。そのうえで世界金融危機が発生した背景には金融機関のリスク管理およびガバナンスの不足の問題があったと、天谷（2013：p.29）は指摘する。また、天谷（2013：p.104）は、金融機関が短期収益を重視し、リスクを過少評価した経営下で、ガバナンスが機能しなかった経緯があったからであるとする。また、Bowman（2014：pp.42-43）は、民間金融機関は、これらの過程で、**金融危機により、完全に社会的信頼を喪失し、ガバナンスの重要性を認識**したと分析する。

　これらの背景のもと、カーボンクレジット市場において、欧米の民間金融機関の環境事業への参画に影響を与えたと考えられる要因として、**レピュテーション（評判）を毀損するリスク**を避けたいと判断したことが挙げられる。これがChapter 6 − 3で示した第3の仮説から導き出される動機である。特に、気候変動リスクに対する外部プレッシャーは、京都議定書発効（2005年）以降に高まった。ここではこの点を考察する。

　2000年からCDPが、機関投資家と連携して、上場企業に対し環境戦略やGHGs排出量の情報開示を求め始めた。また、2006年には**国連責任投資原則**（Principles for Responsible Investment：PRI）が採択された。PRIは、機関投資家に、環境（Environment）・社会（Social）・ガバナンス（Governance：企業統治）といったESG課題を考慮して運用することを求めた国際ガイドラインである。民間金融機関は、上場していれば企業として機関投資家の評価対象となり、同時に、投資家としての立場もある。こうした立場の民間金融機関のカーボンクレジット事業参加の動機付けとESG投資を促すソフトローと

の関連性の発展は次のとおりである。

Diaz-Rainey, Finegan, Ibikunle and Tulloch（2012：p.12）は、カーボンクレジット市場に参加している金融機関にとって、気候変動に関するソフトローの導入の動きがリスクとして認識され、責任ある金融機関としてのリスクの認識が高まっていったと指摘する。金融業界の気候変動等環境問題に対する責任について国際的なソフトローとして認識されたのは、2003年の**赤道原則**である。これは、世界銀行グループのIFCと欧州の金融機関が策定した民間銀行の環境・社会リスク管理の共通ガイドラインである。すなわち、金融機関が自主的に行うプロジェクトファイナンスにおいて、環境・社会影響のリスクを管理するガイドラインとして機能した。大規模プロジェクトファイナンスによる環境破壊に対して、環境団体等からの厳しい批判に対応することを意図するものであった。

その後、本原則は改定を重ね、2013年にIFCが定める「**環境と社会の持続可能性に関するパフォーマンス・スタンダード（Performance Standards on Environmental and Social Sustainability）**」が改定されたことを受け、同原則第3版が発行されている。主な変更点は、対象のプロジェクトファイナンスの規模の範囲を拡大させたことと、GHGs排出量がCO_2相当で年間10万トン以上となるプロジェクトは、GHGs排出量の少ない技術的、経済的な代替案に関する分析を実施しなければならないとしたことである。特に、CO_2多排出産業は、同産業で使用されている他技術との比較を行わなければならないなど、気候変動分野が強化された。なお、本原則に基づく事業評価は、**事業の実施の有無を判断するためのデューデリジェンス**として行われ[1]、金融機関の会計上のリスク評価に使われるわけではない。金融機関は、対象企業による、CO_2換算で年間10万トン以上を排出するプロジェクトの年間排出量に関して一般に報告することを課せられている。

2008年2月、気候変動への関わりを明確化し、電力プロジェクトに融資する際のリスクを評価するため、米国の大手銀行（シティグループ、JPモルガ

1　三菱UFJフィナンシャル・グループ「赤道原則への対応」（https://www.mufg.jp/csr/environment/equator/index.html）

ン・チェース、モルガン・スタンレー）によって**炭素原則**（Carbon Principles）が発表された。また、欧州では、金融機関が**気候原則**（Climate Principles）を2008年に策定している。この気候原則には、気候変動関連のリスクとビジネスオポチュニティーを管理できる製品とサービスを開発するとある（前掲の図表6－8参照）。この気候原則を採択している、クレディ・アグリコル、HSBC、スタンダードチャータード銀行、スイス再保険等の民間金融機関は、世界経済危機に直面しても、気候変動に対するリスクの認識の高さからカーボンクレジット市場などの排出権市場への参加を継続したと考えられる。

　1999年にGlobal Reporting Initiative（GRI）というNGOが結成され、企業のCSR活動に関する情報開示のガイドラインが策定された。このガイドラインは、企業が情報開示する際、企業側で開示する情報項目を選択することが可能であったため、広範囲に支持されるところとなった。世界の相当数の有力企業が、このガイドラインに沿って、環境に関わる取組みについての情報開示を進めた。気候変動対策をはじめとする環境対策は、古くはコストとして捉えられていたが、投資家の社会的責任投資が進むにつれ、企業活動のリスクとビジネスオポチュニティーとして捉えられるようになったと思われる。そこで、企業側は、投資家の求める情報開示を行い、その説明責任を果たすこととなる。ここで求められる情報とは、前述の**環境、社会、ガバナンス（ESG）の領域の情報で非財務情報と呼ばれ**、これらの情報を重視した経営をESG経営と呼ぶ。

　ESG投資に配慮する機関投資家がPRIに署名し始め、2010年には、**国際統合報告委員会**（International Integrated Reporting Council：IIRC）が発足し、企業の財務情報と非財務情報を統合した統合報告のフレームワークを発表した。同年、米国でも証券取引委員会が気候変動に関する情報開示のためのガイドラインを発表するなど、企業は投資家から財務情報だけで評価されるのではなく、非財務情報をあわせて評価されるという動きが加速してきた。

　株式会社として上場していれば金融機関も情報開示をしなければならない。2005年から2013年の世界のESG投資額は、PRI署名機関の増加に伴い急

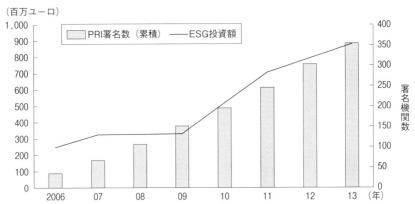

（注）　Eurosifは隔年で欧州の資産運用会社の社会的責任投資額のデータを公開している。
　　　Eurosifは2014年から社会的責任投資とPRIのESG投資の定義と統合している。
（出所）　Eurosif（European SRI Study2014, http://www.eurosif.org/wp-content/uploa
　　　　ds/2014/09/Eurosif-SRI-Study-20142.pdf）、UN PRIのデータをもとに筆者作成

速に増加した。投資におけるガバナンスや環境問題などの社会課題への対応
はますます厳しい目で見られるようになり、その結果、ESG投資額には、
2009年の経済停滞時においても著しい減少は見られなかった（図表 6 −14参
照）。

　金融機関のCDM事業の登録数とESG投資へのコミットメント（PRIの署名
機関数で表す）との間では、2010年までは相応の同調性が認められる（図表
6 −15参照）。

　2009年のCOP15（デンマーク・コペンハーゲンで開催）での将来枠組みに関
する交渉は不調に終わったものの、翌2010年のCOP16（メキシコ・カンクン
で開催）においては、途上国も含めた世界各国はボトムアップの排出削減目
標を持つことが合意されるに至った。また、京都メカニズムの継続の交渉も
続き、GHGs排出削減量を国際的に移転・取引する市場メカニズム自体の継
続が期待された。

　EU ETSおよびCDM事業組成に参加した民間金融機関としては、米国で

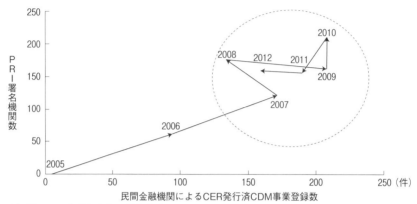

■図表6－15　2005〜2012年におけるESG投資へのコミットメント（PRI署名機関数）
と民間金融機関によるCER発行済CDM事業登録数との関係

（出所）　PRI資料をもとに筆者作成

はバンク・オブ・アメリカ、JPモルガン・チェース、モルガン・スタン
レー、ゴールドマン・サックスなどの投資銀行、欧州ではHSBC、バークレ
イズ、フォルティスバンク、ソシエテ・ジェネラル、ラボバンク、BNPパ
リバ銀行などの大手金融機関が挙げられる。これらの銀行のうち、機関投資
家としてHSBCとBNPパリバ銀行が2006年、ラボバンクが2010年にPRIに署
名しており、他の機関も現在までに署名に至っている。また、これらの民間
金融機関は、CSRとして地球環境問題への取組み指針を掲げ、さらに、本業
を通じた取組みとして気候変動関連サービスを行う方針を明確にするなどし
た。そのサービスとは、排出権を活用した顧客向けのサービス、投資アドバ
イス、再生可能エネルギーへの資金供与などである（図表6－16参照）。

　2008年末にEU首脳会議において、2013年以降のEU ETSの第3フェーズ
の概要が合意された。第3フェーズにおいては、排出権は電力セクターに対
しては全て有償で分配され、その後、段階的に他のセクターに対しても有償
割当を増やすことになり、産業界にとっては負担になる内容となった。EU
ETSでは第1フェーズから第2フェーズに移る際、EUAの持ち越しが禁じ
られたため、第1フェーズのEUAは無価値化してしまったが、第2フェー

■図表 6－16　主要な民間金融機関の環境方針（気候変動関連）

年	金融機関名	気候変動に関連するサービス
2007	JPモルガン・チェース	・再生可能エネルギーへの投資とGHGs排出削減への取組みを強調した初の企業責任報告書を発行（排出権取引を含む）
2008	モルガン・スタンレー	・GHGs多排出産業の顧客のために、削減義務に対する財務戦略への助言（排出権取引を含む） ・再生可能エネルギー分野への資金供与 ・気候変動分野に関する投資研究
	メリル・リンチ （注：2009年バンク・オブ・アメリカが買収）	・低炭素技術、代替エネルギーでのベンチャーキャピタル ・排出権取引などの気候変動のコモディティのマーケットメーカー
	ゴールドマン・サックス	・排出権取引、天候デリバティブなどの気候変動のコモディティのマーケットメーカー ・再生可能エネルギー開発、発電会社として出資 ・再生可能エネルギー投資スキームの構築

（出所）　各社ホームページの情報をもとに筆者作成

ズから第3フェーズへ移る際はEUA等の持ち越しが可能になった。

　2010年は景気後退の影響もあり、欧州では排出権の需給はひっ迫しておらず、域外からのカーボンクレジットを必ずしも要していなかった。しかし、将来的に一定の条件を満たすCERがEUAの代替として使用できることが判明したことにより、第3フェーズへの持ち越しが可能なCERへの関心が高まった。

　EUにおいては、当初より植林の吸収源由来のCERはEU ETSでは活用できなかったが、2011年にHFCガスなどの産業ガス由来のCERの利用も禁止されることとなった。これは、国際NGOが、産業における副生ガスの破壊によるGHGs排出の削減は途上国の持続可能な発展に寄与しないとして批判したためである。したがって、富田（2010：p.4）によれば、カーボンクレジットの需要者が第2フェーズで取得を希望するCERは、第3フェーズへの持ち越しの可能性が高いCERとなり、EU ETS参加者は、途上国における再生可能エネルギー事業など、持ち越し可能な質のよいCERの獲得に注目

したとする。このような持続可能な発展や環境保全の観点で良質なCERを代行して獲得するなど、顧客向けサービスとして提供したのが民間金融機関である。

　図表6－16に示すように、金融機関は排出権取引に関するアドバイスを本業として表明している。これらの金融機関は、EU ETSに参加する顧客へのサービス提供を通じて業務の大小や成果が公表されるため、CDM事業の環境保全面での評価に正面から取り組む必要性が高まっていたと考えられる。Bowman（2014）は、大手金融機関にインタビューを行い、銀行の最大のリスクは社会的評判に関するリスクであるとわかり（Chapter 2－3参照）、そのような考えのもとで、2003年の赤道原則（図表6－8参照）が重視され効果を持つようになったと報告している。

　2006年以降、PRIに署名した機関投資家や運用機関は、投資先が開示した情報に基づき、ESGの観点から投資判断の評価を行い始めた。これらの情報には、CSRの目的と同時に、顧客に提供するサービスの内容、将来長期的に収益性を向上させるための活動内容など、本業を通じて経営がコミットしているという事実も含まれる。

　また、企業は非財務情報を年次報告書やサステナビリティレポートで公開する。たとえば、ゴールドマン・サックスは、2010年の環境スチュワードシップおよびサステナビリティサマリーレポートにおいて、途上国のクリーンエネルギービジネスに投資するNGOであるE＋Coと提携し、アフリカのガーナとマリのエネルギー効率の高い料理用コンロプロジェクトからの排出削減クレジット組成などに関与し、地元のクリーンエネルギーのベンチャービジネスの拡大を促進したと開示している。

　このように、民間金融機関は、カーボンクレジットへの取組みを本業として実施することを表明しているが、それは、なぜなのか。図表6－17の動機－1の顧客へのサービスのためだけでもなく、動機－2の再生可能エネルギー支援策が整い、再生可能エネルギービジネスの期待が高まっただけでは説明として十分でない。動機－3として、ESG投資が勃興するなかで、環境（E）という項目のレピュテーションリスクの低減のみならず、ビジネスオ

	金融機関の動機付けに与えた影響
動機−1 カーボンプライシング の顕在化	京都メカニズム開始による国際的なカーボンプライシングの導入により、金融資産としてのカーボンクレジットが認識され、金融機関は、低炭素化関連の事業を行うことに伴って生じる様々なニーズに応えた。
動機−2 プロジェクトの収益性 拡大の可能性	環境関連プロジェクトの収益性は高くないが、再生可能エネルギー支援策の導入により、再生可能エネルギー事業の収入のボラタリティリスクは低減され始めた。金融機関は各国でのカーボンプライシングの導入が進み、排出削減への対応規制が厳しくなる一方、再生可能エネルギー等への投資が増加することを予測した。再生可能エネルギーやクリーンエネルギーテクノロジー市場の成長への期待が高まっていた。
動機−3 国際的プレッシャー等 に係るリスク管理	気候変動に関連する金融機関に対するソフトローが続々と出現し、評判リスクのコントロールのため、大手金融機関が気候変動への対応を迫られ始めた。持続可能な発展や環境保全の観点から質のよいCER獲得を追求したEU ETSの顧客のためにサービスを提供し、それらの業務がESG投資の勃興を背景に、金融機関の本業として扱われるようになり、これに伴い、評判リスクへの備えが不可避となっていった。

ポチュニティーとして金融機関が対応しようと考えたと捉えるのが妥当である。

　この点は、金融危機後の再生可能エネルギーへの新規融資額と民間金融機関のCDM事業の登録数の推移の同調性（図表 6 −12参照）からも肯定できよう。本節で見てきたように、再生可能エネルギー事業や排出権取引に係る事業は金融機関の本業としてのビジネスオポチュニティーとして捉えられつつあった。また、ESGに関するソフトローの認識が高まるにつれ、金融機関は、**気候変動に関する活動を、ビジネスリスクとオポチュニティーの両面から発展**させていったといえる。

　GHGsを多量に排出しない民間金融機関が、景気後退時であっても、引き続き国連でのCDM事業登録を継続した動機付けについて、Chapter 6 − 3

で構築した金融機関の気候変動対策に対する行動変容理解のフレームワークに基づき、これまでの分析結果を図表6－17に示す。ここに見るように、カーボンクレジット市場における民間金融機関の行動が経済合理的な動機付けによって促されるに至った仕組みは、前述のフレームワークに照らすことにより、十分に理解ができるものと思われる。

　なお、京都議定書第2約束期間は2020年まで継続されることとなったが、カーボンクレジットの需要が喚起されず停滞した。この事態を克服するものとして期待されるのが、新たな取組みへの期待についてである。

　Chapter 1－1で述べたとおり、パリ協定は、第6条において、GHGs排出に関わる緩和の成果の国際移転を目的とする市場および非市場の取組みを定めている。

　Perspectives Climate Group, Frankfurt School and Climate Focus（2019：p.53）は、パリ協定第6条が期待している民間の資金の誘導政策については、低炭素事業への投資促進を目的とした具体的な政策の導入が必要であると提言している。その手法としては、カーボンクレジットを新たなコモディティとして位置付け、市場メカニズムに参加する需要側と供給側の動機付けを喚起するルール構築が必要であるとしている。なぜなら、**参加者の動機付けこそが、市場メカニズムを成立させる鍵**であるからである。

　本Chapterで、カーボンクレジット市場では、排出削減目標を持つ、政府、産業界からの参加はもとより、民間金融機関がむしろ主要なプレイヤーになっていくことを明らかにした。さらに、民間金融機関は、様々な動機付けによって参加を維持していたことが判明した。今後、炭素市場メカニズムが民間金融機関の役割の重要性を踏まえてデザインされることにより、さらに持続可能な市場として活性化されていくことを強く期待したい。

グリーンボンド市場における
民間金融機関の参加動機

　カーボンクレジット市場とは別に、2013年以降に気候変動に関連した環境金融市場として勃興したのがグリーンボンド市場である。Chapter 5 で述べたとおり、グリーンボンドと通常債券との比較において、プレミアムの存在についての研究はなされているが実証はされていない。しかし、グリーンボンドはSPOをとるなど通常債券よりコストがかかるため、プレミアムがなければメリットはない。

　つまり、金融機関が追求する金利差拡大、取引コスト削減といった本来業務を貫く原則的考え方に鑑みれば、金融機関がグリーンボンド市場に関与することには、どのようにして経済合理的であると判断したのかを考察する必要がある。

　本節では、Chapter 6 − 3 で構築した金融機関の気候変動対策に対する行動変容の理解のフレームワーク（図表 6 −10参照）に基づき、また、援用できると考えられる各方面における観察結果も引用しつつ、グリーンボンド市場に参加する金融機関の動機について、実証的に解明を試みる。

　欧州投資銀行が2007年に発行したのは、Climate Awareness Bond（気候認識ボンド）と呼ばれ、エクイティのインデックスと連動した債券であった。その後、2008年、世界銀行（World Bank, 2017：p.1）がグリーンボンドという名称で発行した。これはSEBと共同して発行されたものである。当時、スカンジナビア年金基金が、低炭素世界に移行することを支援する直接的な債券投資の機会を模索しており、トリプルAの格付けを持つ世界銀行が、同年金の要望に応え、気候変動関連に資金使途を限定した債券を発行したのである。

　その後、潮目が変わったのは、2013年である。同年、スウェーデンの不動産会社Vasakronan社が、初のグリーン社債を発行した。また、初のグリー

■図表6－18　世界のカーボンプライシング政策の導入件数とグリーンボンドの発行高

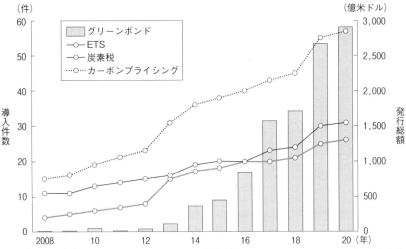

（出所）　世界銀行Carbon Pricing Dash BoardおよびClimate Bond Initiativeのデータをもとに筆者作成

ン地方自治体債が米国マサチューセッツ州によって発行され、その後、グリーン社債、グリーン地方自治体債の発行が急激に伸びている。グリーンボンドの発行額は、2017年に1,571億米ドル、2020年には2,900億米ドルに達した（図表6－18参照）。特に、米国および中国で急速に伸びており、インドネシア、インドなどのグリーン国債の発行や資産担保証券（ABS）のグリーンボンドの発行など、多様化している。これは投資家の需要の多様化に応じるものである。

 1 グリーンボンドとカーボンプライシングの関係

世界銀行の2019年のレポート（“Finance Ministers Join Forces to Raise Climate Ambition”）によれば、低炭素社会になるために必要とされる資金ニーズは年間5兆ドルとされる。その規模から見れば、カーボンプライシングを

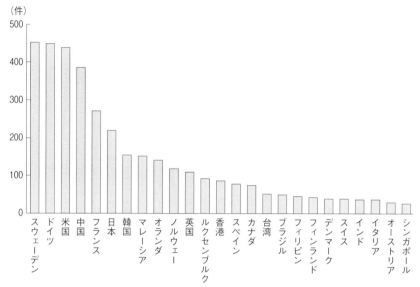

■図表 6 − 19　世界のグリーンボンドの発行登録国の発行体数（2021年 9 月）

（件）

（出所）　ブルームバーグのデータをもとに筆者作成

　導入している国で、パリ協定の目標となる21世紀末に気温の上昇を 2 ℃以下に抑えるためのGHGs排出経路に沿ったプライシングを導入しているとされる国は、世界の排出量の 5 ％に満たないとWorld Bank Group（2019：p.22）は分析している。したがって、低炭素化のための取組みはますます必要となり、取組みを促すカーボンプライシングの充実はもちろん、そうした取組みを資金面で支えるグリーンボンドの必要性はさらに高まっていくと予想される。

　グリーンボンドの発行登録国53カ国中、発行体数トップ25カ国を図表 6 −19に示す。なお、発行が複数回にわたる場合は、それぞれ 1 発行体とみなす。なお、上位23カ国中（香港、台湾を除く）、15カ国がカーボンプライシング政策を国家もしくは地域レベルで導入している。発行体数が最も多いのはスウェーデンで、ドイツ、米国が続く。米国での発行体数が多いのは、後に詳しく述べる税優遇制度によるものであると考えられる。

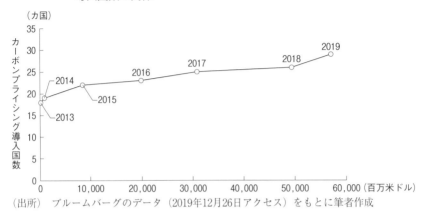

■図表6-20　金融機関が発行するグリーンボンド発行高とカーボンプライシング
　　　　　　　導入国数の関係

（出所）　ブルームバーグのデータ（2019年12月26日アクセス）をもとに筆者作成

　図表6-20は、金融機関が発行するグリーンボンド発行高と、カーボンプライシング（炭素税、排出権取引）導入国数の関係を示している。2013年には、欧州を中心にすでに18カ国がカーボンプライシングを導入していた。その後、非OECD国でも導入が進み、2019年には29カ国へと増えた。カーボンプライシングの導入と民間金融機関によるグリーンボンドの発行体としての関与とは関係性があるように見える（図表6-20参照）。

　Heine et al.（2019）は、低炭素社会への移行に必要な資金源として、グリーン国債と炭素税による国家の歳入を対策配分に用いることで、将来と現代の世代間で負担の適正配分をするモデルを構築した。その分析では、持続可能性を高めるうえでのグリーンボンドとカーボンプライシングの組合せは、長期債券投資家へのリターンなどとシナジー効果があるとしている。また、Heine et al.（2019）は、炭素税とグリーンボンドには、経済市場において類似のコミュニケーションの役割（取組み伝播の役割）があるとした。つまり、カーボンプライシング、特に炭素税が導入されると、民間セクターは、できるだけエネルギー効率のよい投資を選択するようになる。そして、ビジネスパートナーに対しても、炭素税額の低減を目的に事業を行うように働きかけるようになり、こうした働きを民間金融機関が支援することにな

る。たとえば、低炭素事業を実施するためにグリーンボンドを発行する企業が炭素税の支払い額を減じることが可能となる。その一方で、長期的に気候変動に対して取り組むことを公約した金融機関を含む民間セクターは、グリーン事業を資金使途とするグリーンボンドを発行することによって、ESG経営を投資家にアピールすることができる。

　このように**カーボンプライシングによる価格のシグナルは、グリーンボンド市場と組み合わされることにより、いわば、レバレッジを形成し、低炭素事業を拡大する投資のバリューチェーンを形成する**ツールとなりうるのである。

　カーボンプライシングの導入が進む欧州においては、欧州系金融機関（クレディ・アグリコル、HSBC、INGグループほか）による旺盛なグリーンボンドの発行が進んだ。カーボンプライシング導入国において、グリーンボンドの発行が多いのは、民間金融機関において脱炭素に伴う価値の認識が高いためであると考えられる。

　なお、Heine et al.（2019）は、グリーンボンド保有者は、排出権市場でのキャップの上限を厳しくすることに関心があるとする。グリーンボンドは資金使途の低炭素事業のリターンが高いほど償還リスクが低くなり魅力的である。炭素価格が高く設定されると、高炭素排出および通常事業の費用が相対的に高まることにより、低炭素投資にとっては、仮に競合するとしても比較的有利な状況が生まれる。したがって、炭素価格が高くなれば、グリーンボンドの市場は拡大すると考えられる。

　一方、排出権取引の場合、グリーンボンドが、キャップの対象となる産業の低炭素プロジェクトに資金を提供する場合、排出権の過剰が発生する可能性がある。たとえば、EUの発行体がグリーンボンドの資金で排出削減分を実現した場合、キャップのもとでのEUAが余ることになる。その結果、需給の関係からEUAの価格が下がり、元来自社努力での削減が望まれるが、企業は自社による削減をするよりも排出権取引を主体とするようになる。したがって、グリーンボンドの発行をEUで進めるならば、EUの市場メカニズムは、EUAの価格の値崩れをコントロールするために、グリーンボンドの

発行体のキャップを厳しく設定していく必要があると考えられる。

　このように、炭素税、もしくは排出権市場などのカーボンプライシングのインフラが整うとともに、グリーンボンドという資金供給手段が発達することにより、**気候変動対策にダイナミックな資金動員の道筋をつくる**可能性があることを指摘したい。

 ## 2　金融機関の脱炭素化支援とグリーンボンド

　グリーンボンドを発行する企業のメリットとして、投資家層の多様化が図られることを挙げた（Chapter 5 － 4 参照）。PRIに署名した投資家や運用会社は、2018年から、その履行に関する最小限の要件として、⒜運用資産総額の50％以上をESGの要素を統合して運用すること、⒝責任投資ポリシーを制定すること、⒞ESG投資の実行に対する経営陣のコミットメントと説明責任メカニズムを整備することが義務付けられることになり、要件を満たさない機関は除名されることもありえるようになった。このようにして、投資家が公約したESG資産額を増加させるには、資金使途が明確なグリーンボンドの購入が最も効率のよい積み上げ方法とみなされる過程が進んでいった。

　グリーン事業として、再生可能エネルギー事業を資金使途とするグリーンボンドの発行が最も多いことはChapter 5 － 2 で示したが、たとえば、事業運営を再生可能エネルギー電力100％で行うという企業群の動きが急速に進んでおり、これらの企業の事業運営のためにグリーンボンドによる資金調達が活用されている。国際環境NGOのThe Climate Groupが2014年に**RE100**という団体を設立し、再生可能エネルギー電力100％で行う事業運営の普及を目指した活動を開始した。これには、世界では2021年12月時点で355社が参加している。図表 6 －21に示すとおり、RE100の参加企業の多くは、エネルギー需要サイドの企業で、約 4 分の 1 は金融機関を含むサービス業が占めている。この動きの狙いは、エネルギー費用削減とともに、低炭素社会への移行リスクを減じることにある。また、価格が不安定な化石燃料への依存度を引き下げ、コストを平準化する効果もある。

■図表6−21　RE100の参加企業（2021年12月）

セクター	会社数	構成割合（%）	エネルギー消費量（%）
サービス	133	37.5	27.9
製造業	69	19.4	29.7
食品、飲料および農業	31	8.7	10.4
素材	30	8.5	10.1
小売り	26	7.3	15.4
インフラ	24	6.8	1.9
バイオテクノロジー、ヘルスケア、医薬品	18	5.1	3.2
アパレル	12	3.4	0.5
ホスピタリティ	7	2.0	0.7
輸送サービス	3	0.8	0.2
国際機関	2	0.6	0.1

（出所）　RE100 annual disclosure report 2022 "Driving renewables in a time of change"
（2023年1月）をもとに筆者作成

　金融機関は、低炭素ビジネスでの評価能力を蓄積することにより、グリーンボンド市場においても先陣を切り、脱炭素社会を推し進めるための役割を果たしているといえるのではないか。なぜなら、RE100には、バンク・オブ・アメリカ、バークレイズ、シティバンク、クレディ・アグリコル、HSBC、JPモルガン・チェースが加盟しており、これらはカーボンクレジット市場が盛んであった時代から気候変動ビジネスに関わっていた金融機関群である。この金融機関群は、Climate Bond Initiative（"Green Bonds Under-writers League Table"）のデータによれば、グリーンボンド発行の主幹事として引受額上位を占めており、カーボンクレジット市場からの経験と評判の蓄積が、低炭素事業に関するファイナンスビジネスの獲得につながっていると考えられる。

　たとえば、RE100に加盟しているアップル社は、2019年11月、欧州市場最大規模のグリーンボンドを発行しており、発行の主幹事企業はやはりRE100のメンバーのゴールドマン・サックスである。アップル社は自社のサプライ

チェーンに対してカーボンニュートラルを求めるプログラムを実施しており、このプログラムの実施のため、アップル社のグリーンボンドの資金使途は、再生可能エネルギーの活用拡大、製品の低炭素技術開発といった、多岐にわたる緩和事業である。このように、グリーンボンドを通じて低炭素事業のインベストメントチェーンができつつあると考えられる。

 ## 3 プロジェクトの事業性・収益性の評価

　発行手続が複雑で、かつ対象事業が実施されないことによる発行リスクがあるカーボンクレジットに比べ、グリーンボンドは、発行手続はそれほど複雑ではなく、また発行体の信用力が十分高ければデフォルトリスクは低い。

　Chapter 5 － 5 で考察したとおり、グリーンボンドは発行体の信用力に依拠して価格が決定されるため、投資家が投資判断を行うには発行体のリスク評価が主となる。そのほかに、資金使途が限定されるため、対象事業がグリーンであるかということと同時に、発行体の収益を著しく毀損しないか、事業の実施可能性は高いかなど、信用リスクに与える影響を評価しなければならない。

　再生可能エネルギー事業が化石燃料事業と競合性がない場合、FIT導入、補助金支援などの政策により収益性は上がる。しかし、発電事業のように事業期間が長期にわたる場合、収益源を補助金などの政策的なインセンティブに依存すれば政策転換リスクにさらされる。脱炭素社会への移行に長期的に資金を導入するには、投資家にとって、政策転換があっても化石燃料事業への投資に比べ再生可能エネルギー事業がなお安定しているなどの便益がなければならない。そのためには、再生可能エネルギーやクリーンエネルギーテクノロジーの事業コストを低減させ、補助金政策などが停止されても十分競争力のある事業になるよう収益性を極力高める必要がある。

4 再生可能エネルギーコストの低下

　国際再生可能エネルギー機関（International Renewable Energy Agency：IRENA）発行の再生可能エネルギー発電コスト2017のレポートによれば、2017年に運転が開始されたバイオマス、地熱、水力および陸上風力の発電コストは、おおむね石炭・ガスなどの火力発電コストと同等である。また、太陽光発電のコスト低下は2010年以降著しく、2017年までに73％下落し、平均で0.10米ドル/kWhである。再生可能エネルギーのコスト低減の主要因には、(a)技術の向上、(b)競争的調達の実施、(c)信用力のある国際的なプロジェクト開発事業者の存在、がある。

　国際エネルギー機関（International Energy Agency：IEA）によれば、各国の再生可能エネルギー電力導入政策は、FITから競争入札制度に移行し、2017年から2022年の再生可能エネルギー増加容量のほぼ半分が、競争入札により導入された。

　IEAの2017年の再生可能エネルギーの分析レポートによれば、2018年から2020年にかけて運転を開始した太陽光および陸上風力（30〜50米ドル/MWh）のプロジェクトの発電コストは、LCOE（Levelized Cost of Electricity：均等化発電原価）を当然ながら下回っており、さらに、その乖離幅は大きくなりつつあった。なお、均等化発電原価とは、発電にかかるコストを明示するための指標で、具体的には、発電所の建設に要する設備費・工事費・部材費などの初期コストと、運転や維持にかかるコスト、そして設備の廃棄にかかるコストまで、全ての合計をいう。

　このように、再生可能エネルギーの発電コストが低減すると、FITなどの支援策の打ち切りのリスクがカバーされることになる。再生可能エネルギーのコストが化石燃料のコストと競争的になり、公共入札において化石燃料と競合できる国が増えるにつれて、民間金融機関にとって、再生可能エネルギー事業は、商業ビジネスの一環として十分に成長する投融資対象となろう。

■図表6－22　新規再生可能エネルギー投資額と金融機関のグリーンボンド発行高
　　　　との関係（2013～2018年）

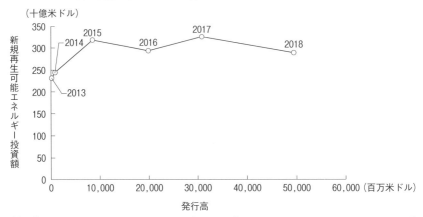

（出所）　ブルームバーグのデータおよびREN21 "Renewables 2019 Global Status Report"
　　　　をもとに筆者作成

　図表6－22は、再生可能エネルギーに対する新規投資額と金融機関による
グリーンボンド発行高の推移の関係を表したものである。Renewables 2019
Global Status Reportによれば、2018年における再生可能エネルギーに対す
る投資額は、化石燃料および原子力の投資額を超え、石炭およびガス火力発
電と比較して3倍の金額であった。特に太陽光発電を中心に伸びたが、2018
年は2017年に比べて新規再生可能エネルギー投資額は減じた。これは、中国
における太陽光のコストが大きく下がっているためであって、事業規模が
減ったからではない。一方、図表6－23は再生可能エネルギー事業に関与し
ている世界の金融機関のファイナンスランキング（2017年）であるが、上位
10行は全てグリーンボンドを発行し、再生可能エネルギー事業のファイナン
スに充てている。新規再生可能エネルギー投資額は2013年から2018年にかけ
て総じて増加しており、グリーンボンド発行の民間金融機関を通じた関与の
強化との関連性は強いと考えられる（図表6－22参照）。

■図表6−23 2017年の再生可能エネルギー事業に関連したファイナンスランキング

順位	金融機関名	件数	融資額 （百万米ドル）	シェア（%）
1	三菱UFJフィナンシャル・グループ	63	4,343.3	7.96
2	みずほフィナンシャルグループ	25	2,417.1	4.43
3	サンタンデール銀行	37	2,291.6	4.20
4	三井住友フィナンシャルグループ	45	2,242.0	4.11
5	ブラジル国立経済社会開発銀行	26	2,210.0	4.05
6	北ドイツ州立銀行	39	1,695.8	3.11
7	BNPパリバ	24	1,551.1	2.84
8	ラボバンク	33	1,485.2	2.72
9	ソシエテ・ジェネラル	25	1,230.7	2.26
10	ドイツ復興金融公庫	18	1,227.6	2.25

（出所） Bloomberg New Energy Finance "2017 League Tables: Clean Energy & Energy Smart Technologies" をもとに筆者作成

5 次世代技術へのインセンティブ

　これまで述べたように、再生可能エネルギー技術に関して、コストが下がり、金融機関は、プロジェクトの収益性および事業リスクを十分測ることができるようになってきた。しかしながら、再生可能エネルギー技術だけでは、パリ協定の目指す脱炭素社会を実現するためには不十分である。さらなる技術のイノベーションが必要であり、そこにも民間資金の導入が求められる。

　EUは、2020年5月、7,500億ユーロの次世代EU刺激策の一環として、水素技術に投資することを提案した。この提案には、民間セクターによる水素技術開発の促進に150億ユーロの支援をすることにより、最大1,500億ユーロの投資を生み出すことを目的とする戦略的投資ファシリティが含まれている。脱炭素技術として有望視される水素エネルギーの実装性を見てみると、

民間金融機関にとって個別の水素事業への投融資は収益面での魅力はまだ低い。EUにおけるグリーンボンドの基準制度（資金使途の明確化等）が含まれており、EUのサステナブルファイナンスの定義のなかに、水素自動車のような脱炭素技術が明示されている。グリーンボンドの資金使途として、**公的にポジティブなシグナルが送られることにより、新たな脱炭素技術のR&Dへのファイナンスが促進する可能性は高まる**と見られる。

　たとえば、前出のアップル社のグリーンボンドの資金使途には、低炭素製品の開発が含まれている。投資家にとって、たとえ、コスト的に競争力のない研究開発が資金使途に含まれていても、アップル社が倒産しない限り、ボンドの償還リスクは低い。そのうえ、投資家は、アップル社が進める、コストが高く商業的に競争力はないが、新たなクリーンエネルギーテクノロジー事業を長期的視点から技術的にモニターしていくことができ、このことを通じ、評価能力を蓄積することができる。したがって、信用力のある発行体にとっては、たとえば、水素エネルギー開発を含むグリーンボンドを発行したとしても、資金調達は可能となると考えられる。

6　グリーンボンド投資への税優遇

　グリーンボンドは、通常債券への投資に比べ、グリーンボンド投資としての評価などに手間やコストがかかるため、投資家は、本来、通常の債券と同等以上のリターンを望むはずである。一方、発行体にとっては、再生可能エネルギープロジェクトなど、不確定要素を含む事業を資金使途とする多額の長期資金調達であることから、金利等の調達コストのメリットがなければグリーンボンドを選好するインセンティブは低い。コスト・リターンの面から考えると、このような金利のギャップをカバーする何らかの措置がないと、グリーンボンド市場の拡大には限界があるものと思われる。そこで、わが国の環境省は、グリーンボンド市場拡大のため、発行にかかるコストに関して発行体へ補助金を提供し支援しており、多くの発行体が活用している。

　米国では、Clean Renewable Energy Bonds（CREB）およびQualified

Energy Conservation Bonds（QECB）が、グリーン債券市場の発展に大きく寄与している。CREBとQECBは**税額控除債**であり、債券投資家は利息の代わりに税額控除を受けるため、発行体は、期待される全額の利息を支払う必要がない。米国連邦政府は、クリーンエネルギーと省エネルギーの推進を目的として、自治体による**税額控除債（Tax Credit Bond）**の発行を認めている。自治体が同ボンドを発行する場合、支払う利払いの70%は、連邦政府から税額控除債保有者への税額控除または補助金でカバーされる。また、元本の支払い補助金を充当できる資格のある債券の発行も採用されており、債券を発行する自治体は、政府からの払い戻し、利子の支払いなどの補助を受けられるのである。

　また、ブラジルなどの免税債の場合は、債券投資家は、保有するグリーンボンドの利子に関する所得税が免除されるため、発行者はより低い金利を採用できる。これは、米国市場の地方債にも適用されている政策である。

　このように、グリーンボンド投資家に対してリターン向上を支援する政策は、民間金融機関に対して、グリーンボンド市場の拡大への期待を一層喚起することになると考えられる。

 7　国際行動規範の急速な変化

　再生可能エネルギー事業は、事業コストが低減され、グリーンボンドの資金使途として魅力的な対象事業になってきたものの、化石燃料ビジネスと比較し、運用利回りや調達コストの点で、格段の差ができているわけではない。金融機関が、コストがかかり金利プレミアムのつかないグリーンボンドに関与を深める行動をとることに関して最も影響しているのは、**国際行動規範の急速な変化**であると考えられる。以下では、民間金融機関のグリーンボンド関与の動機付けと気候変動に対する国際的行動規範の動向との関係を考察する。

8 ESG投資の拡大と化石燃料ダイベストメントの動き

　図表6－24に示すとおり、PRI署名機関数は拡大している。また、ESG資産運用残高は、2016年に23兆ドル、2018年に31兆ドル、2020年に35兆ドルと着実に増加している（図表6－25参照）。2014年に世界規模でGlobal Investor Coalition on Climate Change（GICCC）というプラットフォームが形成されており、投資家のなかでも、特に機関投資家が気候変動問題に影響力を強めている。

　英国のNGOであるCarbon Tracker Initiativeが、2011年に**座礁資産（Stranded Assets）**という概念を提唱した。これは、燃やせない化石燃料に関連する資産で、企業にとって回収不能な資産として、投融資を控えるべきであるとする。化石燃料資産の価値は過大に評価されており、バブル（カーボンバブル）が生じているとするものである。IEAとIRENAの調査（Baron and Fischer, 2015：p.11）によると、炭素の貯留技術が大規模に普及しない限り、パリ協定の2度シナリオで、2050年までに排出できるCO_2量の上限から推計して、上場会社が地下に所有する石炭などの化石燃料については、その3分の1しか燃焼できないと算定している。それらの燃やせない化石燃料に関連する資産は明らかに企業にとって回収不能な座礁資産となる。

　2014年9月、米国のロックフェラー・ブラザーズ・ファンドが化石燃料への投資から撤退した。それを皮切りに2019年はじめまでを見てみると、世界の大手機関投資家による化石燃料依存の企業株の売却（ダイベストメント）の動きが加速しているのがわかる（図表6－26参照）。

　特に、日本に衝撃が走った最初のダイベストメントは、ノルウェー政府年金基金（GPFG）の投資除外リストに日本企業が適用されたことであろう。GPFGは油田等による収入を基金として国の経済を支えるファンドであり、ノルウェー中央銀行が管理をしている。GPFGは財務省の監督のもと、倫理規定などの投資方針を決めており、投資除外リストを設けてGHGs多排出企業を特定している。同基金の運用規模は1,580bnノルウェークローネ（2021

■図表 6 −24　PRI署名機関数と資産運用残高の推移

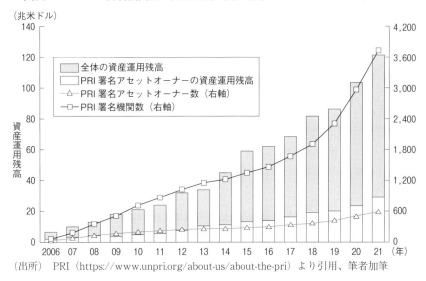

（出所）　PRI（https://www.unpri.org/about-us/about-the-pri）より引用、筆者加筆

■図表 6 −25　世界のESG資産運用残高

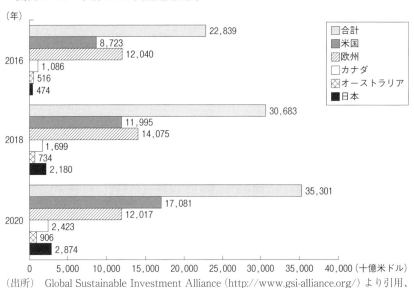

（出所）　Global Sustainable Investment Alliance（http://www.gsi-alliance.org/）より引用、
　　　　筆者加筆

■図表6−26 主な化石燃料ダイベストメント（投資引き揚げ）の動き

発表日	化石燃料ダイベストメントの動き
2014年9月	ロックフェラー・ブラザーズ・ファンドが化石燃料への投資からの撤退を発表。
2015年5月	GPFG（運用資産9,000億ドル）が、売上収入や発電を石炭に依存する企業への投資（80億ドル分）の中止を決定。ESG関連リスクに関する分析領域を拡大し、2015年中に73社（うち、石油関連企業27社、鉱業会社9社）からダイベストメントを実施。
2016年3月	JPモルガン・チェースが先進国の石炭火力発電および石炭採掘への新規ファイナンスを停止。シティグループ、モルガン・スタンレー、ウェルズ・ファーゴ、バンク・オブ・アメリカ、ゴールドマン・サックスなどの銀行も支援については削減する方向を表明。
2016年4月	GPFGの運用を担うノルウェー銀行が責任投資としてのネガティブスクリーニング（投資対象からの銘柄除外）で、石炭基準を定め、北海道電力、沖縄電力、四国電力の日本企業3社を含む52社を投資先から除外することを決定・発表。さらに同年12月に中国電力、J-Power、北陸電力を除外、九州電力と東北電力を観察下の対象に指定。
2017年11月	チューリッヒ保険が石炭関連企業からのダイベストメントと保険引受を停止し、2年間かけて全てを売却予定と発表。
2017年12月	仏保険会社アクサが石炭関連企業（24億ユーロ分）およびオイルサンド関連企業（7億ユーロ分）への投融資からの撤退を発表。
2018年1月	ニューヨーク市が同市で管理している年金基金において化石燃料関連企業からの投資撤退を検討すると発表。さらに同市は気候変動への責任を問うため化石燃料企業大手BP、シェブロン、コノコ・フィリップス、エクソン・モービル、ロイヤル・ダッチ・シェルの5社を提訴すると発表。
2018年4月	デンマーク年金基金PKAは、石油・ガス大手企業35社からのダイベストメントを決定。それ以前にも40社のオイル・ガス会社と70社の石炭会社のダイベストメントを実施。
2018年12月	アイルランドで世界初の化石燃料ダイベストメント法成立。アイルランド戦略投資基金（Ireland Strategic Investment Fund）の運用先である資産に関し、5年をかけて石炭、石油、天然ガス等全ての化石燃料関連資産を全て売却することを義務付ける。
2019年1月	アイルランド戦略投資基金（ISIF）が38社の化石燃料関連銘柄のダイベストメントを完了したと発表。また今後投資を禁止する化石燃料関連銘柄148社（日本企業6社を含む）のリストも発表。

（出所） 公開情報をもとに筆者作成

年）で、中東や中国などに並ぶ最大級の政府資金ファンドであり、日本企業の投資除外入りは大きなインパクトであった。

9 わが国における石炭火力発電への投融資動向に見る金融機関にとっての評判リスク

　民間金融機関は、株式市場に上場している以上、増大するESGを考慮する投資家の投資対象として評価される。したがって、化石燃料に対するダイベストメントの動きが加速するにつれて、化石燃料への投融資を続けることはリスクになっていく。特に、化石燃料多消費企業への投融資の多い本邦金融機関へのプレッシャーは高い。これらのプレッシャーに対応し、本邦の企業および金融機関は化石燃料に関するポリシーを2018年頃より次々と打ち出している。これは、気候ネットワーク、グリーンピース、レインフォレストネットワークなどの環境NGOが株を保有して株主総会に出席し化石燃料に関するポリシーについて質疑し始めたことに端を発する。

　当初、本邦金融機関の石炭等の化石燃料に関するポリシーは、新規融資の停止、もしくは、**OECD公的輸出信用アレンジメント**等の国際的ガイドラインに従うとしていた。OECD公的輸出信用アレンジメント等の国際的ガイドラインは、輸出信用の秩序ある供与のための包括的な取り決めである。そのガイドラインは、火力発電設備の種別ごとの最長返済・償還期間を設定しており、その設定対象を、石炭に関しては超々臨界圧石炭火力発電に限定していた[2]。また、これに加え、エネルギー貧困に対応する国のみに超臨界、亜臨界技術による石炭火力に対しても、輸出信用支援を行うことができるとしている。本邦銀行は、OECD公的輸出信用アレンジメント等の国際的ガイドラインを踏まえ、個別に判断するという表現を用いて、座礁資産への投資に対し慎重な姿勢を強化したという述べ方をしており、評判リスクを気にかけていることが見てとれた。

2　石炭火力発電事業向け支援に関して、CCUSを備えていない石炭火力発電技術等の公的輸出支援およびタイド援助を停止することが、アレンジメント本則第6条に反映され2021年11月1日に発効している。

■図表6−27　わが国の企業および金融機関の石炭火力に関するポリシーの改定

企業名	石炭火力に関するポリシー概要
あおぞら銀行	新設の石炭火力発電所に対するファイナンスおよび既存発電設備の拡張に対するファイナンスについては取り組まない。
住友商事	新規の発電事業・建設工事請負には取り組まない。また、石炭火力発電事業については、2035年までにCO_2排出量を60%以上削減（2019年比）し、2040年代後半には全ての事業を終え石炭火力発電事業から撤退する。
双日	石炭火力発電は現在保有しておらず、今後も保有しない。
第一生命	石炭火力発電のプロジェクトファイナンスへの投融資を禁止。
日本生命	石炭火力発電事業への新規投融資の禁止。
丸紅	石炭火力発電事業によるネット発電容量を、2018年度末の約3GWから2025年までに半減、2030年には約1.3GW、2050年までにゼロにする。新規石炭火力発電事業には取り組まない。
みずほフィナンシャルグループ	石炭火力発電事業を主たる事業とする企業について、現在当グループと与信取引がない企業に対しては、投融資等は行わない。また石炭火力発電所の新規建設・既存発電所の拡張を資金使途とする投融資等は行わない。
三井住友信託銀行	新設の石炭火力発電所へのファイナンスには原則的に取り組まない。
三井住友フィナンシャルグループ	石炭火力発電所の新設および拡張案件への支援は実施しない。
三菱商事	今後新規の石炭火力発電事業は手掛けず、段階的に撤退することで、2030年までに2020年比で持分容量を3分の1程度まで削減し、2050年までに完全撤退する。
三菱UFJフィナンシャル・グループ	石炭火力発電所の新設および既存発電設備の拡張にはファイナンスを実行しない。
りそなホールディングス	石炭火力発電事業に係るプロジェクトファイナンスについては、災害時対応等の真にやむをえない場合を除き、新規融資は行わない。

（出所）　報道資料、各社公表情報等をもとに筆者作成（2022年6月時点）

2020年6月にみずほフィナンシャルグループの株主総会において、前記の
NGOがパリ協定の目標に沿った投資を行うための経営戦略を記載した計画
を開示することを求めた株主提案を提出した。同提案は否決されたが、議決
権を有する株主の34.5％の支持を得る結果となった。このような抗議活動を
抑えるべく、各社は、図表6－27に示すとおり、石炭火力発電所の新設およ
び拡張案件への支援は実施しない旨、ポリシーの改定をしている。

　民間の商業銀行とその資金調達活動の追跡をするBankTrack[3]という
NGOの2019年のレポートによると、JPモルガン・チェースが化石燃料の世
界最大の資金提供者であり、他の地域では、Royal Bank of Canada、バーク
レイズ、三菱UFJフィナンシャル・グループ（MUFG）、China Construction
Bankが高いとしている。また、レポートは、世界の33のグローバル銀行の
うち、21行は何らかの石炭火力に対し融資の制限をする方針を打ち出してお
り、そのうち9行は2018年から方針を強化していることを伝えている。図表
6－28は、グリーンボンドを発行する世界の主要銀行の石炭火力（発電等）
に対するポリシーと、2019年のBankTrackの各行の評価である。

　2015年のパリ協定採択年に多くのグローバル金融機関が石炭火力に関する
ポリシーを強化するなか、MUFGは、2018年に初めて環境・社会ポリシー
を発表した。それに対してBankTrackはD＋と評価している（図表6－28参
照）。2019年、同グループは、石炭火力の新規融資の制限を明確に打ち出し
た[4]。筆者が行ったインタビュー調査では、同グループは、気候変動に対す
る方針に関して、株主総会等で国内外のNGOから質問をされ、対応の必要
性を重く認識した経営が、環境ポリシーの強化を決定した、といった意見が
聞かれた。

　金融機関にとって、グリーンボンドは資金使途が特定されている一方、通
常の社債は、資金使途が特定されておらず、調達資金が化石燃料に使用され

3　2000年初頭からの商業銀行のサステナブル・ファイナンスを促進するNGOネットワー
　クが起源。
4　2021年4月には、新設に加え、既存発電設備の拡張にはファイナンスを実行しないこ
　ととし、例外的に検討する場合を、パリ協定目標達成に必要な、CCUS、混焼等の技術
　を備えた石炭火力発電に限定し、より厳格な目線で個別に検討することとしている。

■図表 6 −28　世界の主要銀行の石炭火力に対するポリシー（2019年時点）

	2019年のBank Trackによる石炭火力に関する評価	発表年	石炭火力の ダイベストメントポリシー
バンク・オブ・アメリカ	C −	2014	石炭採掘に関する融資の削減
シティバンク	C −	2015	石炭に関して一部融資撤退を約束
ゴールドマン・サックス	C −	2019	全ての国での新規石炭火力に対して資金供給停止
JPモルガン・チェース	C −	2016	先進国における新規石炭採掘および火力発電に関する直接融資の停止
ウェルス・ファーゴ	D	2015	石炭採掘に関する融資の削減
バークレイズ	C +	2018	石炭火力発電にAppetiteはない
BNPパリバ銀行	C +	2015	石炭投融資の撤退または停止
Natixis	B −	2015	世界的に石炭火力への融資を停止
クレディ・アグリコル	B −	2015	石炭採掘の資金供給停止
ドイツ銀行	C +	2017	新規石炭火力資金提供停止
HSBC	C −	2018	新規石炭火力資金提供停止
ING	B −	2017	石炭採掘に関する融資の削減
ソシエテ・ジェネラル	B −	2017	石炭投融資の撤退または停止
MUFG	D +	2018	OECDガイドラインに準じ、適宜判断

（注）　表中のBankTrackの評価基準は以下のとおり。

BankTrackの評価基準	
A	石炭火力の排除
A −	石炭火力拡大と全ての支援のフェーズアウト
B +	石炭火力拡大と重要な石炭火力操業の排除
B	石炭火力拡大もしくは、重要な石炭火力操業の排除
B −	一部の石炭火力のフェーズアウト AND/OR排除
C +	石炭火力発電事業の排除もしくは、会社のファイナンス規則に従って一部の事業の排除
C −	一部の石炭火力事業の排除
D +	石炭火力デューデリジェンスの実施
D	石炭火力に対してデューデリジェンスの強化
D −	一般的デューデリジェンス
F	ポリシーなし

（出所）　BankTrack et al. "Banking on Climate Change：FOSSIL FUEL FINANCE RE-PORT CARD 2019"、報道資料、各社ホームページ公表情報等をもとに筆者作成

194

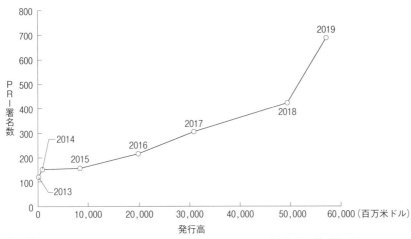

（出所）　ブルームバーグのデータおよびPRIのホームページをもとに筆者作成

るかについて投資家が判断することは難しい。したがって、再生可能エネルギーに使途を限定したグリーンボンドを購入、または再生可能エネルギープロジェクト等に融資することを目的にグリーンボンドを発行することにより、金融機関はESG経営における投融資資産のバランスを図ることが求められる。

　2013年以降の民間金融機関によるグリーンボンドの発行高とPRI署名機関の各年の増加数との関係を見ると、2016年以降の増加傾向に関連性が見られる（図表 6 −29参照）。PRIは、2017年に、その主な活動としてTCFDに関して投資家のエンゲージメントのプロジェクトを開始した。また、2018年から、PRIは、PRI署名機関に対して求めるESG活動の状況報告の内容に対してTCFDに合わせた指標を導入し、480以上のPRI署名機関がその指標に対して回答を提出している。このようにPRIとTCFDとの連携の強化が、民間金融機関によるグリーンボンド発行高の増加に寄与しているとも考えられる。

　民間金融機関が、通常債券と比較して経済的メリットの少ないグリーンボ

■図表 6 −30　グリーンボンド市場における民間金融機関の行動変容の動機

	金融機関の動機付けに与えた影響
動機−1 カーボンプライシングの顕在化	京都クレジット市場は低迷したが、他方で、気候変動緩和の経済インセンティブ策が、先進各国等で内在化され、カーボンプライシングが進んだため、各プレイヤーの温暖化緩和策実施への資金需要は膨らんでいる。
動機−2 プロジェクトの収益性拡大の可能性	再生可能エネルギー事業は、コストが低減され、補助金政策などが停止されても十分競争力のある事業になるよう収益性を増してきた。信用力の高い企業が、グリーンボンドを活用して、低炭素事業で資金調達を積極的に行うようになってきた。また、グリーンボンド投資家に対する支援政策により、通常債券との差異化が図られ始めた。
動機−3 国際的プレッシャー等に係るリスク管理	ESG投資が急速に拡大しているなか、環境項目における気候変動リスクへの比重が高く、炭素強度の高い企業に対するダイベストメントなどが加速し、金融機関にとってリスクが高まった。TCFDなど任意であるソフトローの義務化の動きがあり、金融機関は自発的かつ積極的な取組みを先んじて行わなければならなくなった。

ンドに関与を強めている動機付けについて、Chapter 6 − 3 で構築した金融機関の気候変動対策に対する行動変容の理解のフレームワークに基づいた分析結果を図表 6 −30にまとめる。ここに見るように、グリーンボンド市場における民間金融機関の行動が経済合理的な動機付けによって促されるようになった仕組みについては、Chapter 6 − 3 で設定したフレームワークに照らすことによって十分理解が可能であると思われる。

　図表 6 −30に示された様々な動機付けにより、民間金融機関はグリーンボンド市場への関与を深めてきた。今後、グリーンボンド市場がパリ協定に必要な資金ニーズに応えるには、グリーンボンドの発行量と流通量がさらに増加することが必要であるが、発行体にとってボンドを組成しやすくする取組みが行われ、TCFDの勧告に基づいた金融機関の情報開示が進み、**市場そのものの透明性が高められれば、気候変動に関連する金融市場はますます拡大する**ものと思われる。

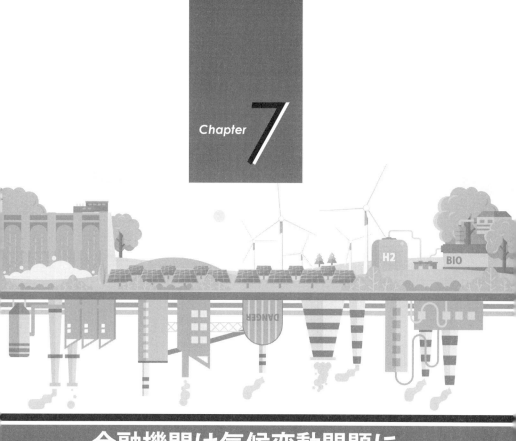

Chapter

7

金融機関は気候変動問題に
どう動くべきか

　前Chapterまでにおいて、カーボンクレジットとグリーンボンドの
2つの市場の動きを通して、金融機関が気候変動問題に対して、どの
ような動機付けで行動変容を促されてきたのか、垣間見ることができ
たのではないだろうか。なお、決して、この2つの市場だけが気候変
動問題に対して金融機関を動かしてきたわけではない。これらの市場
は、エネルギー市場と深い関係にあり、グリーンビジネス全体がエネ
ルギーやコモディティ市場の動きなどと連動していることはいうまで
もない。本Chapterでは、すでに金融機関が気候変動問題に真剣に動
き出している現状を踏まえつつ、この先、金融機関はどう行動してい
くべきなのかを考察する。

気候関連財務情報開示タスクフォース（TCFD）の動き

　民間金融機関が、2015年以降、気候変動に対して最も対応を迫られているのが、**気候関連財務情報開示タスクフォース**（Task Force on Climate-related Financial Disclosures：TCFD）である。TCFDとは、2015年のG20（金融・世界経済に関する首脳会合）財務大臣・中央銀行総裁会議が、金融安定理事会（FSB）に対し、金融市場の気候変動リスクに対して検討を依頼し、FSBが2015年12月に設置した民間主導のタスクフォースだ。

　若干、迂遠な説明になるが、TCFDの働きを理解するうえでは、FSBの活動全体を念頭に置く必要がある。佐志田（2019：p.4）は、FSBは、2009年以降の世界的景気後退が金融活動の不健全さを契機として生じたことの反省に立って、金融システムの脆弱性への対応や金融システムの安定を担う当局間の協調の促進に向けた活動を行っており、金融活動の透明性向上をその実現手段として重視してきたと指摘する。また、金融危機の反省を踏まえ、バーゼルⅢの導入、グローバルなシステム上重要な金融機関に対する規制など、広範な対応措置を実施してきた（Chapter 2－2参照）。

　このような金融を取り巻く大きな社会潮流のなかで、TCFDは、投資家や資金の貸し手等が今後ますます重要となる気候変動関連リスクを理解するうえで、有用な情報開示の枠組みを策定することを目的として活動を開始した。TCFDが設置された背景として、2015年当時のFSB議長であるイングランド銀行の総裁マーク・カーニー氏が、世界で起こる異常気象の増大により、保険会社の支払いが多額にのぼり、業界を圧迫したことを指摘しており（吉高、2018：pp.26-36）、気候変動は金融機関にとっていまやリスクとなっていると認識されたためである。

1 TCFDの基本的ガイダンス

　TCFDは、2017年、気候変動関連財務情報の任意の開示の枠組みに関する最終報告書を発表した。同報告書は、提言本文と、補助ガイダンスとして、4つの金融セクターと4つの非金融セクター向けの各ガイダンス、さらにシナリオ分析のための技術的な補足書の4冊からなっている。

　報告書は、金融の安定を脅かす新たなリスクのうち、気候変動が金融業界に及ぼす影響として「移行リスク」「物理的リスク」および「ビジネス機会（TCFDの報告書についての先行訳に従い、本Chapterのこれ以下opportunityはオポチュニティーではなく、「機会」と訳す）」を挙げ、金融機関および事業会社に対して、これらのリスクとビジネス機会の財務的影響を把握し、開示することを促した。財務的影響とは、投資先における気候変動関連のリスクと機会が、将来のキャッシュフローおよび資産・負債に与える影響であり、投資家等が財務上の意思決定を行う際に必要となる情報である（図表7－1参

■図表7－1　TCFDにおける財務的影響のあるリスクと機会

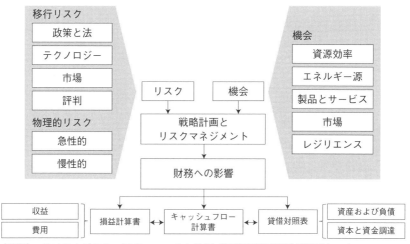

（出所）　サステナビリティ日本フォーラム私訳「気候関連財務情報開示タスクフォースの提言最終報告書」（2017年6月）をもとに筆者作成

照）。

　開示を求める「移行リスク」としては、たとえば、カーボンプライシング（GHGs排出価格）が政策として取り込まれ、炭素税や排出権取引の割当が義務として導入されるリスクなどがある（図表７－２参照）。なぜなら、企業の対応が遅れれば、投融資に対して多大な財務的影響を受けるからである。また、物理的リスクとは、気候変動における適応策が十分行われていなかった場合に企業が被るリスクである。

　対象とする金融セクターに関しては、図表７－３に示すとおり、銀行、保険会社、アセットオーナー、アセットマネージャー向けにガイダンスが策定されており、CO_2関連の信用リスクなど気候変動に関連する金融機関の本業におけるリスクを中心に開示を促している。たとえば、銀行は、炭素関連資産への与信の集中の度合いを洗い出し、銀行の業務運営と気候変動リスクを関係付けて管理する必要がある。これらの情報を公開することは、事業会社との間の対話促進のきっかけとなるうえ、個人や企業は、銀行を選択する際に気候変動リスクを考慮することができるようになる。換言すれば、こうした対応をとらない金融機関は、個人や企業に選択されないリスクにさらされることを意味する。

　なお、開示すべき項目は、「ガバナンス」「戦略」「リスクマネジメント」「指標・目標」の４つを推奨している。このTCFDによる情報開示のルールが欧州を中心に義務化されグローバルスタンダートになりつつある。TCFDは、金融機関がポートフォリオの気候変動リスクを把握することを求めており、各国がカーボンニュートラル宣言を出した以上、**あらゆる金融機関において開示は避けて通れない**状況になりつつある。

 2　TCFDへの対応

　前述のとおり、TCFDが示す情報開示の推奨項目は、ガバナンス、戦略、リスクマネジメント、指標・目標と、ESG情報開示の気候変動に特化した内容である（詳細は図表７－４参照）。同ルールは、このような情報開示を年次

■図表 7 - 2　TCFDが開示を推奨するリスクと機会

リスクの例	機会の例
移行リスク **政策と法** ・GHGs排出価格の上昇 ・排出量の報告義務の強化 ・カーボンプライシングの導入（炭素税等） ・既存の製品およびサービスへのマンデート（命令）および規制 ・訴訟にさらされること **テクノロジー** ・既存の製品やサービスを排出量の少ないオプションに置き換える ・新技術への投資の失敗 ・低排出技術に移行するためのコスト **市場** ・顧客行動の変化 ・市場シグナルの不確実性 ・原材料コストの上昇 **評判** ・消費者の嗜好の変化 ・産業セクターへの非難 ・ステークホルダーの懸念の増大またはステークホルダーの否定的なフィードバック	**資源効率** ・より効率的な輸送手段の使用（モーダルシフト） ・より効率的な生産および流通プロセスの使用 ・リサイクルの利用 ・高効率ビルへの移転 ・水使用量と消費量の削減 **エネルギー源** ・より低排出なエネルギー源の使用 ・支援的な政策インセンティブの使用 ・新技術の使用 ・炭素市場への参入 ・分散型エネルギー源への転換 **製品とサービス** ・低排出商品およびサービスの開発および／または拡張 ・気候適応と保険リスクソリューションの開発 ・研究開発とイノベーションによる新製品またはサービスの開発 ・事業活動を多様化する能力 ・消費者の嗜好の変化
物理的リスク **急性的** ・サイクロンや洪水などの極端な気象事象の過酷さの増加 **慢性的** ・降水パターンの変化と気象パターンの極端な変動 ・上昇する平均気温 ・海面上昇	**市場** ・新しい市場へのアクセス ・公共セクターのインセンティブの使用 ・保険カバーを必要とする新しい資産と立地へのアクセス **レジリエンス** ・再生可能エネルギープログラムへの参加とエネルギー効率化措置の採択 ・資源の代替／多様化

（出所）　サステナビリティ日本フォーラム私訳「気候関連財務情報開示タスクフォースの提言最終報告書」（2017年6月）をもとに筆者作成

■図表 7 - 3　TCFDの金融セクター向け補助ガイダンス概要

銀行	保険会社	資産保有者 （アセットオーナー）	資産運用者 （アセットマネージャー）
〈戦略〉 ・炭素関連資産（エネルギーおよび発電関連）への与信の集中度合い 〈リスク管理〉 ・信用、市場、流動性、オペレーションの各リスク分類の下で気候関連リスクを特徴付ける 〈指標〉 ・産業／地域／信用度／平均与信期間別の信用エクスポージャー、株式／債券保有状況、トレーディングポジション等	〈戦略〉 ・気候関連リスクおよび機会の、顧客、ブローカー選定へもたらす影響 ・気候関連商品の開発状況 ・気候関連シナリオについて、2℃に加え、2℃を上回る物理的シナリオ下におけるリスク耐性 〈リスク管理〉 ・気候災害の頻度増加および甚大化による物理的リスク、低炭素経済への移行がもたらす保険価額の減少、賠償責任リスクの増大に関し、地域別／事業分野別に説明 ・リスクモデル等のリスク管理手法、想定される気候関連事業の幅 〈指標〉 ・物保険における予想気象災害損害額	〈戦略〉 ・気候関連シナリオの使用方法（特定の資産形態への投資の開示等） 〈リスク管理〉 ・投資先企業とのエンゲージメント手法 ・投資ポートフォリオの移行リスクに対するポジショニング 〈指標〉 ・気候関連リスクおよび機会に関し、ファンドおよび投資戦略ごとに用いる指標 ・保有資産のGHGs排出量に関する加重平均原単位	〈戦略〉 ・気候関連リスクおよびシナリオが商品および投資戦略にどのように組み込まれているか、また移行リスクの影響を受けうるか 〈リスク管理〉 ・投資先企業とのエンゲージメント手法 ・商品および投資戦略ごとに気候関連リスクをどのように識別・評価しているか 〈指標〉 ・気候関連リスクおよび機会に関し、ファンドおよび投資戦略ごとに用いる指標 ・保有資産のGHGs排出量に関する加重平均原単位

（出所）　藤村武宏「TCFD提言の概要とその浸透状況」（経済産業省　第2回グリーンファイナンスと企業の情報開示の在り方に関する「TCFD研究会」資料3）（2018年11月7日）をもとに筆者作成

■図表7－4　TCFDで推奨される開示内容

項目	推奨される開示内容
ガバナンス 気候関連のリスクと機会に関する組織のガバナンスを開示する。	・気候関連のリスクと機会に関する取締役会の監督について記述する。 ・気候関連のリスクと機会の評価とマネジメントにおける経営陣の役割を記述する。
戦略 気候関連のリスクと機会が組織の事業、戦略、財務計画に及ぼす実際の影響と潜在的な影響について、その情報が重要（マテリアル）な場合は、開示する。	・組織が特定した、短期・中期・長期の気候関連のリスクと機会を記述する。 ・気候関連のリスクと機会が組織の事業、戦略、財務計画に及ぼす影響を記述する。 ・2℃以下のシナリオを含む異なる気候関連のシナリオを考慮して、組織戦略のレジリエンスを記述する。
リスクマネジメント 組織がどのように気候関連リスクを特定し、評価し、マネジメントするのかを開示する。	・気候関連リスクを特定し、評価するための組織のプロセスを記述する。 ・気候関連リスクをマネジメントするための組織のプロセスを記述する。 ・気候関連リスクを特定し、評価し、マネジメントするプロセスが、組織の全体的なリスクマネジメントにどのように統合されているかを記述する。
測定基準（指標）とターゲット（目標） その情報が重要（マテリアル）な場合、気候関連のリスクと機会を評価し、マネジメントするために使用される測定基準（指標）とターゲット（目標）を開示する。	・組織が自らの戦略とリスクマネジメントに即して、気候関連のリスクと機会の評価に使用する測定基準（指標）を開示する。 ・スコープ1、スコープ2、該当する場合はスコープ3のGHGs排出量、および関連するリスクを開示する。 ・気候関連のリスクと機会をマネジメントするために組織が使用するターゲット（目標）、およびそのターゲット（目標）に対するパフォーマンスを記述する。

（出所）　サステナビリティ日本フォーラム私訳「最終報告書 気候関連財務情報開示タスクフォースの提言最終報告書」（2017年6月）をもとに筆者作成

の財務報告での開示を原則としているため、多くの企業は、サステナビリティ報告書などで開示している。しかし、日本における年次財務報告書とは、有価証券報告書であり、昨今、有価証券報告書に記載する企業が増加している。なお、2023年1月、企業内容等の開示に関する内閣府令等の改正に

■図表7－5　有価証券報告書における記載例

アサヒグループホールディングス	「アサヒカーボンゼロ」（2050年CO$_2$排出量ゼロ）の達成に向けて、2030年までに500億円以上の投資を実施予定。2021年は酒類カテゴリー、飲料カテゴリー、食品カテゴリーについてシナリオ分析を実施。
味の素	特定したマテリアリティ項目について関連する機会とリスクを整理。2021年度は、グローバルのうま味調味料、および国内の主要な製品に関する2030年時点と2050年時点の気候変動による影響に関するシナリオ分析を実施。
INPEX	2050年自社排出ネットゼロカーボン等を目指す気候変動対応目標を定め、それに向けて5つの事業（水素事業の展開、石油・天然ガス分野のCO$_2$低減（CCUS推進）、再生可能エネルギーの強化と重点化、カーボンリサイクルの推進と新分野事業の開拓、森林保全の推進）を強力に推進。
資生堂	2026年までのカーボンニュートラル達成等のサステナビリティアクションの中長期目標と進捗状況を開示。長期的なリスク・機会について、1.5/2℃シナリオと4℃シナリオそれぞれの短期・中期・長期の定性的・定量的な分析結果と対応アクションを開示。
住友ゴム工業	2050年までに全工場でのカーボンニュートラルの達成を目指し、省エネ、太陽光パネルの設置やグリーン電力の購入拡大などを軸に取組みを推進。2022年12月にRE100へ賛同。
ブリヂストン	2050年を見据えた長期目標としてカーボンニュートラル化、100％サステナブルマテリアル化、生物多様性ノーネットロスを設定。移行リスクおよび機会が評価できるように、社内カーボンプライシングによるCO$_2$排出コストと削減効果を加味した投資判断を実施。
丸井グループ	TCFD提言を気候変動対応の適切さを検証するベンチマークとして活用。事業への財務的影響を気候変動シナリオ等に基づき分析し、2050年までの間に想定される利益への影響額を項目別に算定。
三井物産	2050年ネットゼロエミッションへの実現に向けて、2030年に2020年3月期比でGHGsインパクト半減を目指す。

（出所）　各社の直近の有価証券報告書（2023年5月11日アクセス）をもとに筆者作成

より、有価証券報告書等において、「サステナビリティに関する考え方及び取組」の記載欄が新設され、サステナビリティ情報の開示が求められることとなった。

有価証券報告書への記載は、機関投資家に対して事業を評価してもらうことへの意思表示と見られ、その動きは歓迎される。投資家等は、これらの情報をもとに、投資先における気候関連のリスクと機会が将来のキャッシュフロー、損益計算書や資産・負債にどのように影響するかを評価するのである（図表7－5参照）。

　TCFDは、気候変動に関する財務情報開示を積極的に進めていくという趣旨に賛同する機関等を公表している。図表7－6に示すとおり、TCFDの提言について支持を表明している団体は増加しており、金融機関は4割程度を占める。

　たとえば、世界最大の投資ファンドである米国のブラックロック（資産は、2023年6月時点1,362兆円）は、TCFDへの支持を表明し、2017年から2018年の投資で優先すべき5つの責務の1つとして、気候変動リスクに関する情報開示を挙げ、2017年12月には、株式を保有する120社に対して気候変

■図表7－6　TCFDの提言支持表明機関・団体の推移

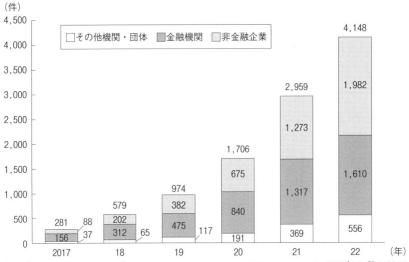

（出所）　TCFDのデータ（https://www.fsb-tcfd.org/tcfd-supporters/、2023年5月8日アクセス）をもとに筆者作成

動リスクの開示を要求した。

　国連環境計画金融イニシアティブ（UNEP FI）は、2018年3月に機関投資家9機関とともに、TCFDガイドラインに基づく情報開示を推進するパイロットプロジェクトを発足させ、世界大手16銀行が銀行向けTCFDガイダンスを策定した。また、国連責任投資原則（PRI）も、2018年5月にアセットオーナー向けにTCFDガイドラインの実施ガイダンスを発行している。その後、2019年2月、PRIは署名機関に対し、2020年の年次報告よりTCFD関連設問への回答を義務化すると発表した。

　このように国際機関を中心に、銀行および機関投資家向けに、TCFDが提言する気候変動に関する情報開示を促す施策が続々と進行している。図表7−7に示すように、フランスをはじめ英国などでも気候関連情報開示の義務付けに動いており、多くの国でTCFDに基づいた情報開示に関し、義務化の傾向が見られる。

　ESG投資家が評価するのは、企業の経営戦略とリスク管理そのものである。CSRや環境に係る業務を担当する部署が主体となってCO_2排出量に関する過去の実績データ等をとりまとめたうえで、企業として、パリ協定の2℃目標あるいは、それを下回る将来の異なる気候シナリオを考慮して、組織の戦略のレジリエンスを説明する必要がある。しかし、企業にとって長期のシナリオプランニングの構築は経営層、経営企画、財務部や事業部門等の関与なくして容易に対応できるものではない。

　PRIに署名したわが国の年金積立金管理運用独立行政法人（GPIF）は、全体のポートフォリオに対してESG投資を行っていくことを表明している。**ユニバーサルオーナー（巨額の運用資産を持ち、中長期的な視座に立って、幅広い資産や証券に分散投資を行っている投資家）**であるGPIFは、環境負荷の大きい銘柄除外を行うダイベストメントはGPIFの方針と合致せず、**ポジティブスクリーニングによる、業種内での相対評価を行う**ことが望ましいとしている。また、GPIFが資金の運用をする運用受託機関と投資先企業との間の建設的な対話を促進するため、企業のESG情報開示が重要であるとの認識を示している。

■図表7-7　TCFDを踏まえた各国の動向

EU	・欧州銀行監督局、EU加盟国の規制市場での取引を認められた有価証券を発行した大手金融機関を対象に、TCFD提言などのイニシアティブに沿った気候変動関連リスクを含む、ESGリスクの開示に関する技術基準を実施する最終草案を公表。資本要求規制（CRR）において、大手金融機関は2022年6月28日から気候関連リスクを含むESGリスクの情報開示が義務付けられた。 ・TCFD提言に沿った非財務情報開示指令（NFRD）を改訂し、新たにタクソノミー開示の対象を拡大する企業サステナビリティ報告指令（CSRD）を公表し、ダブルマテリアリティに基づき、企業が環境・社会に影響を及ぼす、ESG関連情報の開示を要求。EUの企業報告機関である欧州財務報告諮問グループ（EFRAG）は、2022年5月に企業サステナビリティ報告指令（CSRD）の基準草案に関する協議を開始し、EU持続可能性報告基準（ESRS）の草案を発表。欧州議会・欧州理事会・欧州委員会による三者間協議の結果、欧州議会は2022年11月にCSRDを最終承認し、2023年より適用開始。
フランス	・エネルギー移行法第173条において、アニュアルレポートのなかで、気候変動関連リスクに関する情報開示を義務化（2015年）。 ・フランス財務省は、気候変動と生物多様性の損失に基づくリスク報告の観点や、G20が支持するTCFDに沿った報告の観点で、エネルギー移行法第173条による規制を強化する計画に関する市中協議の結果、生物多様性の損失や2030年目標の開示を義務化（2021年6月）。
英国	・ビジネス・エネルギー・産業戦略省は2021年10月に大企業および指定金融機関に対し、TCFDに基づく情報開示を義務化する会社法規則案を発表。その結果、上場企業と大手アセットオーナーに対し年次報告書におけるTCFD提言に沿った情報の開示義務付けが、2022年4月6日以降の会計年度の報告から適用された。2023年中に対象企業の拡大を検討し、2025年まで段階的に義務化を進める予定。 ・金融行動監視機構（FCA）は、2021年に公表された「TCFD指標、目標、移行計画に関するガイダンス」に基づき、資産運用会社や規制対象企業などの特定の金融セクター企業や上場企業に対し、2023年から気候変動移行計画の公表を義務付けることを発表。2022年11月に移行計画開示案とガイダンス案の市中協議を実施。今後、官民で構成される英国Transition Plan Taskforce（TPT）の報告書を踏まえて、FCAが開示要件を策定する予定。
米国	・SECは、TCFD提言とGHGプロトコルに基づいた気候変動開示案を2022年3月に提示し、上場企業に対し、「ガバナンス」「気候関連リスクの戦略・事業への影響」「リスク管理」「指標」「気候関連目標・移行計画」「GHGs排出量」の開示を求めている。規制案ではScope1、2の開示は第三者保証が求められ、Scope3の開示は重要な場

	合／目標を設定している場合は開示が要求される。企業の登録グループにより 3 年間で段階的に実施される想定であり、規則の発効日後の最初の会計年度に、最初のグループの開示が義務化される。
カナダ	・金融機関監督庁（OSFI）は、2022年に連邦規制金融機関に対して気候変動開示ガイドラインに関する協議を行い、2024年から連邦規制金融機関に対してTCFD提言の枠組みに沿った気候関連財務情報開示を義務付け、「段階的導入」方式を採用する予定。
中国	・中国環境報告ガイドラインへのTCFDの枠組みの盛り込みを模索、2020年に全上場企業に義務化する意向を示す（2018年 1 月）。 ・英政府と共同でパイロットプロジェクトを発足し、 2 年目の進捗レポートを発行（2020年 5 月）。 ・中国工商銀行（ICBC）は、中国におけるTCFDフレームワークの採用と実装に向けて、TCFD提言やガイダンス等、5 つの文書を翻訳。

（出所）　環境省「TCFDを活用した経営戦略立案のススメ〜気候関連リスク・機会を織り込むシナリオ分析実践ガイド2022年度版」（2023年 3 月）をもとに筆者作成

　TCFDが開示を推奨する情報のカテゴリーについて簡単に例を挙げよう。まずガバナンスにおいて、気候変動の対応は取締役会の決議事項とし、中長期計画のなかで目標達成の管理をするなどの体制を整える。また、ビジネス戦略を立てる際、気候変動におけるビジネスのリスクと機会の評価プロセスにおいて、CO_2 1 トン当たりのカーボンプライスを設定しプロジェクトの感応度分析を行う。TCFDは気候変動リスクの財務的インパクトの開示を求めており、いかに損益計算書（PL）などに炭素コストが影響するかの情報は投資家にとっても有益である。さらに重要なのは、長期ビジョンに基づいたシナリオ分析である。公的なシナリオを基本に独自のシナリオをいくつか設定し、移行リスク、物理的リスクおよびビジネス機会に対して管理体制を構築する。これは、つまり、ESG情報の構築そのものである。

　しかし、日本企業にとって、開示した情報が投資家にどのように見られるのか、定量的な情報が独り歩きして、ネガティブに評価されるのではないかという懸念は拭いきれない。また、それらの開示された非財務情報がどれほど企業価値および株価に影響するか確立されているわけでもない。しかしながら、非財務情報が開示されていなければ投資家には評価されない。長期視点の投資家に対して成長戦略を語る必要がある。気候変動に関してはTCFD

208

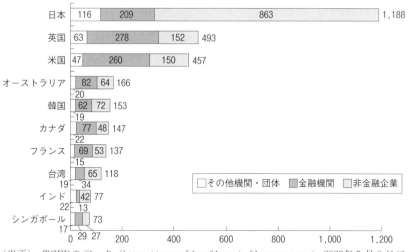

（出所）　TCFDのデータ（https://www.fsb-tcfd.org/tcfd-supporters/、2023年5月8日アクセス）をもとに筆者作成

が推奨するような情報開示ができない経営であることはリスクであり、情報を開示しないことが機会の損失になりうるのである。わが国では2019年5月にTCFDコンソーシアムが設立され、日本企業の機会損失を防ぐため、事業会社をはじめ金融機関に参加を促し、情報開示の質の向上を図っている。図表7－8に示すように、TCFDの賛同企業数は日本がそのトップを占めているのは、このコンソーシアムの参加企業の取組みが功を奏しているためである。

 3　TCFDの発展とISSBによる開示基準の策定

　TCFDへの対応は、不透明な将来の状況のもとで事業がどのように行われ継続するかについて、組織としての検討・理解を促す重要な戦略的思考のツールであり、長期視点の投資家から見れば、将来の変化に対する強靱性を持っている経営か否かを判断する材料となる。とはいえ、最初から完全な開

示を行うことは困難である。ガバナンス体制や定量化可能な情報などできるところから開示に着手し、投資家との対話（エンゲージメント）を通じて、開示の内容・精度を高めていくことが、企業価値の向上につながると考える。すでにグローバル企業は開示しないリスクの認識が高く、急ピッチで開示を進めている。

　コーポレートガバナンス・コードの再改訂（2021年6月実施）では、東京証券取引所による市場再編（2022年4月一斉移行）においてプライム市場に該当する上場企業にはより高いガバナンス水準を備えた全原則の適用が示された。そのなかで、特にプライム市場上場企業は、TCFDまたはそれと同等の国際的枠組みに基づく気候変動開示の質と量を充実させ、サステナビリティについて基本的な方針を策定し自社の取組みを開示することを求めるとしている。しかしながら、今後はプライム市場以外の上場企業において、同開示が求められないということではない。

　2021年10月に、TCFDはさらなるガイダンスを発表した[1]。その後、2023年7月には、金融安定理事会（FSB）は、TCFDで進めてきた気候関連財務情報開示勧告に沿った企業の自主的な情報開示に関するモニタリング機能を、2024年から**国際サステナビリティ基準審議会**（International Sustainability Standards Board：ISSB）に引き継ぐことを発表。ISSBが6月にサステナビリティ全般と気候についてそれぞれの両情報開示基準を公表したが、同開示基準は、TCFDの勧告に基づいている。TCFDは2023年9月の年次進捗報告の公表を最後にその役割を終え、ISSBを統括するIFRS財団がTCFD勧告に準拠した企業の気候情報開示の進捗状況のモニタリング業務を担う。

　これまで述べたように、金融機関に対する気候変動関連の情報開示は、企業経営にとって重要な条件になってきている。Thaler and Sunstein（2008：p.203；遠藤訳、2009：p.296）は、行動経済学の見地から気候変動問題に関する低コストの政策として、各国政府はGHGs排出目録を作成し、GHGsを大

1　指標、目標、トランジション計画に関するガイダンスを発表。戦略については、組織への実際の経済的インパクト、低炭素経済への移行計画（トランジション計画）、組織への潜在的な財務的インパクトについて、より明確な情報開示を推奨している。

量に排出する企業に情報開示を義務付けるべきとしている。情報開示により、排出源がわかればGHGs排出量の継続的なモニタリングが可能となり、政府は規制措置を検討することができるとしている。さらに、政府だけでなく、投資家や金融機関も投融資の評価を正確に行うことができるとも指摘している。

　また、グリーンボンドの発行体は、投資家に対して資金使途に関するインパクトについて報告することが求められており、金融機関が、グリーンボンドを発行する場合でも、たとえば、グリーンボンドで調達した資金を貸し付けたグリーン事業によって生じる影響を定量的に投資家に報告をする。したがって、TCFDの金融セクター向け補助ガイダンス（図表7－3参照）に沿って、金融機関は債券・株式の保有やローンポートフォリオ等の状況を開示する際、グリーンボンドを発行または購入することにより座礁資産リスクを低減している等、銀行の保有資産における気候変動リスクの低さをアピールすることができる。

サステナブルファイナンスの動き

　欧州議会は、2016年12月より、EU金融総局の下に専門家グループ（High-Level Expert Group on Sustainable Finance：HLEG）を発足させた。持続可能性向上のための資金誘導を目指した制度改革を進めるためである。主な目的の1つとして、パリ協定および国連が2015年に採択した持続可能な開発目標（Sustainable Development Goals：SDGs）を達成するために、金融機関が活動するに当たり、そのリスクの透明性を高めることが挙げられている。

　2018年、HLEGは、サステナブルファイナンスに関する最終報告書を公表した。HLEGは、アクションプランを策定し、まず、**サステナブルな金融活動の分類（タクソノミー）**を作成した。このタクソノミーは、金融の特定の経済活動を環境的にサステナブルかどうかで分類し、自動車など、気候変動緩和に大きく貢献する8つの産業セクターの67の経済活動ごとに、気候や環境によい経済活動を評価する仕組みをつくるためのものである。活動の対象としては、(a)気候変動の緩和、(b)気候変動の適応、(c)水および海洋資源の持続可能な利用と保全、(d)サーキュラーエコノミーへの転換、(e)汚染防止と管理、(f)健全な生態系の保護、が明示されている。**EUタクソノミー規則**は2020年7月に施行され、委任規則によってそれぞれの目的に沿った経済活動を明示した詳細なグリーン・リストを定めている。2021年4月に気候変動の緩和と気候変動への適応をカバーする委任規則を公表し、2022年1月1日から適用が開始されている。

　また、国連環境計画金融イニシアティブ（UNEP FI）は、2019年に**国連責任銀行原則**（Principles for Responsible Banking：PRB）を発表し30の銀行とPRB創設機関を発足させた。PRIからかなり遅れての発足であったのは、銀行は取引先との関係が深く、簡単に融資先を変更できないことが背景にあるといわれる。PRBは国連のSDGsやパリ協定などの社会の動きに銀行業界の

動きを整合させる目的のものである。銀行の融資額が、世界の資金供給の3分の2を占めるなかで、各銀行に対して、自行の業務活動、商品・サービスが、社会や環境にどのような影響を及ぼしているのかを評価するよう求めている。PRBに署名した銀行は、影響に対する管理目標を定め、その進捗状況を報告しなければならない。また、銀行は取組み内容を公表し、説明責任を果たし透明性を担保しなければならない。PRBは、2019年に発足した段階では、49カ国の銀行130行が加盟しており、その資産は47兆米ドルを超える。その後、2022年12月時点の署名銀行数は310を超え、保有資産総額は90兆ドルにのぼり、世界の銀行の保有資産残高の約半分に相当する（日本からは大手都市銀行を中心に9行が参加している）。

PRBの6原則は（図表7－9参照）、銀行業務による人々や環境への影響

■図表7－9　PRBの6原則

原則1	整合性： SDGsやパリ協定、各国・地域の枠組みで表明されている個々人のニーズや社会的な目標に事業戦略を整合させ、貢献する
原則2	インパクトと目標設定： 銀行業務による人々や環境への負の影響を軽減し、リスクを管理し、正の影響を継続的に増大させる。そのための目標を設定し、公表する
原則3	顧客： 顧客と協力して持続可能な慣行を奨励し、現在および将来の世代に共通の繁栄をもたらす経済活動を可能にする
原則4	ステークホルダー： 社会的な目標を達成するため、関係するステークホルダーと積極的かつ責任を持って協議、関与する
原則5	ガバナンスと企業文化： 効果的なガバナンスと責任ある銀行としての企業文化を通じて、これらの原則に対するコミットメントを実行する
原則6	透明性と説明責任： これらの原則の個別および全体的な実施状況を定期的に見直し、正負の影響および社会的な目標への貢献に関する透明性を保ち説明責任を果たす

（出所）　PRB「PRINCIPLES FOR RESPONSIBLE BANKING Shaping our future」（2019年）をもとに筆者作成

■図表7−10　大手金融機関のサステナブルファイナンス目標額の設定状況

金融機関名	概要
バンク・オブ・アメリカ	2007年：環境ビジネスイニシアティブのもと、次の10年間で200億ドルを投資。 2015年：環境ビジネスイニシアティブのもと、追加で1,250億ドルを投資。 2019年：次の10年間で3,000億ドルを投資するサステナブルファイナンスコミットメントを公表。 2021年：2030年までに1.5兆ドルを投資するサステナブルファイナンスコミットメントを公表。
バークレイズ	2018〜2025年の間に合計1,500億ポンドを社会・環境・サステナビリティ分野に投資。 2018〜2030年の間に合計1,000億ポンドをグリーン分野に投資。 2023〜2030年の間に合計1兆ポンドをサステナビリティ・トランジション分野に投資。
シティバンク	2030年までに5,000億ドルを、環境分野（再生可能エネルギー、クリーンテクノロジー、水保全、持続可能な輸送）、5,000億ドルを環境分野以外のSDGs（教育、アフォーダブル・ハウジング、ヘルスケア、経済的インクルージョン、コミュニティファイナンス、国際開発ファイナンス、人種・民族の多様性、ジェンダー平等）に投資。
ゴールドマン・サックス	2030年までに7,500億ドルを投資するサステナブルファイナンス目標を設定。
HSBC	2017〜2025年の間に合計1,000億ドルを、パリ協定およびSDGs貢献に寄与するクリーンエネルギー、低炭素技術・事業に投資。 2020〜2030年の間に7,500億〜1兆ドルを投資。
ING	2018年より、同社が保有する融資ポートフォリオ（6,000億ユーロ）をパリ協定の2℃目標に合わせてシフトする「Terra approach」を開始。GHGs多排出セクターに対する融資が気候変動レジリエンスに貢献しているか測定・評価する。 ホールセールバンクで2025年までに年間1,250億ユーロのサステナブルファイナンスを動員。
JPモルガン・チェース	2021〜2030年の間に2.5兆ドル以上を、気候変動対策と持続可能な開発への貢献に投資。うち、1兆ドルをグリーンイニシアティブに投資。
ウェルズ・ファーゴ	2021〜2030年の間に5,000億ドルを、環境維持活動（再生可能エネルギー、エネルギー効率、グリーンビルディング、クリーン輸送）と排除された、十分なサービスを受けていない、または疎外されている人々やコミュニティに投資。

（出所）　各社ホームページの情報をもとに筆者作成（2023年5月11日アクセス）

（インパクト）について正負の両面を分析しその分析結果に基づく目標の設定
と実行を求めている。PRBに署名してから進捗状況の報告を完了するまでに
は4年間の猶予が与えられている。なお、環境省は、2021年3月に「責任銀
行原則（PRB）の署名・取組ガイド」を公表している。

　これらの動きに呼応して、世界の大手金融機関は、サステナブルファイナ
ンスの目標額を公表している（図表7−10参照）。特に、グリーンボンドを発
行することによって、TCFD同様、前記の管理目標の早期達成や目標自体の
積み上げに活用するとしていることが特筆されよう。

　EU議会が2021年7月に提案し、2023年3月に暫定合意した**グリーンボン
ド基準**はChapter5−2で説明したICMAのグリーンボンド原則よりも厳格
である。たとえば、グリーンボンドの発行体に対し、資金使途のグリーン事
業の実績および推定される影響について投資家への報告を義務付け、さら

■図表7−11　各国のタクソノミー策定状況

国・地域	概要
シンガポール	・2021年1月：グリーンタクソノミー案公表。対象とする事業を4分類に定義：①気候変動の緩和　②気候変動の適応　③生態系の保護　④リソース・レジリエンスの促進
中国	・2015年：「グリーンボンド適格プロジェクトカタログ」を公表 ・2019年：「グリーン産業ガイダンス・カタログ」を公表 ・2021年4月：「グリーンボンド適格プロジェクトカタログ」2021版を公表。化石燃料プロジェクト等を対象から除外 ・2022年7月：「中国グリーンボンド原則」を発表
マレーシア	・2021年4月：気候変動分野を対象としたタクソノミー・ガイダンスを公表（活動ごとに5つのタクソノミーに分類）
ASEAN	・2021年11月：「サステナブルファイナンスのためのASEANタクソノミー」を公表
韓国	・2021年12月：ガイドブック「Kタクソノミー」を公表。天然ガスは対象、原子力は除外
インドネシア	・2022年1月：グリーン・タクソノミー公表。経済活動をグリーン・イエロー・レッドの3区分に分類

（出所）　経産省「トランジション・ファイナンスに関する国内外の動向」（2022年9月）、
　　　各国公表情報等をもとに筆者作成

に、発行前と資金充当後に、そのプロセスと内容に関して外部評価を受けることを義務化し、その評価内容は公表されるべきものとしている。このような基準は、充当資金が**グリーンウォッシュ（見せかけのグリーン）**であるというリスクを低減し、投資家にとってはグリーンボンド購入後の評判リスクの回避になるものである。世界には、様々なグリーンボンド基準が存在するが、各国でサステナブルファイナンスに関するタクソノミーが策定されている状況を鑑みれば、EU議会が同基準の支援策を推し進めることを計画していることが、すでに相当の影響を与えていると見られる（図表7−11参照）。

1 グリーンローンの台頭と
サステナビリティ・リンク・ローン

　EUのサステナブルファイナンスのタクソノミーは、2020年7月から施行されているが、その適用範囲はいまだ議論が続いている。たとえば、原子力の扱いである。2022年1月にこれらを含める方向で検討を開始したと発表されたことは日本でも大きく報じられた。これは、欧州各国の電源構成が大いに異なるためであり、原子力への依存度が高いフランス、フィンランド、チェコなどは原子力を必要とするが、ドイツ、オーストリア、ルクセンブルクなどは反対する。ただし、天然ガスについては、ドイツなどはタクソノミーに含めることに反対はしていない。

　一方、本タクソノミーの原案が2018年に公開されて以来、サステナブルファイナンスの新たな金融サービスが続々登場している。たとえば、企業や地方自治体等が、国内外のグリーンプロジェクトに要する資金を調達する際に用いられる**グリーンローン**、社会課題の対応に資するプロジェクト（ソーシャルプロジェクト）向けの資金調達に用いられるローンである**ソーシャルローン**がある。また、資金使途を限定せず、資金の借り手が自身で野心的な**サステナビリティ・パフォーマンス・ターゲット（SPTs）**を設定しその達成をベンチマークとする**サステナビリティ・リンク・ローン（SLL）**がある。借り手側は、事前に設定したSPTsに対して改善度合いを測定して、その結果を融資後貸し手側にレポートし、借り手側の改善度合いによって融資

条件が連動するものである。

2 トランジションファイナンス

　そもそも、パリ協定の前文において、「自国が定める開発の優先順位に基づく労働力の公正な移行並びに適切な労働（ディーセント・ワーク）および質の高い雇用の創出が必要不可欠であることを考慮」することが述べられており、**気候変動対策においては円滑な雇用移動（公正な移行）が求められ**る。国際労働機関（ILO）は、2017年3月、UNFCCCとの間で「公正な移行」に関する覚書を交わしており、この「公正な移行」を進めながら、2050年までにネットゼロへの移行（トランジション）を確実にするために、気候ファイナンスのさらなる拡大が求められる。そこで、大手投資銀行などがトランジションファイナンスを開始した。たとえば、2019年、ゴールドマン・サックスは、化石燃料関連の投融資の削減とともに、持続可能な交通、食料生産、教育などを含む**クライメート・トランジション**への投資などに7,500億ドルを充てると発表した。

　そのような背景のもと、2020年12月、ICMAが、「**クライメート・トランジション・ファイナンス・ハンドブック**」を策定した。同ハンドブックは、クライメート・トランジション関連の目的を持って債券市場で資金調達を行う際に参照できるガイダンスとしている。なお、本ガイダンスは、負債性金融商品に「トランジション（移行）」という表示を付す場合（グリーンボンドやサステナビリティ・リンク・ローン）の「発行体における気候変動関連のコミットメントと実践に関する信頼性に着目した概念」であるとしており、特に、排出削減困難（hard-to-abate）なセクターにおいては、そのベンチマークや資金使途の信頼性の確保のための開示要素を列挙している。その主要素としては、(a)発行体の気候変動トランジション戦略とガバナンス、(b)ビジネスモデル上の環境マテリアリティ、(c)科学的根拠に基づく気候変動トランジション戦略（目標と達成経路を含む）、(d)実施計画の透明性などを挙げている。

　なお、ここで注目されるのは科学的根拠に基づく戦略である。パリ協定が

求める水準と整合した、5年から10年先を目標年としてGHGs排出削減目標を設定する企業を認定する国際イニシアティブである、Science Based Targets initiative（SBTi）の認定を受ける企業が増加しており、特に、英国、米国に認定企業が多い（図表7−12参照）。トランジションファイナンスを受けるためには、ファイナンス対象の資金使途のトランジション性もさることながら、発行体もしくは借り手側がトランジションに対する明確なシナリオが示され確実に実施されるガバナンスが求められよう。

　また、同セクターの発行体は、ネットゼロを長期的に実現できる業務見通しを確保するための支出、つまりトランジション戦略案に寄与するのは「グリーン関連支出」だけではなく、トランジションが労働者やコミュニティにネガティブ・インパクトを与える可能性がある場合には、「公正な移行（just transition）」に関する考慮をクライメート・トランジション戦略についても示すべきとしている。すなわち、ICMAの示すトランジションファイナンスは、前述の「公正な移行」を支える大きな意味のトランジションファイナンスの一概念であるといえるだろう。

■図表7−12　SBTi認定企業国別トップ10

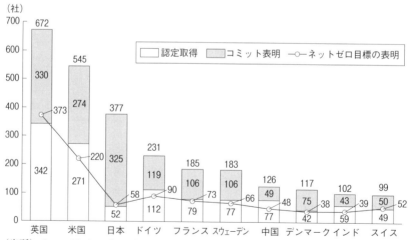

（出所）　https://sciencebasedtargets.org/companies-taking-action/（2023年5月8日アクセス）をもとに筆者作成

B. Caldecott（2020）は、トランジションファイナンスの定義は、地方、準国家、国家、超国家的、およびグローバル組織のレベルによって様々であり確定していないことを指摘している。たとえば、Robins（2020）とRobins, Brusting and Wood（2018）は、「公正な移行」債券がソブリンによって発行され、排出削減の困難性がよりクリーンな「新技術」に投資するための助成金を支給したり、排出削減の困難性が閉鎖されたときに失業した企業のために新しいスキルのトレーニングを援助したりすることが含まれるとする。それに従えば、民間金融機関が自らトランジションファイナンスを実施する際、グリーンタクソノミーなどに合致するファイナンス、および、それに資するファイナンスを増加させていくことがトランジションファイナンスであると筆者は考える。

金融機関の監督における
気候関連リスク管理の考慮

　「気候変動リスクに係る金融当局ネットワーク」（Network for Greening the Financial System：NGFS）は、2017年12月に、金融監督上の環境・気候関連リスクへの対応と、持続可能な経済への移行を支える資金動員に貢献することを目的として、フランス銀行、イングランド銀行、シンガポール金融管理局、中国人民銀行等の8つの金融監督当局および中央銀行により発足した。日本の金融庁と日本銀行も、それぞれ2018年6月と2019年11月に加盟しており、2023年6月時点で127機関が加盟している。NGFSは、パリ協定の目標達成には資源配分の抜本的な転換が必要であること、世界中に影響が及ぶ現代の大きな課題であることから、気候関連リスクに注力している。2019年4月には、初の包括的な報告書を公表し、金融監督当局・中央銀行による対応について6つの提言を示した（図表7−13参照）。

　同報告書では、金融機関や金融セクターが環境悪化を引き起こす、あるい

■図表7−13　気候関連リスクへの対応に関するNGFSの提言

【中央銀行・金融監督当局向け】	
提言1	金融安定性のモニタリングとミクロ・プルーデンスの監督に、気候関連リスクを組み込む
提言2	中央銀行のポートフォリオ管理にサステナビリティの要素を組み込む
提言3	気候リスク評価に必要なデータのギャップ（不足）を埋める
提言4	気候変動と金融リスク・機会との関係について認識と知見を深め、技術的な支援や知見を共有することを奨励する
【政策決定者向け】	
提言5	堅牢かつ国際的に統一された気候・環境関連情報開示を実現する
提言6	経済活動のタクソノミー（分類法）の開発を支援する

（出所）　NGFS "A call for action：Climate change as a source of financial risk"（2019年）をもとに筆者作成

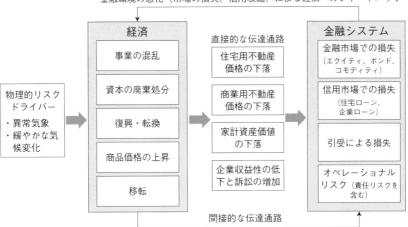

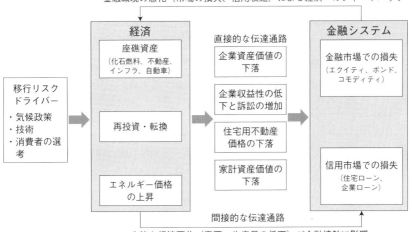

（出所）　NGFS "A call for action : Climate change as a source of financial risk"（2019年），
　　　　p.14, Figure1, p.17, Figure2 をもとに筆者作成

は環境悪化による影響を受けることで生じるリスク（信用リスク、市場リスク、オペレーショナルリスク、訴訟リスク等）を環境関連リスクと定義している。また、気候関連リスクについてはTCFD提言に沿って、物理的リスク（異常気象による被害等）と移行リスク（気候変動政策の進展に伴う温室効果ガス排出量の多いセクターの資産価値の低下等）に金融機関や金融セクターがさらされることで生じるリスクを指すとしている（図表7－14参照）。

1 気候シナリオ分析とストレステスト

　NGFSは、ミクロ・プルーデンスと監督、マクロ経済等いくつかのテーマに沿って検討を進めており、2020年5月に金融機関の監督業務に気候関連リスクを組み込むためのガイドを公表した。

　同ガイドでは、TCFD同様、気候関連リスクに関する金融機関のポートフォリオに与える影響を、物理的リスクや移行リスクが投融資先企業の将来キャッシュフローに与える影響を分析するための「シナリオ分析とストレス

■図表7－15　気候関連リスク管理に関する監督上の期待要件

・ガバナンス：気候関連リスクを効果的に管理するため、ガバナンス体制のなかで責任を明確に定義・分担することを期待する
・戦略：事業環境の潜在的な変化を認識し、気候関連リスクに対応するための短中長期の戦略を採用することを期待する
・リスク管理：重要なリスクの特定、評価、モニタリング、報告、管理に関する方針と手続を有し、これらに気候関連リスクを組み込むこと、並びにモニタリング、報告、管理用の適切な指標を開発することを期待する
・シナリオ分析とストレステスト：気候関連リスクの大きさや規模を把握するため、必要な方法論やツール（シナリオ分析やストレステスト）を開発することを期待する
・情報開示：金融機関がさらされている気候関連リスク、当該リスクが金融機関の安全性・健全性に与える潜在的な影響、当該リスクの管理方法について、TCFD提言に沿って情報を開示することを期待する

（出所）　NGFS "Guide for Supervisors Integrating climate-related and environmental risks into prudential supervision"（2020年）をもとに筆者作成

テスト」を示している（図表7−15参照）。

　NGFSは、金融監督当局や中央銀行が自らシナリオ分析を実施する、あるいは金融機関に対してシナリオ分析を求める際に、各国で共通して参照できるようなシナリオを示している。2050年に脱炭素が実現するシナリオは、世界全体のGDPや人口動態などマクロ経済の推移と気候変動対策の開始時期や導入プロセス、技術革新のスピードを組み合わせた6つのシナリオを定め、将来のエネルギー政策やCO_2排出量の変化等の様々な項目をシナリオ別に提示している。NGFSは、気候シナリオを活用した官民でのケーススタディの蓄積をすることにより、さらに、中央銀行におけるシナリオ分析を推進する。

　以下は、シナリオ分析による事例である。
・気候変動対策に係る産業間の調整不備や、炭素税により増加する歳入の活用方法、CO_2除去技術の利用状況などの違いによる、経済影響の相違。
・新興国が先進国よりもCO_2排出量の削減ペースが遅く、インドや米国での経済へのマイナス影響。
・炭素税の導入に伴い、2020年代半ばには世界的にインフレ率が大幅に上昇し、投資需要の増加も相まって、長期金利も持続的に上昇する見通し。2050年の日本の長期金利は5％に達すると想定。

　NGFSの動向に呼応して、各国の中央銀行・金融当局、および、日本銀行は対策に動き出している（図表7−16参照）。たとえば、英国イングランド銀行は、2021年6月、英国国内の大手銀行や保険会社における気候リスクへの対応力を判断するため、NGFSの開発したシナリオ分析の手法を参照したストレステスト（健全性審査）を実施することを発表し、2022年5月に結果を公表した。欧州中央銀行も、2022年に同様のストレステストを実施する方針を表明し、2022年7月に結果を公表した。

　日本においても、金融庁が2021年8月に公表した「2021事務年度 金融行政方針」で、日本銀行と連携し、3メガバンク・大手損保3グループを対象に、NGFSシナリオを共通シナリオとするシナリオ分析の試行的取組みを実

■図表7－16　各国中央銀行・金融当局のNGFSの動向に対応した動き（例）

英国イングランド銀行 （BOE）	気候変動が英国の金融システムに与える影響を評価するため、大手銀行・保険会社を対象に2021年6月に気候隔年探索シナリオ分析を実施、2022年5月に結果公表。
欧州中央銀行（ECB）	銀行の気候リスクへの準備態勢の評価と気候リスクに対処するためのベストプラクティス収集を目的に、大手104行を対象に気候変動ストレステストを実施し、2022年7月に結果を公表。
金融庁・日本銀行	データの制約や分析の仮定・手法の妥当性等、シナリオ分析の改善・開発に向けた課題の把握を目的に、3メガバンク、3大手損保グループを対象に2021事務年度実施、2022年度8月に結果公表。
米国連邦準備制度理事会 （FRB）	2021年3月に「監督気候委員会」「金融安定気候委員会」設立。2022年9月、大手銀行6行と共同で、様々な気候シナリオに対する金融機関の耐性を評価し、監督当局と企業が気候関連の金融リスクを測定・管理する能力を高めることを目的とした気候シナリオ分析の試験運用を開始することを発表。

（出所）　BOE、ECB、日本銀行、FRB等のプレスリリースをもとに筆者作成

施し、2022年8月に結果を公表している。

２　EUのサステナブルファイナンス開示規則（SFDR）

　「グリーンウォッシュ」や「サステナビリティウォッシュ」の金融商品・サービスから利用者を守るためにも、金融機関やデータ提供機関等に対し、金融商品・サービスにおけるサステナビリティ関連のリスクや重要事項、運用におけるサステナビリティリスクの検討方針や投資の意思決定への統合方法に関する透明性や説明責任がますます求められている。

　EUが2019年9月に採択し、2021年3月より発効している「サステナブルファイナンス開示規則」（Sustainable Finance Disclosure Regulation：SFDR）は、これらの透明性を高めるための指令である。サステナビリティを選好する利用者がサステナビリティ課題の解決に貢献するような投資商品・サービ

スを利用できるよう、銀行、保険会社、資産運用会社等の金融市場参加者と金融アドバイザーに対して情報開示を義務付けている。具体的には、まず企業レベルにおいて、投資の意思決定や助言にサステナビリティリスクを組み込む方針や、投資商品・サービスがサステナビリティに及ぼす悪影響への配慮に関する方針等を開示することを求めている。さらに、投資商品・サービスのレベルにおいても、サステナビリティリスクを組み込む方針等を目論見書や年次報告のなかで開示することを要求している。なお、全ての投資商品・サービスは、サステナビリティの考慮の程度に応じて、サステナブル投資を目的とするもの（第9条）、投資目的ではないが環境・社会の特性を促進するもの（第8条）、サステナビリティに関連しない通常のもの（第6条）の3種類に区分することが規定されている。

3 アセットオーナー、資産運用会社の行動強化

　世界最大の資産運用会社である米国のブラックロック（運用資産額は2021年3月時点で980兆円）は、2017年に120社に対して気候変動リスクの開示を要求して以来、同ファンドのCEOのラリー・フィンク氏は、毎年の投資先へのレターに気候変動の強化を求め、気候変動の株主提案への賛同などを始めた。ESG格付け機関であるMSCIは投資先のESG評価のなかで「低炭素移行スコア」のみを活用したClimate Change Indexesを設定している。また、2021年にMSCIは、2050年カーボンニュートラルの実現に向けた対応を資産運用者、銀行、企業へ要求し始めた。コロナ禍においても137の機関投資家が、多排出企業1,800社以上に対し科学的根拠に基づく1.5℃目標の設定と2050年までのネットゼロ達成を要求するキャンペーンを展開した。参加している機関投資家の運用資産総額は20兆米ドルであり、日本の資産運用会社も参加している。そのほか、2050年までにGHGs排出量ネットゼロのポートフォリオへの移行を目指す**Net-Zero Asset Owner Alliance**がある。これは、37の機関投資家が参加しており（運用資産総額5.7兆米ドル）、石炭火力について、新規の石炭火力関連プロジェクト（発電所、炭鉱、関連インフラ含む）は

直ちに中止、既存の石炭火力発電所は1.5℃の排出経路に沿って全て段階的に廃止されるべきとしている。このようななか、野村アセットマネジメントは、ESG投資の指標の1つとして、カーボンプライシングを活用し、企業の自己資本やキャッシュフローと比較し、CO_2排出コストをどれだけ吸収できるかをサプライチェーンも含めて評価対象にしようとしている。

 ## 4 金融機関のカーボンプライシングの活用

2015年に世界銀行の声掛けにより、カーボンプライシングリーダーシップ連合（Carbon Pricing Leadership Coalition：CPLC）が立ち上がった。CPLCは、36の中央・地方政府、181の民間セクター組織、NGO、ビジネス組織、大学を代表する104の戦略的パートナーで構成されており、炭素価格の設定をサポートしている。CDPによると、2020年時点でインターナルカーボンプライシングを導入している企業は、世界で853社にのぼり、今後2年以内に導入予定の企業は1,000社以上にのぼる。わが国においても、INPEX、宇部興産、帝人、日立製作所、住友化学などインターナルカーボンプライシングを導入している事例が増加している。一方、金融機関も、投融資を通じた間接的なGHGs排出量を継続・開示するための**Partnership for Carbon Accounting Financials（PCAF）**という国際的イニシアティブが2015年に設立された。金融機関は、ファイナンスポートフォリオにおける、投資や融資など全ての資産クラスについてGHGs排出量を計測する手法を用いて定量的に把握し、2050年のカーボンニュートラルに向けて財務的インパクトを把握しながら戦略を立てる。これがTCFDで求められる戦略であり、投融資先の排出量が把握できれば、公的機関が示す価格、各金融機関が自ら設定する価格、インターナルカーボンプライシングなどで財務的インパクトが分析できるようになり、インパクトを測定する投融資が可能となる。PCAFは2023年5月現在380以上の金融機関等が加盟しており、日本からは26社が加盟している。

5 会計基準と気候変動

　2021年6月に、国際統合報告評議会（International Integrated Reporting Council：IIRC）とサステナビリティ会計基準審議会（Sustainability Accounting Standards Board：SASB）が合併し、価値報告財団（Value Reporting Foundation：VRF）という新たな国際NGOが発足した。両団体が合併した背景には、非財務情報開示の重要性が増すなかで様々な開示の枠組が乱立し、統一的でより簡潔な枠組みを求める企業や投資家の声が高まったことにある。IIRCは、規制当局、企業、投資家、会計の専門家、NGOなどによって2010年に設立された国際的な連合組織で、2013年、「国際統合報告フレームワーク（The International Framework）」を公表した。フレームワークでは、企業の「価値創造プロセス」において、財務資本だけではなく、製造資本、知的資本、人的資本、社会・関係資本、自然資本の6つの資本が利用され、事業活動を通じてこれらの資本に影響が及ぶという概念を提示している

■図表7-17　国際統合フレームワークが示す企業の「価値創造プロセス」

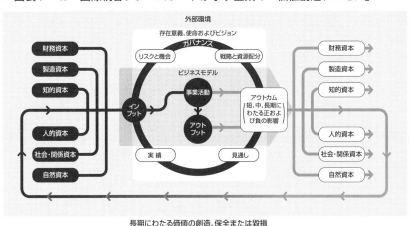

（出所）　IIRC「国際統合報告〈IR〉フレームワーク日本語訳」（2021年）、p.21

（図表 7 −17参照）。統合報告においては、こうした価値創造プロセスを踏まえて、特定の資本を大きく毀損することなく、どのように短・中・長期の企業価値を創造するのかについて説明することが期待される。

　SASBは、2011年に設立された米国のNGOで、2018年に企業の財務パフォーマンスに影響を与える可能性の高いマテリアル（重要）なサステナビリティ課題を11セクター・77業種ごとに特定し、それらに関する具体的な開示項目を示した「SASBスタンダード」を公表した。同スタンダードは、開示トピック、開示トピックのパフォーマンスを測定するための定量的・定性的な指標（Accounting Metrics）、指標の計算・記載方法に関する説明、企業の事業規模を定量化するための活動指標（Activity Metrics）で構成されてい

■図表 7 −18　サステナビリティ情報開示基準の変遷

る。GRIスタンダードで示される開示指標はマルチステークホルダー向けに網羅的であるのに対して、SASBスタンダードは投資・金融の観点から業界区分ごとに「重要」な開示項目を示している。

　VRFは、これらのツールをより緊密に連携させるため、2020年9月に、国際会計基準（International Financial Reporting Standards：IFRS）の設定主体であるIFRS財団とともに、サステナビリティに関する世界共通の開示基準を策定する意向を表明した。2021年11月には、財団傘下の新たな基準設定主体として「国際サステナビリティ基準審議会」（International Sustainability Standards Board：ISSB）が設置された。ISSBは、手始めにTCFDをベースにしたサステナビリティ基準のフレームワークの策定を開始しており、2023年6月に、国際的に統一されたサステナビリティ開示基準を公表した。ISSBに対しては、世界銀行、国際通貨基金、証券監督者国際機構（International Organization of Securities Commissions：IOSCO）、バーゼル銀行監督委員会などが支持を表明し、日本では、ISSB発足に合わせて、公益財団法人財務会計基準機構のもとにサステナビリティ基準委員会（Sustainability Standards Board of Japan：SSBJ）が設置された（図表7−18参照）。

金融機関が気候変動問題に対して
できること

　本著執筆中にも、サステナブルファイナンスに関する動きが加速している。本著は、気候変動問題に対する金融機関の行動変容に関して、実証的に、すなわち、年々変化していった気候変動対策の取組みの変遷に対比させる形で、実際の資金供給活動事例の数量や参加主体の変化を調べることにより、その動機付けの解明を試みたものである。

　従来は、環境保全と経済成長は対立的に捉えられてきたところであり、環境対策の実装に関し、民間金融機関が極めて大きな役割を特徴的に果たしたことは、これまでの環境問題の実例ではなかったことである。このため、本著では、民間金融機関の積極的な環境上の取組みが、経済合理的なものとして、どのように理解ができるのかという疑問に応えるべく、行動経済学の発想なども参考に解明を行った。

　本著では、まず、金融に関する定説的な理解では、気候変動対策に要する資金を金融機関が積極的に供給することは容易には理解し難い行動であることを確認した。しかし、金融機関のいわば本業としての環境上の取組みは近年顕著になっている。この行動変容のメカニズムを解明するうえで、本著では、有用なアプローチとして行動経済学の発想などを参考に考察を開始した。この結果、行動経済学的発想によってなされた環境政策の向上に向けた提言で採用されたアプローチは、政策に対してだけではなく、民間セクター、それも金融機関に対して適用することも十分可能であって、民間金融機関の行動変容の動機付けをはじめとしたメカニズムは、このアプローチに基づきよく理解できることがわかった。また、それに加えて、民間金融機関に、将来一層積極的な働きを担わせる方策についても若干の示唆を得ることができた。

　本著を通して得られた知見は、後述したいが、その前に、本著の限界、問

題点について触れておきたい。

　それは、本著は、気候変動対応という、人類の歴史的に1回限りかもしれない特別な事象について、そのダイナミズムの解明を試みたものであるので、知見の一般化、普遍化にはなかなかなじまない、という点である。強いて筆者の実感した点を述べれば、経済社会を変えていくためには、既存の経験によって得られた知見や見方も重要であるが、その上に立って、**事態の進展に対応しつつ、新しいアプローチを様々に組み合わせて積極的に試みることが有効**であるということである。高等教育機関における教育ではそうしたアプローチのできる人材の養成が重要だと感じた。

　また、筆者の研究では、そのアプローチとして、認知心理学などに依拠した行動経済学的な発想を参考としたところであるが、このほかのアプローチとしても、たとえば、民間金融機関の組織としての意思決定が与えた影響を重視するなら、経営学、とりわけ、経営組織論的なアプローチも援用可能であったと考えられる。Bazerman and Hoffman（2000：p.26）が示すように、これまでの環境経営管理分野の研究は組織改革などに焦点が当てられてきたが、Shu and Bazerman（2010：p.20）などが指摘するように、今後は、民間金融機関の経営者の意思決定プロセスの研究が重要であると思われる。また、欧米の金融機関の行動と、わが国の金融機関の行動の違いがどこから生まれているかの解明も、政策的には重要な意義があると思われる。以上のように、民間金融機関が積極的に実需に向き合う、という画期的な歴史の転換点には、まだまだ解明すべき側面、汲むべき教訓が残されていると考えられる。

　以上のような問題点や限界・不足点もあるものの、本著で得られた知見は以下のとおりである。

 # 1　金融機関が行動を起こすとしたら

　気候変動問題解決に向けて、金融機関が、従来からのレントシーキングと受身の対応だけではなく、そのビジネスを通して積極的に活動し始めたこと

は明らかである。しかし、突然に行動を変えたわけではない。

　1990年代、先駆的に炭素税を導入した国はあったが、その動きは極めて限定的であった。その後、京都議定書のもと、世界的なカーボンプライシングの導入により、カーボンクレジットの資産価値の定量化が可能になった。さらに、気候変動対策に寄与する再生可能エネルギー利用技術に対する政府の支援策により、既存の化石燃料技術導入コストと比べて競合できるほど、同技術の価格が低下した。

　このようなカーボンクレジットを含むカーボンプライシングに係る経済環境が順次整えられていくなか、金融機関には、気候変動に対応する顧客からの資金需要やサービス提供依頼に応える必要が出てきた（図表7−19①）。また、金融機関にとっても、再生可能エネルギーを開発利用する事業は、利益が計算できるビジネスとして認識されるようになった（図表7−19②）。さらに、金融機関に対し、事業活動の透明性、健全性を求める国際的な圧力の急速な高まりが環境分野にも及んだことによって、金融機関にとっては、企業経営上、環境分野での評判リスクを回避することが必要不可欠となった（図

■図表7−19　気候変動対策に金融機関を動かすメカニズム

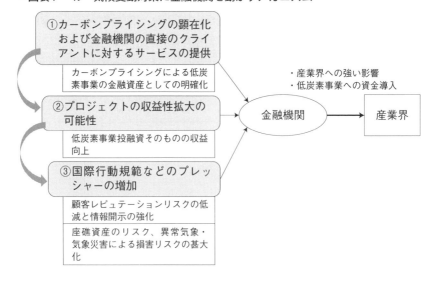

表7－19③）。特に、行動規範として、企業経営の健全性と透明性を求めるに当たり、Thaler and Sunstein（2008：p.200；遠藤訳、2009：p.293）が指摘する、**環境問題に対処するリバタリアン的な重要な施策としての情報開示という手法は、評判リスクを重視する金融機関に対し、行動経済学的な観点から、効果的なインセンティブとして働いているように思われる。**

Bowman（2014）は、気候変動対策への積極的な資金供給に向けて、民間金融機関を動かす政策として、直接的規制と間接的政策の併用を考察した。直接的規制とは、たとえば、金融機関に対して気候変動税をかけるなど、強制的に負担をかける政策をいい、間接的政策とは、対象行為者の動機付けに訴える政策である。また、直接的規制には、コマンド・アンド・コントロールの政策だけではなく、国際的行動規範のような協調的ソフトローも含まれる。ところで、実際には、Bowman（2014）が提案した政策は必ずしも金融機関を直接の対象として実行されたわけではなかったが、本著で明らかにしたように、このような多方面にわたる変化が、それぞれ別の仕組みの下で組み合わさって、結果的に、金融機関に自主的な行動変容を起こさせたものである。

筆者には、研究を通じて、直接的規制と間接的政策の組合せだけではなく、その組合せの順番も重要であったように思われた。すなわち、民間金融機関を動かす環境政策としては、まず、市場において、環境を使用することに伴う価値を認識（この場合、カーボンプライシング）させ、リスクと利益とを測れるようにすることが重要であると考える。なぜなら、行動規範を求める規制があったとしても、リスクと利益が測られなければ、行動によるインパクトに確証が得られず、その行動は画餅のそしりを免れない可能性があるからである。

筆者のように金融機関の内部にいて、いわば、参与観察の機会のあった者から見ると、この歴史的にたまたま生起したにすぎない行動変容の過程は、様々な好運、特に、要因出現の経時的な積み重なりが、あたかも最適に設計されていたかのごとく、**全体としてダイナミックな変化を呼び込んでいった**ことが感慨深い。自然のシステムと人類の経済社会システムとの両面での破

綻が、いわば、危機バネとして働き、各主体の真剣な対応を呼んだともいえよう。ただ、ここで一点、日本においてはこのメカニズムどおりに国内の金融機関が動いてきたわけではないことは指摘しておきたい。わが国においては、①のカーボンプライシングのシグナルも予定段階であり[2]、②の再生可能エネルギーが既存の化石燃料と競合性が高まっているわけではなく、唯一、③の国際行動規範の圧力によって動かざるをえない事態になっていることはいうまでもない。

　金融機関は、「あらゆる産業に結びつく経済的な門番（ゲートキーパー）であり、金融機関のビジネスは、間接的に産業界に影響を与える」（Bowman, 2011）との指摘がある。こうしたことから、金融機関の経済的意思決定は、化石燃料の流通やGHGs多排出企業のビジネスを動かすことになる。カーボンプライシングに引き続いて、再生可能エネルギー部門への資金支援策などのポジティブな環境整備が金融機関の行動変容に大きな効果を発揮したことは事実である。

　しかし、これらの要因だけでは行動変容を具体化させるには不十分である。金融機関が気候変動対応に関わるための障壁があれば、金融機関は動くことができないからである。したがって、金融機関が、気候変動対応を本業として実施していくためには、金融機関が気候変動事業に取り組む際のリスクが解消されていることが重要である。

　本著を通じて明らかになった、気候変動対策に対する金融機関の行動変容は、Chapter 2の図表2−6に示されるリスクの多くの部分が結果的に解消されていったことに支えられた。また、気候変動事業に取り組む際の金融機関のリスクへの対応方法について、図表7−20に整理をした。同表に示されるとおり、金融機関は、政治、政策、法制度リスクに関しては、気候変動政策、再生可能エネルギー事業などへの支援策や、カーボンプライシング政策が確立されている国・地域において、気候変動事業を実施することで、リス

2　2023年4月に可決・成立したGX推進法では、カーボンプライシングについて、2028年から炭素賦課金制度が導入される予定。また、東証GXリーグにおいて、2026年から「排出量取引制度」の本格稼働が予定されている。

		気候変動に関連するリスク	金融機関の対応
政治、政策、規制リスク	政治リスク	長期的な低炭素開発戦略の欠如	長期的な低炭素開発戦略が策定され、かつ、政治的安定性・制度上の確実性が見込まれる地域を見極めたうえ、ビジネスを実施
		グリーンテクノロジーおよび／またはそれらのインプットに関する貿易障壁（関税および非関税障壁）	貿易障壁がビジネスに与える影響を警戒
		環境規制の欠如	規制が確立し、かつ、政治的安定性・制度上の確実性が見込まれる地域を見極めたうえ、ビジネスを実施
		固定価格買取などのグリーン投資に対する支援の安定性に対する政治的コミットメント	規制が確立し、かつ、政治的安定性・制度上の確実性が見込まれる地域を見極めたうえ、ビジネスを実施
		政策の確実性の欠如	政策が存在し、かつ、政治的安定性・制度上の確実性が見込まれる地域を見極めたうえ、ビジネスを実施
	規制リスク	炭素価格に係る規制等の不安定性や化石燃料に係る補助金の存在	炭素価格が安定する等、規制・制度が安定している地域を見極めたうえでビジネスを実施
	法制度、所有権リスク		
	政策、社会リスク	炭素回収や風力など、特定の低炭素事業に対する抗議	・新技術に対しては慎重姿勢 ・デューデリジェンスの強化 ・専門チーム（第三者を含む）による調査・研究
	通貨リスク	気候の脅威と緩和のための長期投資期間	再エネ事業が化石燃料事業に競合性を持つことにより、伝統的インフラ事業のリスクと同様の対応。ただし、物理的リスク顕在化や移行リスクを考慮する方向

営業、技術リスク	技術リスク	低炭素投資での新しい技術（リスクのレベルは、技術の成熟度と技術プロバイダーの実績に依存）	➡	再エネ事業の普及で技術リスク評価の経験が積まれることにより、伝統的インフラ事業のリスクと同様の対応
	建設リスク	新しい気候緩和と適応技術の専門知識と実績の欠如	➡	再エネ事業経験等、建設会社の実績・知見を評価することにより徐々に習熟
	操業リスク	新しい気候緩和と適応技術の専門知識と実績の欠如	➡	再エネ事業経験のオペレーターの実績を評価
	環境リスク	気候変動の不確実性に関連するリスク	➡	拡大する再エネファイナンスを通じた、環境影響評価の経験の蓄積で評価
市場リスク	ビジネスリスク	技術の進歩、新しい低炭素技術に精通していない	➡	・専門部隊による調査・対応 ・外部専門家の採用
	評判リスク	風力プロジェクト、潮流プロジェクト、CCSプロジェクトなどの一部の新技術は、地元の利害関係者の抵抗に直面する可能性	➡	・新技術に対して未解消 ・デューデリジェンスの強化 ・専門部隊による調査・研究

（出所）　Kaminker and Stewart（2012）の資料に基づき筆者が作成したリスク一覧表（図表2－6）に対し、どのようなリスク低減策が行われたかを書き加えた。

クを回避することが可能になったことが見てとれる。

　なお、この表に見るとおり、金融機関にとってのリスクが十分解消されたとはいえないことも本著から得られた1つの知見である。ビジネスと技術リスクおよび市場リスクについては、金融機関は、自身の事業経験で得られた知見の蓄積により、リスク評価が可能になってきたところである。しかしながら、社会的に普及しておらず、金融機関が事業経験を有していない新技術に関してのリスクは解消されていない。また、金融機関にとって重要な、気候変動事業に対する抗議活動のリスク、評判リスクへの対応は、専門部隊や外部専門家による調査・分析などでデューデリジェンスを強化するなどの対応は可能であるが、まだ、完全には解消されていない。

　各国で政治、政策、規制のリスクが低減されれば、金融機関は、ビジネスと技術リスクおよび市場リスクについては、金融機関自身で知見と経験を蓄

積することで対応が可能となる。ただし、各金融機関は、自身および顧客に係る気候変動のビジネスリスクや機会に関する情報を把握するとともに、その情報が十分に開示されるようにならなければ、ステークホルダーとのコミュニケーションに齟齬が生じ、それ自体がリスクとなる可能性を残している。

　現在、顧客の気候に関連する財務および非財務の情報の把握と開示は十分とはいえない。評判リスクを低減するために、金融機関は顧客に情報開示を促し、情報をなお一層適切に評価する必要がある。

　そうしたなか、TCFDなどの世界的な気候変動に関する情報開示ルールが標準化、義務化されることにより、金融機関並びに金融機関に影響される産業界は、気候変動に関する非財務および財務的インパクトなどのデータに基づき企業運営をする限りにおいて、評判リスクは解消に向かうであろう。一方、2050年のカーボンニュートラル実現に向けては、多くのイノベーションを加速させていかなければならず、金融機関がこれらのイノベーション技術に資金供給していくには、その評価能力等を迅速に強化させなければならない。

 2　金融機関への示唆

　本著は、研究対象として、気候変動関連の環境金融商品であるカーボンクレジットとグリーンボンドを取り上げた。これらの市場取引を実証的に考察した際の時間的な視野は2005年からおおむね2019年までであるが、その後も両市場は動いている。こうした動きに対して、本著で得られた知見を当てはめてみると、今後の環境政策、国際金融政策のあり方に関し、若干の考察を行うことが可能である。本著の知見の締めくくりとして、これら両政策をより有効なものへと発展させていくうえで本著の知見が貢献すると思われる点を整理しておこう[3]。

⒜　適切な環境政策形成への期待

　本著における考察の示すところは、カーボンプライシングが極めて重要で

あり、そうした環境利用費用を市場において認識させることのできる適切な仕組みが不可欠であるということである。この意味でカーボンプライシングの未来が、特に留意されるべきものとして理解されるべきである。

グリーンボンド市場は、ESG投資の成長により拡大しており、2020年の新型コロナウイルスによる経済悪化状況においても発行高は増加していた。

一方、カーボンクレジット市場では、京都議定書第1約束期間終了後、EU ETSにおいて、2018年に市場安定化リザーブ（Market Stability Reserve：MSR）を導入することを決定した。MSRは、EUAの市場への供給量を調節する機能であり、当時7〜8ユーロtCO$_2$と低迷していたEUAの価格は、MSRが導入された2019年には20ユーロtCO$_2$を超えた。その後、30ユーロtCO$_2$近辺で推移していたが、現在は、新型コロナウイルスの影響で、経済活動が縮小し、2020年5月のNature Climate Change誌上でル・ケレ教授らが指摘したような大幅なCO$_2$排出減少が招来されたこともあって、20ユーロtCO$_2$近くに下落している。なお、EUAは、カーボンニュートラルの機運が高まるにつれ価格は上昇し、2021年5月に50ユーロtCO$_2$にまで到達した後、2023年に入り一時、100ユーロtCO$_2$を突破した。

2019年スペインのマドリードで開催されたCOP25において、市場メカニズムの詳細ルールを決定する予定であった。結局2021年に英国・グラスゴーで開催されたCOP26で二重計上を防止するための方法等、市場メカニズムに係るパリ協定第6条の実施指針が合意され、2022年にエジプト・シャルム・エル・シェイクで開催されたCOP27では、詳細作業が進捗した。

市場メカニズムの最大の議論の1つは、単年目標と複数年目標を保有する国同士の相当調整（Corresponding Adjustment：排出量の調整）である。すなわち、カーボンクレジットを獲得した国が自国の排出量からその分を減算し、カーボンクレジットを移転した国が自国の排出量にクレジット量を加算する調整であるが、相当調整の方法詳細（移転国内での体制や法整備）につい

3　なお、2022年、ロシアのウクライナ侵攻による地政学リスクの顕在化や、エネルギー安全保障、サプライチェーン危機等、様々な課題を複合的に捉える必要が生じている。そうした点を含めた検証は今後必要になってこよう。

ては、2023年度に協議・検討される予定である。また、国連管理型メカニズムについては、監督機関の運用規則やCDM登録簿で管理されるCERの移管プロセスについて合意はしているが、技術的な詳細について検討が予定されている。

ところで、本著が考察してきたように、市場メカニズムの活性化には、需要側と供給側の動機付けを喚起するルール構築が重要である。そして、このことに一連の成功がもたらされれば、そのインパクトは極めて大きなものとなることが期待される。

ここで、先行きの不透明なCDM市場に期待されている刺激策のいくつかを紹介したい。第1は、国連の専門機関である国際民間航空機関（International Civil Aviation Organization：ICAO）によって2016年に提言された**国際民間航空のためのカーボン・オフセットおよび削減スキーム**（Carbon Offsetting and Reduction Scheme for International Aviation：CORSIA）である。CORSIAは、航空会社に対してCO$_2$排出量を割り当て、割当量を超過する分に関してカーボンクレジットでの相殺を義務付けるものである。2021年から2023年のパイロットフェーズには、日本を含め、中国、米国、欧州諸国、韓国、カナダなど主要国の航空会社が参加を表明した。CORSIAでは、使用されるカーボンクレジットにCERが含まれている。COP26で決定した第6条下で活用されるカーボンクレジットに関しては図表7−21を参照されたい。

コロナ禍では、EUは1.85兆ユーロに及ぶ経済刺激策として、**グリーンリカバリー政策**を打ち出した。たとえば、航空会社への公的資金注入の条件に、GHGs排出をゼロにする施策を求めるなど、経済を復活させる際に気候変動等の環境問題の解決に資することをあわせて目的とする政策をグリーンリカバリー政策という。そのなかで、既存のEU ETSの拡大が議論されている。これらの政策に、ポーランド、チェコ、リトアニア、エストニア、ブルガリアなどの経済移行国は反対しているが、EU ETS市場は反応し、EUAの価格が一時高騰した。EU ETSではCERを引き続き活用することを承認しているため、グリーンリカバリー政策のなかにCERの活用拡大といった政策を組み込むことはCER市場の再活性化に重要な働きをする可能性がある。

■図表7－21 パリ協定第6条下でのカーボンクレジットの扱い

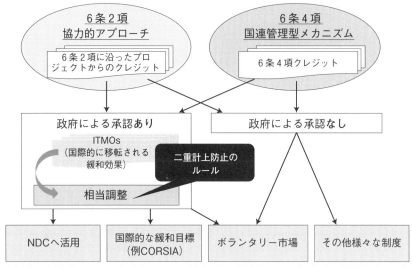

(出所) 環境省「COP27を踏まえたパリ協定6条（市場メカニズム）解説資料」（2023年3月）

　排出権市場に対して否定的な環境NGOも多いが、筆者は、気候変動対策に資金が必要である以上、20年を費やして構築されたカーボンクレジット市場のメカニズムの活用は、パリ協定の目標を達成するための、経済社会の移行（Transition）に不可欠と考える。しかしながら、それはあくまでも、自身の削減努力を最大限に実行しやむをえず排出しなければならない排出分をカーボンネガティブと相殺するか、もしくは、イノベーション技術の振興目的のカーボンクレジットに限られるであろう。カーボンクレジットの活用の現状について図表7－22に整理しているので参照されたい。

　また、政策的に見て重要な判断は、カーボンクレジットのようなハードな仕組みにとどまらず、さらに種々考えられるところである。たとえば、小林・脇山（2016）は、持続可能な開発に一層資金循環を喚起させる方策として、コーポレートの融資において、気候変動リスクなどに弱い債権・強い債権に分けた管理を行うようBIS、金融庁等が指導できる制度的基盤・根拠づ

■図表 7 −22　カーボンクレジットの活用の現状

① クレジットの大まかな分類

国連・政府主導	国連主導	京都メカニズムクレジット（JI、CDM）等
	二国間	二国間クレジット制度（JCM）等
	国内制度	J-クレジット（日本）等
民間主導（ボランタリークレジット）		Gold Standard, Verified Carbon Standard 等

② 対象事業によるクレジットの分類

排出回避／削減		固定吸収／貯留	
自然ベース	技術ベース	自然ベース	技術ベース
・REDD＋ ・その他の自然保護 等	・再生可能エネルギー ・設備効率の改善 ・燃料転換 ・輸送効率改善 ・廃棄物管理　等	・植林・再植林 ・耕作地管理 ・泥炭地修復 ・沿岸域修復 ・森林管理 ・草地保全　等	・Direct Air Carbon Capture and Storage（DACCS） ・Bioenergy crops with Carbon Capture and Storage（BECCS） ・Enhanced weathering ・バイオ炭　等

③ クレジットの比較

	政府		民間
	J-クレジット	JCM	ボランタリークレジット
方法論の対象とする活動	インベントリ対象	インベントリ対象	インベントリ対象外を含む
CO_2削減場所	国内	海外（パートナー国）	海外
第三者認証	○ （ISO認定機関による検証）	○ （ISO認定機関による検証）	○〜×
適切なモニタリング、管理、報告	○	○	○〜×
パリ協定における相当調整	国内活動が対象のため調整不要	○	議論中〜×
活用可能な制度	・温対法への報告 ・低炭素社会実行計画への報告 ・企業の自主的なカーボンオフセット ・CORSIA（※検討中）		・企業の自主的なカーボンオフセット（一部） ・CORSIAへの活用

（出所）　経済産業省「カーボン・クレジット・レポートの概要」（2022年 6 月）、「世界全体でのカーボンニュートラル実現のための経済的手法等のあり方に関する研究会中間整理　概要」（2021年 8 月25日）より筆者作成

くりを挙げている。これに関しては、EUが進めているサステナブルファイナンスの議論に、Green Supporting Factor（GSF）の導入というアイデアがある。これは、金融機関のリスク・アセットを評価する際の、銀行の資本比率の計算に、気候変動ウェイトを加味するものであり、グリーンローンに適用されるリスク・ウェイトを割引することができる。しかし、この考えは、カーボンプライシングが導入されているEUだからこそ可能であろう。つまり、金融機関にとって、TCFDが推奨するような、気候変動に関するリスクによる財務的なインパクトを評価するためには、カーボンプライシングなどのCO_2に対する金銭的価値の共通ベンチマークが必要であるからである。こうしたことから、非EU諸国をも対象とする国際的枠組みであるバーゼル規制においてGSFのアイデアが直ちに採用されることは想像し難い。そうとはいえ、これは、カーボンクレジット市場の需要喚起政策の1つの示唆になると考える。カーボンクレジットが、民間金融機関のアセットにポジティブな資産（リスクウェイトの低い資産）として公式に加算されることが可能になれば、インターナルカーボンプライシングのように、カーボンクレジットの需要喚起の政策ともなりえ、個人がカーボンクレジットの金銭的価値を認識するドライバーになると筆者は考える。

　いずれにせよ、カーボンクレジット市場の新たなルールが策定される際、これらの民間金融機関の役割の可能性を鑑み、民間金融機関が、積極的な役割を果たすこととなるように政策がデザインされることを期待したい。

ⓑ　国際金融政策との連携への期待

　金融機関にとっては、気候変動に関する情報の把握が進み、収益性の評価手法が変化することにより、気候変動等に対応する案件の収益性が非環境保全的なプロジェクトの収益性を凌駕する時代も展望できると思われる。**気候変動は生態系の全てに影響する要因**であり、そうした時代には、環境金融と従来金融と分別することなく、環境保全そのものが金融の役割になることが期待される。

　Chapter 7 － 2 で述べた、EUのサステナブルファイナンスのタクソノミーは、非サステナブルなファイナンスを否定するものではない。金融機関がサ

ステナブルなファイナンス目標を達成するための分類である。ただし、HLEGのアクションプランの提言には、グリーンボンドなどの商品のラベリングのほかに、金融のサステナビリティ・ベンチマークの開発、機関投資家、アセットマネージャーへのサステナブルファイナンスの義務の明確化、銀行の健全性、情報開示と会計ルールの強化などが含まれている。このEUの動きは、まさに、**金融機関のサービスそのものをサステナブルファイナンスに誘導**しようとしていると見ることができる。

　前述のとおり、NGFSが発足し、中央銀行が市場のグリーン化を目指し始めた。これはマクロ・プルーデンス政策が背景にある。「一般論として、金融政策は、物価安定を第一義的に優先すべきで、金融システムの安定を脅かす問題にはマクロ・プルーデンス政策を最初の防衛線として活用し、金融政策は最後の防衛線とすべきという考え方」（白井、2016：p.244）があるといわれる。金融危機等による、財政赤字の悪化は、一般には金利上昇を生み、企業活動の減退を促す。このため、企業は支出を抑えるようになり、個人の消費活動の減少を招き、経済は停滞する。経済が停滞すれば、中央銀行は金融緩和策をとり、金利は低下する。コロナ禍の収束は明確ではないが、一部の国での金利引上げの傾向はあるものの、低下した金利は金融機関の収益に影響する。

　金融危機後の経済回復が予想以上に長引き、他方でさらなる金融緩和が困難なことから、中央銀行が「マクロ・プルーデンス政策と金融政策の間でどのようなバランスをとったらよいのか、まだ明確な回答がない」（白井、2016：p.246）と指摘せざるをえないこととなったことに見るとおり、**マクロ・プルーデンス政策の相対的な重要度が再度高まりつつあることが、金融市場のグリーン化を加速化させた**とも考えられる。

　リーマンショックという世界金融危機は、金融業界に多大な影響を与え、国際金融規制のあり方を変化させ、金融当局は、1980年代から続いていた金融規制緩和を見直し、大きく引き締めに動いた。米国では2010年7月にドッド＝フランク法が成立し、金融機関の高リスク業務に制限をかけ、金融機関のあり方を大きく変えた。また、バーゼル規制も世界金融危機を背景に改正

され、自己資本比率規制の強化など、自己資本の質と量を規制した。

　金融危機後から開催されるようになったＧ20で、気候変動リスクが認識された
たのは、不透明感が大きい世界経済のなかで必然のことであったといえよ
う。つまり、金融市場は、リーマンショックによる金融破綻以降、株主価値
経営を主体とした市場中心主義から、「企業活動を経済的な側面だけでな
く、環境問題や社会的側面も含めて、投融資の判断をしたり、その後の経営
活動に関与したりするサステナビリティ・ガバナンス」（野村、2017：p.95）
を重視することのできる市場へと移行しなければならなくなったのである。

　BISは、2020年１月、滅多には起きないが起きたら市場に甚大な悪影響を
及ぼすブラックスワン（黒い白鳥）になぞらえ、気候変動は金融危機を引き
起こす「**グリーンスワン**」とする報告書を発表した。金融業界は、世界的金
融危機を引き起こした背景にあるグローバリゼーションの加速化にさらさ
れ、かつ、金融イノベーションにより金融システムそのものに大きなパラダ
イムシフトを迫られている。このような背景において、世界が持続可能な社
会を構築するに当たり、長期的視野に立った新たな金融機関の使命、金融の
あり方が求められている。たとえば、国連がイニシアティブをとるThe
Glasgow Financial Alliance for Net Zero（GFANZ）だ。これは、イングラ
ンド銀行元総裁のマーク・カーニー気候変動問題担当特使、米政権で気候変
動を担当するケリー大統領特使、英国シャルマーCOP26議長などが主導し、
金融業界の行動を支援する新たな枠組みとして発足させた。GFANZは、
2050年までにネットゼロ目標を持つ金融機関のイニシアティブ、資産オー
ナーのNet-Zero Asset Owner Alliance、資産運用会社のNet Zero Asset
Managers Initiative、銀行のNet-Zero Banking Alliance、保険会社のNet-
Zero Insurance Allianceなどにより構成されるものである。GFANZにはこ
れらのイニシアティブをまたいだ291の資産運用会社（資産総額66兆米ドル）、
122の銀行（資産総額72兆米ドル）、77の資産オーナー（資産総額11兆米ドル）
など、計550以上の機関（資産総額150兆米ドル）が参加しており（2022年11月
時点、GFANZ 2022 Progress Report）、2050年までに投融資ポートフォリオを
ネットゼロにし、2030年中間目標を設定する。

世界経済が直面する気候変動問題を含む地球環境問題解決に果たす役割が増大している金融機関は、金銭的利益拡大自体を目的とする産業であるとの批判を受け続けてきたが、実需を満たすことで世界を改善する役割を担い、**新たな金融システムを構築する時代**がようやく見えてきた、と筆者は考えている。もちろん、その道のりは容易ではないし、旅は始まったばかりである。ただし、金銭価値は、貨幣のみならず、NFT（非代替性トークン：non-fungible token）、事業価値を評価する手法などフィンテックの登場により多様化してきている。

　新しい資本主義を迎えるためには、新しい金融システムが必要なのである。これまで積み上げた経験・知見だけでなく、金融機関はあるべき姿、パーパスを追求し、それに向けて大胆な志向でモノ・コトの価値を資産として評価するシステムをつくり上げることを期待したい。

終わりに

　幼少の頃、正義の味方のアニメやヒーローものが大好きだった。転校生というだけでいじめられるという理不尽な幼少の経験をしたからかもしれない。その後、中高一貫のミッションスクールに入り影響を受けたのが「ノーブレスオブリージュ」（財産、権力、社会的地位を持つ者はそれに応じて果たさねばならぬ社会的責任と義務があるという、欧米社会における基本的な道徳感）で、強者と弱者の関係についての異なる考え方に世界が広がった。その頃より「何をしてどう生きるのか？」という問いの答えを探し続けていたと思う。

　そして出会ったものの1つが、Chpater 1でも紹介した1981年に発行された糸川英夫氏・未来捜査局の『ケースＤ―見えない洪水』（角川書店）という1999年の未来を描いた小説で、オイルメジャーが食糧メジャーと組み、国連をも動かし世界をコントロールするという荒唐無稽な話だ。人口問題、食料問題、エネルギー問題が描かれており、多くの社会問題が経済合理主義によって生まれるが、その課題を正義だけで解決できないことを脳で感じた（いま、あらためて読んで現状を鑑みると、描かれている問題はほぼ当たっている）。

　大学では法学部で民法、国際関係法を勉強したが、筆者が就職した1985年は男女雇用機会均等法が制定された年で、当時は、女性はまだ四大卒だと就職が難しいといわれていた時代であった。社会正義よりまず自身の自立を求め、ようやく新進IT企業に就職したが、すぐに経営難に陥ったので米国投資銀行の日本法人に転職。秘書として入社し英語も不得意だったが、一生懸命に勉強して地道に実績を重ね、ようやく得られたニューヨーク本社での勤務が筆者の最大の転機となった。

　ウォールストリートで働くことは刺激的で、様々な経験と知見を与えてくれた。ただ、実力主義の心地よさと同時に、人種や人権の壁が高いことを実感させられた。そして、バブルはいつかはじける、こんな価値観のなかに身

を置くことがよいのかという自問自答をしながら、自分のやりたい仕事、すべき仕事を探し続けていた。

そんなとき、ニューヨーク大学の社会人向け夜間講座「ビジネスと環境」と出会ったのだ。同講座では、具体的に企業から環境ビジネスの話を聞き、環境や社会問題の解決とビジネスが結びつくことを知り、「まさにこれだ」と確信した。

帰国後、環境の勉強に取り組んだが、当時の日本には環境経営を本格的に教えてくれる大学はなく、日本より実践面を教える米国の方が目的に合っていると思い、留学を決意。ミシガン大学大学院にビジネススクールと環境スクールを統合したプログラム（the Corporate Environmental Management Program：CEMP）があることを知り、環境ビジネスコンサルタントを目指すべく入学した。ミシガン大学では、生態系システム、熱帯雨林保護、ライフサイクル分析、都市計画、環境経済・政策、そして環境ビジネスなど、あらゆる関連分野を勉強した。

ただ、ミシガン大学大学院での１年目が終わるときには、生態学者でもエンジニアでもない筆者が、このように広い環境分野で専門家になろうとしても無理ではないかと思い悩んでいた。そんなとき、世界銀行グループの一機関で途上国の民間セクターに資金の貸出などを行うIFC（国際金融公社）の環境部門でインターンとして働く機会を持った。そこで、環境ビジネスはあらゆる分野に関わることをあらためて認識し、筆者の強みの分野である金融と環境を結び付ける仕事ならできるのではとの思いに至った。

さらに、大きな出会いがある。ミシガン大学大学院でCEMPのディレクターを務めていたスチュアート・L・ハート教授が筆者の指導教授になってくれたのである。ハート教授は、『未来をつくる資本主義』（"Capitalism At The Crossroads" Wharton School Pub）の著者として有名で、BOP（Base of the Pyramid）ビジネスの概念を最初に提唱したことで知られる。大学院を終えて何年も経った後に日本でお会いしたときには、筆者を覚えてくださっていたことに感動した。途上国での低所得者層向けのビジネスモデルであるBOPの考え方が、筆者が後に関わる途上国での排出権ビジネスの根底にあっ

たと思う。

　卒業後、ニューヨークで世界銀行の業務やグリーンマーケティング会社に携わった後、帰国。しかし日本では環境ビジネスの仕事は皆無であり、金融の経験のある者が環境の仕事に携わること自体、うさん臭く思われた。そこで、金融機関で派遣の仕事をしながら、エコファンドの立ち上げのための調査に関わり、その縁で、2000年当時の東京三菱証券の副社長であった波多野順治氏と出会い、途上国での排出権ビジネスについて提案し同社に入社。ようやく、環境金融コンサルタントの一歩を踏み出せたのだ。

　筆者が途上国での排出権ビジネスを提案したのは、以前より環境問題の解決に金融が直接関われる仕組みをつくりたいと思っていたからだ。途上国支援をしたいという気持ちとともに、単なる資金援助ではなく自立した資金循環による経済発展を実現させたいという思いがあった。筆者はエコファンドの立ち上げのための調査に関わったことで、途上国を対象にする排出権取引は、途上国での環境事業に資金を導入する有効なツールであるという確信を持っていた。この提案を受け入れてくれた当時の経営層の先見性に心より感謝する。

　入社後、クリーン・エネルギー・ファイナンス委員会（のちの環境戦略アドバイザリー部）を立ち上げ、最初に取り組んだカーボンクレジット組成案件がタイでのもみ殻バイオマス発電事業だ。途上国の主産業である農業から大量に廃棄される農業廃棄物の処理を、再生可能エネルギー供給に結びつけることができる。ASEANをはじめとする多くの途上国では、大量の農業廃棄物の処理が必要であると同時に、経済発展のために発電量を増やすことも必要だ。

　数多くのカーボンクレジット組成案件に関与してきたが、最も苦労したのはカンボジアのもみ殻発電プロジェクトだ。何といっても大きな問題は、日本からの技術移転がうまく進まなかったことだ。カンボジアは、ポル・ポト政権時代に高い技術や知識を持つ人材がいなくなり、技術やノウハウが必要だったが、当時の日本企業は積極的ではなかった。また、排出権創出に係る国連の手続も煩雑で、結局開始から排出権創出までに6年以上を要した。

それから、アジアのみならず、ウクライナを含めた東欧、アフリカ、中南米等、30カ国以上を訪問した。農村、廃棄物処理場、貧困地域、製鉄、セメント、食品加工場、そして熱帯雨林を訪れ、あやうくテロ事件に巻き込まれそうになったこともある。

　筆者がこの分野に関わり始めた頃は、特に日本では金融業界と環境問題は離れた存在だった。もちろん、赤道原則、国連責任投資原則などの国際的ソフトローの動きはあったが、状況が大きく変わり始めたのは、やはりリーマンショックに違いない。中長期的な投資判断の重要性があらためて認識され、ショートターミズムからの脱却に向けて舵が切られ始めた。そして、2015年に金融安定理事会（FSB）が、気候変動を金融システムを脅かす大きなリスクとして認識し、こうしたリスクがもたらす財務的影響を把握・考慮するように、そして関連する情報を金融機関や事業会社は開示するように示唆したことも大きな影響を与えた。こういった動きのなかで、筆者の環境金融の仕事の幅も広がっていった。

　そもそも、カーボンクレジット取引は、経済市場の外部不経済である環境価値を金銭化し、プロジェクトに資金を流すツール、つまり社会全体の課題解決のために民間の資金が使われるための梃ではあるが、それ以上に、資金循環の全体の仕組みをつくることが重要なはずだ。

　いまだ、環境問題への対応はコストだというネガティブな側面が指摘されるが、環境がビジネスチャンスになる「経済と環境の好循環」をいかに生むかが肝要であり、金融はその担い手になるべきである。ここ15年以上COPに参加し続けていると、その変化は極めて大きいと感じる。産業のみならず、家庭や日常のライフスタイルなどでも、GX（グリーントランスフォーメーション）、DX（デジタルトランスフォーメーション）といった大きな転換が起き、世のなかのビジネス構造・社会構造が変わってきている。そしてそれを、Z世代などの若い世代は自分事として捉えて動き始めている。

　CO_2排出削減だけではなく、気候変動によってもたらされる負の影響を最小限にとどめようとする適応は、世界的に重要なテーマだ。そこにも資金が必要であり、適応ビジネスに関して日本は大きなポテンシャルを持つと考え

ている。たとえば、日本には四季があることにも関係して、自然災害に対する様々な知恵や技術があり、新たなビジネスチャンスが生まれると思う。

　筆者は、従来の概念を超えたサステナブルビジネスベンチャーがこれから次々と生まれてくることを期待している。資金提供側には、目先の価値観に囚われることなく目利き力を上げることが、いま最も求められていることを強調しておきたい。経済市場のなかで、いかに外部不経済を内在化できるかの挑戦の１つである。SDGsネイティブ、デジタルネイティブである若い世代に、よりよい社会を引き継ぎ、サステナブルな社会を構築していってもらいたいという思いは年々、筆者のなかで強まっている。そんななか、本著がこの分野に関わろうとする方々の一助になればと心より念じる。

　日本にはサステナブルに関して多くのポテンシャルがある。いまに至るまで、沢山の場面でお会いした方々からいただいたご示唆、経験が全てつながっていて、無駄なことは見事に１つもない。筆者自身、これを１つの区切りとして、新たなチャレンジをするべく代表理事として立ち上げた一般社団法人バーチュデザイン（https://www.virtue-design.or.jp）でサステナブルに係る活動の場を広げていきたいと思っている。

謝　　辞

　本著は、筆者が環境金融に職として関わった25年間の経験と思考の、いわば集大成である。本著で執筆した研究では、三菱UFJモルガン・スタンレー証券株式会社環境戦略アドバイザリー部が蓄積したデータベースを活用させていただき、その後、三菱UFJリサーチ＆コンサルティング株式会社に転籍し書籍化の機会をいただいた。筆者の仕事を支えてくれた、上司、同僚を含め、各所の方々に感謝の言葉を最初に捧げたい。

　そして、筆者が博士論文をまとめることができたのは、主査の慶應義塾大学総合政策学部　小澤太郎教授にご指導いただき、副査の東京大学客員教授、同大先端科学技術研究センター研究顧問　小林光氏に、論文全体の構成

から細部の表現にわたって、懇切丁寧にご教授いただいたおかげである。最後まであきらめずに博士論文の執筆に向き合えたのは、両氏が辛抱強く付き合ってくださったからに他ならない。

　同様に、貴重なご教示を賜った副査の慶應義塾大学大学院政策・メディア研究科　蟹江憲史教授、同大総合政策学部　和田龍磨教授、専門を同じにする上智大学地球環境学研究科　鈴木政史教授、創価大学経営学部　野村佐智代准教授、慶應義塾大学システムデザイン・マネジメント研究科　山形与志樹教授、統計数理研究所　村上大輔准教授からは、ご助言および分析手法のご教授を賜った。本著を仕上げるに当たり、多大な貢献をいただいた三菱UFJリサーチ＆コンサルティング株式会社の豊福昌之さん、金髙英美さん、一般社団法人金融財政事情研究会出版部の江口珠里亜さんにも心より御礼申し上げたい。

　また、NHKの「プロフェッショナル　仕事の流儀」に2007年に出演させていただいた際、茂木健一郎氏、NHKのスタッフの方々に、当時、メディアで排出権という言葉がそれほど出ていないなかで大きな関心を寄せていただいたことは、その後の筆者が関わるビジネスに大きな支援となった。深く感謝申し上げる。

　そして、これまで支えてくださった皆さま、家族のサポートに心より感謝する。

　この分野ではまだまだ解明すべき点が残されている。本著は、未熟で不足も多いが、今後、サステナブル金融のさらなる発展に寄与することを願い、最後までお読みいただいた皆さまに、ここに重ねて厚く謝意を表し謝辞としたい。

【参考文献】

［和文］

天谷知子（2013）『金融機関のガバナンス』金融財政事情研究会

有村俊秀編著（2015）『温暖化対策の新しい排出削減メカニズム　二国間クレジット制度を中心とした経済分析と展望』日本評論社

ウィリアム・ノードハウス（2015）『気候カジノ　経済学から見た地球温暖化問題の最適解』藤崎香里訳、日経BP

植田和弘、山家公雄編（2017）『再生可能エネルギー政策の国際比較　日本の変革のために』京都大学学術出版会

内田浩史（2016）『金融』有斐閣

大島堅一（2006）「新しい環境経済手段としての再生可能エネルギー支援策」（『立命館国際研究』19巻2号、pp.253-273）

太田康夫（2021）『サステナブル・ファイナンス　カーボンゼロ時代の新しい金融』日本経済新聞出版

沖村理史（2016）「パリ協定に至る気候変動交渉の成果と今後の課題」（『環境経済・政策研究』Vol.9、No1、pp.81-85）環境経済・政策学会

外務省（2011）『気候変動枠組条約第17回締約国会議（COP17）京都議定書第7回締約国会合（CMP7）等の概要』（https://www.mofa.go.jp/mofaj/gaiko/kankyo/kiko/cop17/gaiyo.html）

外務省（2016）『パリ協定（和文）』（https://www.mofa.go.jp/mofaj/ila/et/page24_000810.html）

外務省（2017a）『わかる！国際情勢　Vol.150　パリ協定―歴史的合意に至るまでの道のり』（https://www.mofa.go.jp/mofaj/press/pr/wakaru/topics/vol150/index.html）

外務省（2017b）『気候変動サミットにおける河野大臣発言（和文要約）』（https://www.mofa.go.jp/mofaj/ic/ch/page4_003540.html）

亀山康子、高村ゆかり編（2011）『気候変動と国際協調　京都議定書と多国間協調の行方』慈学社出版

河口真理子（2015）『ソーシャルファイナンスの教科書　「社会」のために「あなたのお金」が働くということ』生産性出版

川波洋一、上川孝夫編（2016）『現代金融論［新版］』有斐閣ブックス

経済産業省（2015a）『平成26年度エネルギー環境総合戦略調査（シェールガス・シェールオイルによる世界のエネルギー事情の変化に関する調査・研究）』アイ・ビー・ティ

経済産業省（2015b）『平成26年度国際石油需給体制等調査　中国のエネルギー政策動向等に関する調査報告書』野村総合研究所

経済産業省資源エネルギー庁（2019）『「CO$_2$排出量」を考える上でおさえておきたい2つの視点』（https://www.enecho.meti.go.jp/about/special/johoteikyo/lifecycle_co2.html）

小林光、脇山尚子（2016）「環境金融の夢」（『季刊環境研究』No.181、pp.41-49）日立環境財団

小西雅子（2016）『地球温暖化は解決できるのか　パリ協定から未来へ！』岩波ジュニア新書

西條辰義、草川孝夫（2013）『排出権取引―理論と実験による制度設計』慶應義塾大学出版会

佐志田晶夫（2019）「FSB（金融安定理事会）の最近の活動状況」（『証券レビュー』第59巻第7号、pp.87-104）日本証券経済研究所

白井さゆり（2016）『超金融緩和からの脱却』日本経済新聞出版

田邊敏明（1999）『地球温暖化と環境外交　京都会議の攻防とその後の展開』時事通信社

谷本寛治編著（2007）『SRIと新しい企業・金融』東洋経済新報社

寺西たから（2017）「GHG削減事業への共通価値の創造（CSV）の応用分析」（『社会技術研究論文集』Vol.14、pp.9-20）社会技術研究会

戸井佳奈子（2013）「日本におけるマクロ・プルーデンス政策」（『安田女子大学紀要』41、pp.389-397）安田女子大学、安田女子短期大学

富田宏（2010）「排出権取引市場―進化を続ける欧州取引市場と日本の現状―」（『海外投融資』5月号、pp.3-7）海外投融資情報財団

西川俊作編（1995）『経済学とファイナンス』東洋経済新報社

野村佐智代（2017）「地球環境問題解決のための財務・金融市場―サステナビリティ・ガバナンスの視点とともに―」明治大学院経営学研究科博士学位論文

排出権取引ビジネス研究会（2007）『排出権取引ビジネスの実践―CDM（クリーン開発メカニズム）の実態を知る』東洋経済新報社

平湯直子（2007）「排出権取引制度の概要―欧州での先進事例と日本―」KEO Discussion Paper No.111

藤井良広（2006）『金融で解く地球環境』岩波書店

藤井良広（2013）『環境金融論　持続可能な社会と経済のためのアプローチ』青土社

藤井良広（2021）『サステナブルファイナンス攻防　理念の追求と市場の覇権』金融財政事情研究会

前田章（2009）『排出権制度の経済理論』岩波書店

前田章（2010）『ゼミナール　環境経済学入門』日本経済新聞出版

前田章（2016）「環境問題と政策」（『経済政策論　日本と世界が直面する諸課題』第7章、pp.161-183）慶應義塾大学出版会

水口剛（2013）『責任ある投資　資金の流れで未来を変える』岩波書店

水口剛編著（2019）『サステナブルファイナンスの時代　ESG／SDGsと債券市場』金融財政事情研究会

水野勇史（2010）『アジアにおけるクリーン開発メカニズムによる持続可能な発展への貢献』早稲田大学、博士（学術）、甲第2985号

幸富成編著（2014）『スマートエネルギー社会のファイナンス論』エネルギーフォーラム

諸富徹、鮎川ゆりか編著（2007）『脱炭素社会と排出量取引―国内排出量取引を中心としたポリシー・ミックス提案』日本評論社

吉高まり（2005）「CDM等柔軟的措置の活用」（『自然エネルギー市場―新しいエネルギー社会のすがた』第3章、pp.143-149）飯田哲也編、築地書館

吉高まり（2007）「CDMと排出量取引の動向」（『環境情報科学』36巻3号、pp.49-54）環境情報科学センター

吉高まり（2018）「「企業経営」と「気候変動リスクと機会」～ESGの潮流から」（『月刊資本市場』No.391、pp.26-36）資本市場研究会

依田高典（2010）『行動経済学　感情に揺れる経済心理』中公新書

リチャード・セイラー、キャス・サンスティーン（2009）『実践 行動経済学　健康、富、幸福への聡明な選択』遠藤真美訳、日経BP

若奈さとみ（2019）『巨大銀行のカルテ　リーマンショック後の欧米金融機関にみる銀行の未来』ディスカヴァー・トゥエンティワン

[英文]

Baron, Richard, and David Fischer（2015）"Divestment and Stranded Assets in the Low-carbon Transition", Background paper for the 32nd Round Table on Sustainable Development, OECD.（http://www.oecd.org/sd-roundtable/papers andpublications/Divestment%20and%20Stranded%20Assets%20in%20the%20 Low-carbon%20Economy%2032nd%20OECD%20RTSD.pdf）

Bazerman, Max. H., and Andrew J. Hoffman（2000）"Sources of Environmentally Destructive Behavior: Individual, Organizational and Institutional Perspectives", Research in Organizational Behavior, Vol. 21, pp.39-79

Borio, Claudio（2011）"Implementing a Macroprudential Framework: Blending Boldness and Realism", Capitalism and Society, Vol. 6, Issue 1, Article 1 （https://papers.ssrn.com/sol3/papers.cfm?abstract_id=2208643）

Bosi, Martina, Scott Cantor and Felicity Spors（2010）"10 years of experience in carbon finance: insights from working with the Kyoto mechanisms", Washington, D.C.: World Bank, No. 55484（http://documents.worldbank.org/ curated/en/149121468336680068/10-years-of-experience-in-carbon-financeinsights-from-working-with-the-Kyoto-mechanisms)

Bowman, Megan (2011) "Nudging effective climate policy design", International Journal of Global Energy Issues, Vol. 35, Nos. 2, 3 & 4, pp.242-254 (https://ssrn.com/abstract=1986456)

Bowman, Megan (2014) "Banking on Climate Change: How Finance Actors and Transnational Regulatory Regimes are Responding", Wolters Kluwer Law & Business

Caldecott, Ben (2020) "Defining transition finance and embedding it in the post-Covid-19 recovery", Journal of Sustainable Finance & Investment, Vol. 12, No.3, Taylor & Francis Group, pp.934-938

Capoor, Karan, and Philippe Ambrosi (2007) "STATE AND TRENDS OF THE CARBON MARKET 2007", Washington, D.C.: World Bank, No. 39923 (http://documents.worldbank.org/curated/en/416871468138574709/State-and-trends-of-the-carbon-market-2007)

Capoor, Karan, and Philippe Ambrosi (2008) "STATE AND TRENDS OF THE CARBON MARKET 2008", Washington, D.C.: World Bank, No. 44607 (http://documents.worldbank.org/curated/en/570001468315540489/State-and-trends-of-the-carbon-market-2008)

Climate Bonds Initiative (2019a) "2018 Green Bond Market Highlights", Climate Bonds Initiative (https://www.climatebonds.net/resources/reports/2018-green-bond-market-highlights)

Climate Bonds Initiative (2019b) "Green Bond Pricing in the Primary Market: January-June2019", Climate Bonds Initiative (https://www.climatebonds.net/resources/reports/green-bond-pricing-primary-market-h1-2019)

Cogan, Douglas G. (2008) "CORPORATE GOVERNANCE AND CLIMATE CHANGE: THE BANKING SECTOR", Boston: Ceres (https://era.library.ualberta.ca/items/ab2b6b4d-4414-460b-ad7a-cf39c40954c7/view/d0af3bde-bc35-4ce3-a0d3-73d2bfec5ab5/ceres_climate_change_banking_report2008.pdf)

Diaz-Rainey, Ivan, Andrea Finegan, Gbenga Ibikunle and Daniel J. Tulloch (2012) "Institutional Investment in the EU ETS", Norwich: Tyndall Centre for Climate Change Research, Working Paper 156 (https://papers.ssrn.com/sol3/papers.cfm?abstract_id=2238831)

Ekins, Paul, and Ben Etheridge (2006) "The environmental and economic impacts of the UK climate change agreements", Energy Policy, Volume 34, Issue 15, Amsterdam: Elsevier, pp.2071-2086

Ellerman, A. Denny, Paul Joskow, Richard Schmalensee, Juan-Pablo Montero and Elizabeth M. Bailey (2000) "Markets for Clean Air: The U.S. Acid Rain

Program", Cambridge: Cambridge University Press

Ellis, Jane, Harald Winkler, Jan Corfee-Morlot and Frédéric Gagnon-Lebrun (2007) "CDM: Taking stock and looking forward", Energy Policy, Volume 35, Issue 1, Amsterdam: Elsevier, pp.15–28

Heine, Dirk, Willi Semmler, Mariana Mazzucato, João Paulo Braga, Michael Flaherty, Arkady Gevorkyan, Erin Kate Hayde and Siavash Radpour (2019) "Financing Low-Carbon Transitions through Carbon Pricing and Green Bonds", Washington, D.C.: World Bank Group, Policy Research Working Paper 8991 (http://documents.worldbank.org/curated/en/808771566321852359/Financing-Low-Carbon-Transitions-through-Carbon-Pricing-and-Green-Bonds)

International Renewable Energy Agency (IRENA) (2015) "RENEWABLE POWER GENERATION COSTS IN 2014", IRENA (https://irena.org/publications/2015/Jan/Renewable-Power-Generation-Costs-in-2014)

Kahneman, Daniel and Amos Tversky (1979) "Prospect Theory: An Analysis of Decision Under Risk", ECONOMETRICA, Vol. 47, No. 2, New York: The Econometric Society, pp.263-292

Kaminker, Christopher and Fiona Stewart (2012) "The Role of Institutional Investors in Financing Clean Energy", OECD Working Papers on Finance, Insurance and Private Pensions, No. 23, Paris: OECD Publishing (https://doi.org/10.1787/5k9312v21l6f-en)

Kossoy, Alexandre and Pierre Guigon (2012) "STATE AND TRENDS OF THE carbon market 2012", Washington, D.C.: World Bank, Annual Report 76837 (http://documents.worldbank.org/curated/en/749521468179970954/State-and-trends-of-the-carbon-market-2012)

Labatt, Sonia and Rodney R. White, ed. (2002) "Environmental Finance: A Guide to Environmental Risk Assessment and Financial Products", New Jersey: John Wiley & Sons, Inc.

Labatt, Sonia and Rodney R. White, ed. (2007) "Carbon Finance: The Financial Implications of Climate Change", New Jersey: John Wiley & Sons, Inc.

Leguet, Benoît (2007) "Carbon Investment Funds: The Influx of Private Capital", Paris: Caisse des Dépôts Mission Climat, Research Report No.12 (http://www.caissedesdepots.fr/fileadmin/PDF/finance_carbone/etudes_climat/UK/07-11_climate_report_n12_carbon_investment_funds.pdf)

Linacre, Nicholas, Alexandre Kossoy and Philippe Ambrosi (2011) "STATE AND TRENDS OF THE carbon market 2011", Washington, D.C.: World Bank, Annual Report 63270 (http://documents.worldbank.org/curated/en/270781468157764739/State-and-trends-of-the-carbon-market-2011)

Lindberg, Jacob（2018）"Green bonds and non-financial value - a study of the Swedish green bond market", Department of Economics, Swedish University of Agricultural Sciences

Maher, Sid（2011, June14）"Carbon tax 'will cost 4000 coal jobs'", The Australian.

Milkman, Katherine L, Mary Carol Mazza, Lisa L. Shu, Chia-Jung Tsay and Max H. Bazerman（2009）"Policy Bundling to Overcome Loss Aversion: A Method for Improving Legislative Outcomes", Harvard Business School NOM Unit Working Paper No. 09-147, Boston: Harvard Business School（https://papers.ssrn.com/sol3/papers.cfm?abstract_id=1424490##）

OECD（2013）"Climate and Carbon: Aligning Prices and Policies", OECD Environment Policy Papers, No. 1, Paris: OECD Publishing（https://doi.org/10.1787/5k3z11hjg6r7-en）

OECD（2017）"Mobilizing Bond Markets for a Low-Carbon Transition", Green Finance and Investment: OECD Publishing（https://dx.doi.org/10.1787/9789264272323-en）

Perspectives Climate Group, Frankfurt School and Climate Focus（2019）"Opportunities for mobilizing private climate finance through Article 6", Freiburg: Perspectives Climate Group（https://z7r689.n3cdn1.secureserver.net/wp-content/uploads/2021/02/20190615-Opportunities-for-mobilizing-private-climate-finance-through-Article-6.pdf）

Preclaw, Ryan and Anthony Bakshi（2015）"The Cost of Being Green", Barclays Credit Research（https://www.environmental-finance.com/assets/files/US_Credit_Focus_The_Cost_of_Being_Green.pdf）

Robins, Nick（2020）"Why governments need to issue just transition sovereign bonds and how they could do it", Grantham Research Institute on Climate Change and the Environment（https://www.lse.ac.uk/granthaminstitute/news/why-governments-need-to-issue-just-transition-sovereign-bonds-and-how-they-could-do-it/）

Robins, Nick, Vonda Brunsting and David Wood（2020）"Investing in a just transition: Why investors need to integrate a social dimension into their climate strategies and how they could take action", Grantham Research Institute on Climate Change and the Environment（https://www.lse.ac.uk/granthaminstitute/wp-content/uploads/2018/06/Robins-et-al_Investing-in-a-Just-Transition.pdf）

Shishlov, Igor, and Valentin Bellassen（2012）"10 lessons from 10 years of the

CDM", Climate Report, No. 37, Paris: CDC Climat Research (Currently known as I4CE)

Shu, Lisa L., and Max H. Bazerman (2010) "Cognitive Barriers to Environmental Action: Problems and Solutions", Pratima Bansal and Andrew J. Hoffman (eds), The Oxford Handbook of Business and the Natural Environment, Oxford: Oxford University Press, pp.13-14

Simon, Herbert A. (1957) "Models of Man: Social and Rational- Mathematical Essays on Rational Human Behavior in a Social Setting", New York: John Wiley & Sons

Stern, Nicholas (2007) "The Economics of Climate Change: The Stern Review:", London: Cambridge University Press

Thaler, Richard H., and Cass R. Sunstein (2008) "Nudge: Improving Decision About Health, Wealth, and Happiness", New Haven: Yale University Press

Tietenberg, Thomas H. (2006) "EMISSIONS TRADING: Principles and Practice: Second Edition", Washington D.C.: Resources for the Future

Towers Watson (2005) "Hurricane Katrina: Analysis of the Impact on the Insurance Industry", Arlington: Towers Watson (https://biotech.law.lsu.edu/blog/impact-of-hurricane-katrina-on-the-insurance-industry-towers-watson.pdf)

Tversky, Amos, and Daniel Kahneman (1986) "Rational Choice and the Framing of Decisions", Multiple Criteria Decision Making and Risk Analysis Using Microcomputers. NATO ASI Series (Series F: Computer and Systems Sciences), Vol. 56, Heidelberg: Springer-Verlag Berlin Heidelberg, pp. 81-126

Vasa, Alexander and Karsten Neuhoff (2011) "The Role of CDM Post-2012". EconStor Research Reports 65871, ZBW - Leibniz Information Centre for Economics

Wood, Stepan and Benjamin J. Richardson (2006) "Environmental Law for Sustainability", Oxford, UK: Hart Publishing (https://core.ac.uk/download/pdf/232634633.pdf)

World Bank (2017) "The Green Bond Market: 10 years later and looking ahead", Green Bonds. Pension Fund Service, pp.1-9 (http://pubdocs.worldbank.org/en/554231525378003380/publicationpensionfundservicegreenbonds201712-rev.pdf)

World Bank Group (2019) "State and Trends of Carbon Pricing 2019", Washington, DC: World Bank (https://openknowledge.worldbank.org/handle/10986/31755)

Zerbib, Olivier David（2019）"The effect of pro-environmental preferences on bond prices: Evidence from green bonds", Journal of Banking & Finance, Volume 98, pp.39-60

事 項 索 引

サステナブル　金融が動く

2023年11月14日　第1刷発行

著　者　吉　高　ま　り
発行者　加　藤　一　浩

〒160-8519　東京都新宿区南元町19
発　行　所　一般社団法人 金融財政事情研究会
出 版 部　TEL 03(3355)2251　FAX 03(3357)7416
販売受付　TEL 03(3358)2891　FAX 03(3358)0037
URL https://www.kinzai.jp/

校正：株式会社友人社／印刷：三松堂株式会社

ISBN978-4-322-14197-9